见识城邦

更新知识地图　拓展认知边界

讲给大家的中国历史

—04—

帝国的昂扬精神

杨 照–著

中信出版集团 · 北京

图书在版编目（CIP）数据

讲给大家的中国历史．4，帝国的昂扬精神 / 杨照著
．-- 北京：中信出版社，2019.1（2024.7重印）
ISBN 978-7-5086-9071-1

Ⅰ．①讲… Ⅱ．①杨… Ⅲ．①中国历史－通俗读物
Ⅳ．① K209

中国版本图书馆 CIP 数据核字 (2018) 第 120595 号

本书仅限中国大陆地区发行销售

讲给大家的中国历史 04：帝国的昂扬精神

著　　者：杨　照
出版发行：中信出版集团股份有限公司
（北京市朝阳区东三环北路 27 号嘉铭中心　邮编　100020）
承 印 者：北京通州皇家印刷厂

开　　本：880mm × 1230mm　1/32　　印　　张：12.875　　字　　数：290 千字
版　　次：2019 年 1 月第 1 版　　印　　次：2024 年 7 月第 10 次印刷
书　　号：ISBN 978-7-5086-9071-1
定　　价：48.00 元

目 录

总 序 重新认识中国历史

第一讲 汉承秦制与西汉的确立

第二讲　西汉前期的统治

第三讲　汉武帝的豪迈与哀愁

第五讲　太史公与中国史学精神

第六讲　昂扬精神的文字表达

第七讲 华丽而夸张的汉赋

第八讲　经书今古文之争与政治斗争

第九讲　董仲舒的新儒学与谶纬文化

第十讲 帝国宿命与王莽改制

总　序

重新认识中国历史

01

钱穆（宾四）先生自学出身，没有学历，没有师承，很长一段时间在小学教书，然而他认真阅读并整理了古书中几乎所有春秋、战国时期的相关史料，写成了《先秦诸子系年》一书。钱穆之所以写这样一本考据大书，很重要的刺激来自名噪一时的《古史辨》。钱穆认为，以顾颉刚为首的这群学者“疑古太过”，他们带着先入为主的有色眼光看中国古代史料，处处寻觅伪造作假的痕迹，没有平心静气尽量客观地做好察考比对文献的基本功夫。功夫中的功夫、基本中的基本，是弄清楚这些被他们拿来“疑古辨伪”的材料究竟形成于什么时代。他们不愿做不能做，以致许多推论必定流于意气、草率。于是，钱穆便以一己之力从根做起，竟然达成将大部分史料精确排比到可以“编年”的成就。

很明显，《先秦诸子系年》的成就直接打击了《古史辨》的可信度。当时任职于燕京大学，在中国学术界意气风发引领风骚的顾颉刚读了《先秦诸子系年》，也立刻理解了钱穆的用意。他的反应是什么？他立刻推荐钱穆到广州中山大学教书，还邀请钱穆为《燕京学报》写稿。后来，钱穆没有去中山大学，倒是为《燕京学报》写了《刘向歆父子年谱》，钱穆说：“此文不啻特与颉刚诤议，颉刚不介意，既刊余文，又特推荐余在燕京任教。”

这是个“民国传奇”。里面牵涉那个时代学者对于知识学问的热情执着，也牵涉那个时代学者的真正风范，还牵涉那个时代学院重视学识高于重视学历的开放氛围。没有学历的钱穆在那样的环境中，单靠学问就折服了潜在的论敌，得以进入当时的最高学府任教。

这个传奇还有后续。钱穆后来从燕京大学转往北大。“中国通史”是当时政府规定的大学历史系必修课，北大历史系惯常的做法，是让系里的每个老师轮流排课，将自己擅长的时代或领域浓缩在几堂课中教授，用这种方式来构成“中国通史”课程。换句话说，大家理所当然地认为，“中国通史”就是由古至今不同断代的中国历史接续起来的，顶多再加上一些跨时代的专史。

可是，被派去教授“中国通史”秦汉一段历史的钱穆，不同意这个做法。在课堂上，他公开地表达了质疑：不知道前面的老师说了什么，也不知道后面的老师要说什么，每个老师来给学生片段的知识，怎么可能让学生贯通地理解中国历史？学生被钱穆说服了，学生认为既然不合理就该要求改，系里也同意既然批评反对得有道理就该改。这也是那个时代的精神。

怎么改？那就将“中国通史”整合起来，上学期由钱穆教，下学期则由系里的中古史大学者陈寅恪教。这样很好吧？问了钱穆，钱穆却说不好，而且明确表示，他希望自己一个人教，而且有把握可以自己一个人教。

这是何等狂傲的态度？本来只是个小学教员，靠顾颉刚提拔才破格到北大历史系任职的钱穆，竟然敢排挤数不清精通多少种语言、已经是中古史权威的大学者陈寅恪，自己一个人独揽教“中国通史”的工作。他凭什么？他有资格吗？

至少那个年代的北大历史系觉得钱穆有资格，故依从他的意思，让他自己一个人教“中国通史”。钱穆累积了在北大教“中国通史”的经验，后来在抗战中随西南联大避居昆明时，埋首写出了经典史著《国史大纲》。

02

由《国史大纲》的内容及写法回推，我们可以明白钱穆坚持一个人教“中国通史”，以及北大历史系也让他教的理由。那不是他的狂傲，而是他对于什么是“通史”提出了当时系里其他人没想到的深刻认识。

用原来的方式教的，是“简化版中国历史”，不是“中国通史”。“中国通史”的关键，当然是在“通”字上，而这个“通”字显然来自太史公司马迁的“通古今之变”。司马迁的《史记》包纳了两千多年，如此漫长的时间中发生过那么多的事，对于一个史家最大的挑战，不在于如何收集两千多年来留下来的种种资料，而在于如何从庞大的资料中进行有意义的选择，即从中选择什么，又放弃什么。

关键在于“有意义”。只是将所有材料排比出来，呈现的势必是偶然的混乱。许多发生过的事，不巧没有留下记录；留下记录可供后世了解的，往往琐碎零散。更重要的是，这些偶然记录下来的人与事，彼此之间有什么关联呢？如果记录是偶然的，人与人、事与事之间也没有什么关联，那为什么要知道过去发生了什么？

史家的根本职责就在于有意识地进行选择，并且排比、串联所选择的史料。最简单、最基本的串联是因果解释，从过去发生的事情中去挖掘、去探索“因为／所以”：前面有了这样的现象，以至于后来有了那样的发展；前面做了这样的决定，以至于后来有了那样的结果。排出“因为／所以”来，历史就不再是一堆混乱的现象与事件，人们阅读历史也就能够借此理解时间变化的法则，学习自然或人事因果的规律。

“通古今之变”，就是要从规模上将历史的因果解释放到最大。之所以需要像《史记》那样从文明初始写到当今现实，是因为这是人类经验的最大值，也就提供了从过往经验中寻找出意义与智慧的最大可能性。我们能从古往今来的漫长时间中找出什么贯通原则或普遍主题呢？或者通过消化漫长时间中的种种记录，我们如何回答那些只有放在历史长河里才能回答的关键问题呢？

这是司马迁最早提出的“通古今之变”理想，应该也是钱穆先生坚持一个人从头到尾教“中国通史”的根本精神价值来源。“通史”之“通”在于建立一个有意义的观点，帮助学生、读者从中国历史中看出一些特殊的贯通变化。这是众多可能观点中的一个，它借由历史的叙述与分析能够尽量地表达清楚，因而也必然是“一家之言”。不一样的人研究历史会看到、突显不同的重点，提出不同的解释。如果是不同时代、不同主题就换不同的人从不同观点来讲，那么追求一贯“通古今之变”的理想与精神就无处着落了。

03

这也是我明显不自量力一个人讲述、写作一部中国历史的勇气来源。我要说的，是我所见到的中国历史，从接近无穷多的历史材料中，有意识、有原则地选择出其中一部分，讲述如何认识中国历史的一个故事。我说的，只是众多中国历史可能说法中的一个，有我如此述说、如此建立“通古今之变”因果模式的道理。

一言以蔽之，这个道理是“重新认识”。通过学校教育、普遍阅读或大众传媒，一些读者对中国历史有了一些基本常识和刻板印象。我试图做的，是邀请这样的读者来“重新认识”中国历史，来检验一下他们以为的中国历史和事实史料及史学研究所呈现的，有多大的差距。

在选择中国历史叙述重点时，我会优先考虑那些史料或史学研究上扎实可信，却和一般常识、刻板印象不相合甚至相违背的部分。这个立场所根据的，是过去百年来，"新史学"、西方史学诸方法被引进并运用到研究中国历史中所累积的丰富成果。但很奇怪也很不幸的是，这些精彩、有趣、突破性的历史知识与看法，却迟迟没有进入教育体系、没有进入一般人的历史常识中，以致 21 世纪的大部分人对中国历史的认识，竟然还依循一百多年前流通的传统说法。"重新认识"的一个目的，就是用这些新发现、新研究成果修正、挑战、取代传统或旧说法。

"重新认识"的另一个目的，是回到"为什么学历史"的态度问题上，提供不同的思考。学历史到底在学什么？是学一大堆人名、地名、年代，背诵下来用于考试时答题？这样的历史知识一来在互联网上随时都能查得到，二来和我们的现实生活有什么关联？还是学用现代想法改编的古装历史故事、历史戏剧？这样的历史，固然有现实联结，方便我们投射感情入戏，然而对于我们了解过去、体会不同时代的特殊性，有什么帮助呢？

在这套书中，我的一贯信念是学历史最重要的不是学 What——历史上发生了什么，而是要探究 How 和 Why——去了解这些事是如何发生的，为什么会发生。没有 What 当然无从解释 How 和 Why，历史不可能离开事实叙述只留存理论；然而历史也不可以、不应该只停留在事实叙述上。只叙述事实，不解释如何与为什么，无论将事实说得再怎么生动，也无助于我们从历史中认识人的行为多样性以及个体或集体行为的逻辑。

借由述说漫长的中国历史，借由同时探究历史中的如何与为什么，我希望一方面能帮助读者梳理、思考当下的文明、社会是如何形成的，一方面能让读者确切地感受到中国文明内在的多元样貌。在历史的发展中，中国绝对不是单一不变的，中国人、中国社会、中国文明曾经有过太多不一样的面貌。这些历史上曾经存在的种种面貌，加起来才是中国。在没有如实认识中国历史的丰富变化之前，先别将任何关于中国的看法及说法视为理所当然的。

04

这是一套一边说中国历史，一边解释历史知识如何可能的书。我的用心是希望读者不要只是被动地接受这些信息，将其当作斩钉截铁的事实，而是能够在阅读中去好奇、去思考：我们怎么能知道过去发生了什么，又如何去评断该相信什么、怀疑什么？历史知识的来历常常和历史本身同样曲折复杂，甚至更加曲折复杂。

这套书一共分成十三册，能够成书的最主要原因是台湾“敏隆讲堂”和“趋势讲堂”让我两度完整地讲授中国通史课程，每一次课程前后横跨五个年头。换句话说，从 2007 年第一讲算起，我花了超过十年的时间。在十年备课及授课过程中，我的大部分时间都用于消化关于中国历史的研究的各种论文及专著，并努力吸收这些研究的发现与论点，尽量有机地编组进我的历史叙述与讨论中。明确地说，我将自己的角色设定为一个勤劳、忠实，不轻信、不妥协的二手研究整合者，而不是进入原始材料提出独特成果的人。只有放弃自己的原创研究冲动，虚心地站在前辈及同辈学者的庞大学术基础上，才有可能处理中国通史题材，才能找出一点点“通”的心得。

这套书有将近两百万字的篇幅，时间范围涵盖从新石器时代到辛亥革命。这样一套书，一定不可避免地夹杂了许多错误。我只是期望能够将单纯知识事实上的“硬伤”降到最低，至于论理与解释带有疑义的部分就当作“抛砖引玉”，请读者不吝提出指正意见，以将中国历史的认识推到更广且更深的境界。

第一讲

汉承秦制与西汉的确立

01

视角不同，对历史的解释也会不同

我在台湾长大，在台湾受教育。在我接受教育的那个年代，中国历史是教育内容中极为重要的一部分。小学里有社会课，其主要内容是历史与地理，且大部分内容是中国历史与中国地理。到了初中还是有历史课，在六个学期里，中国历史占了四个学期，西方历史或者说世界历史占了另外的两个学期。高中历史课维持和初中历史课一样的比例，也是中国历史占三分之二，西方历史占三分之一。这是我们的基础教育中历史教育，尤其是中国历史教育的概况。

大学，我读的是台湾大学历史系，第一年的必修课里又有中国通史，它在上下学期各占四个学分，这意味着在那一年里，我每个星期都要上四个小时的中国通史课。

上了大一之后，尤其是接受了历史学的专业训练之后，我开始有了比较强烈的知识自觉，也反省式地回顾了自己和中国历史之间的关系。整理后，我发现我学了四次中国历史，时间分别是在小学、初中、高中、大学，而每一次的读法基本上都是一样的，即从开天辟地的神话，顺着时间轴下来一直学到现当代。还不仅如此，每一次学到的东西，都有很多重复的，前一次学过的，后面再学一次，只是学得越来越详细，但根本的学法并没有改变。

诚实地说，如此反思让我有点沮丧，也让我稍稍动摇了继续读历史系的信念。如果读历史就是这样，将同样的东西越读越仔细，在本来就知道的基础上不断地添加更多的细节，学的、说的都是以前的人已经知道的或被固定下来的知识，那它能有多大的意义？更重要的是，那它能有什么挑战，能有什么个人发挥的空间？这个人学的、说的历史，和那个人学的、说的历史，能有什么不同？

还好我坚持学了下去，这使我有机会进一步明白历史和历史学不仅是这样的。关于历史的新观念、新探求，让我们这一代可以不用遵守过去的那种方式进行历史研究，它们开拓出了越来越广的空间，等待着我们去探索、试验自己不一样的知识兴趣与技能等。

比如，从地底下挖掘出来的考古资料，帮助我们跳过了近四千年的时间，直接碰触到太史公司马迁都碰触不到的甲骨文，以认识商代的历史与文化。也就是说，我们这一代对商代历史与文化的认识，有机会超越过去近四千年里的所有活过的人，只要我们能找出方法读懂甲骨文，并从甲骨文里思索出更多、更完整的信息。

新史料带来开发新知识的可能，这很令人兴奋，也很容易理解。继续读历史后，另外一种没有这么直截了当，却同样让人感到振奋的新可能又冒出来了。那就是找到新的角度、新的架构重新解释史料，因而即使以旧的史料为素材，也能够刻画出很不一样的历史图景。

比如，有一种史观是唯物史观，它强调生产力与生产关系的作用，突显阶级斗争。对照之下，这突显出我们过去学习的中国历史，原来是如此以皇帝为中心的，是如此从认同皇帝统治权的立场出发的。在台湾地区，唯物史观被视为毒蛇猛兽，或许正是因为如此，它反而对我们有着特殊的吸引力。因为唯物史观可以帮我们摆脱既有的标准答案，将历史重新呈现为许许多多的，有待于我们运用智慧与本事一一解开的问题。

接触了禁忌的唯物史观，这给了那时的我们解放的自由，使我们从原先固定的思维模式中跳脱出来。过去，历史中被形容为“暴乱”的事件，在唯物史观里却成了“起义”。历史中被描述为正面、肯定的“平乱结果”，在唯物史观里则被写成了“起义不幸地遭到了镇压”。我们不一定接受唯物史观的说法，然而一旦有了唯物史观作为对照，那么原来的历史说法就不是唯一的说法，也就不是天经地义的说法。

这刺激我们在阅读任何史料时，都从原来的史料怎么写就怎么相信的态度，改变为存疑地先问：这是站在怎样的立场上记录下来的历史？我们应该采取怎样的态度来看待如此的历史叙述或历史解释？

唯物史观带来的另一项重大影响，就在于它给我们揭示了不一样的历史学探究重点，即其从 What（什么）转移到 How（如何）和 Why（为何）。唯物史观相信经济基础决定上层建筑，坚持要以经济基础解释上层建筑中的政治和文化等现象。也就是说，在唯物史观中，政治和文化等现象不具有独立存在的意义，它们必须被放入上层建筑与经济基础的因果变化中进行理解。

举个简单的例子说明。

过去学历史，我们必定学到王羲之的书法成就极其大，这是重要的历史事实，且它也就仅止于历史事实。在唯物史观的分析框架中，王羲之的书法，其人其作，就被视为需要解释的现象。也就是说，只说只看王羲之有漂亮的行书书法，这是不够的，我们还要进一步地探问：为什么王羲之的书法艺术会在那个时代兴起，那时的书法艺术又为何会达到那样的高峰？等等。

这就牵涉魏晋时期的门阀世族社会，门阀世族身份背后的庄园经济，以及使庄园经济能够运作的阶级划分，相应的政治安排等。突然之间，王羲之的书法就不再是他个人的成就，而是豪门大族艺术的代表，它只能建立在庄园经济的剥削基础之上。不论同不同意这种说法，这种说法都打破了旧看法，也启发我们寻找对历史现象的不同看法与说法。

唯物史观强调生产的重要性，这就使我们看到了在中国承担生产工作的主要角色——农民。在传统历史里，我们很少看到农民。翻阅《资治通鉴》，我们会发现只有在几种情况下，农民才会被记录下来，其中包括荒年的时候、发生变乱的时候和改朝换代的时候等。从提供政治教训（“资治”）的角度看，也只有在这几种情况下，统治者才需要注意农民，并记录农民在做什么。

唯物史观，尤其是后来中国共产党建立起的历史意识认为，我们应该站在农民这边，且表现出对统治阶级的厌恶。我们不见得都接受这种历史叙述或历史解释。对我们来讲，比较重要的是，在将农民立场与传统的帝王立场相对照后，我们就知道自己不应该全盘照收这样或那样的历史叙述或历史解释，而必须有自己的历史立场。

02

层出不穷的新史学方法

除了来自中国大陆的冲击之外，还有更大的动能从西方历史学的发展浪潮中，波涛汹涌地传来。比如，在艾里克·埃里克森（Erik Erikson）对马丁·路德的研究中，心理历史学的潮流产生了。即借鉴心理学中的精神分析对人的新认识，历史学试着用更复杂、更细腻的眼光看待历史人物。

弗洛伊德的精神分析理论所主张的“潜意识”概念，对历史研究者尤其有启发。如果人连本身都无法诚实地理解，勇敢地面对，那么人如何行动，如何思考，如何判断与描述自己的行为等，就更都有着复杂的机制。这样的机制不会只出现在现代人的身上，我们无法继续以简单、天真的方式看待历史人物，或把他们的表面说法当作事实。我们可以，而且有责任探测、挖掘出他们隐藏在深处的心理真相。

心理历史学，特别看重历史人物的成长过程及其与家庭的关系。按照弗洛伊德理论的指引，我们要从一个人的幼年和童年经历中寻找他不自觉，实际上却决定了他会成为什么样的人的、压抑的潜意识，以重新检视或解释他的功业或罪恶等。

于是，顺其自然地，家庭生活，或扩大来说，私人生活就进入了历史学家的视野。家庭事件，或者确切地说，关起门来在家中所发生的事，即过去不被认作历史研究领域的事，就进入了历史学家的视野。我们谈历史，谈的自然就是由一件件大事连接起来而构成的历史，而大事，不言而喻，指的就是在公共领域发生的，并且影响到许多人的事件。

在家庭生活等私人生活领域怎么可能有大事呢？

然而，新一代的历史学与历史学家都意识到：历史人物无论多伟大，也都是人，也都是从家庭生活等私人生活领域中成长起来的。不将他们的这些经历考虑进来，我们就不可能真正地认识他们，而只能认识他们的表象，而这些表象常常是刻意美化、扭曲或说谎伪造的。

家庭生活等私人生活不仅塑造大人物，而且影响整个时代、整个社会的人，不一样的家庭生活或私人生活可能比不一样的政治制度，更直接、更有效地决定了某个时代、某个社会。从这个角度看，家庭生活等私人生活怎么能被排除在历史之外呢？

于是，以个人为对象的心理史学促进了集体心理史学的产生。集体心理史学刻画一个时代、一个社会的集体心理机制。其中，最早做出突破性成绩的，是对暴力的研究。例如，作为社会的集体现象，暴力是如何产生的，如何运作的，又如何转化的？社会中怎么会有暴力呢？社会又怎么从暴力的状态中和平化呢？等等。

在过去的历史学看重的大事中，一定包括战争。战争是规模最庞大、破坏力也最大的集体暴力。

以前的历史学，通常简单地将战争视为少数领袖人物决策发动的，新的集体心理历史学却要追问：如果没有社会的集体暴力化，那么仅靠少数领袖人物的意志，哪有办法进行战争？战争所需要的一切组织与支持等，绝对是集体社会性的；不认真深入地看待其集体社会的属性，我们就不可能真正地了解战争，更无从逼近地描述战争。

战争是怎么进行的？用今天的历史学眼光看，过去的历史记录中充满了战争，战争也是推动历史、改变历史的最主要的力量之一。虽然如此，但近乎荒唐地，我们很少具体地察知并理解任何一场战争是怎么进行的。而且，虽然战争牵涉太多太多的细节，不同时代、不同地方的每一场战争都不一样，但被写进历史里，尤其是成为通俗的历史知识之后，这些战争就通通变成类似的“××战争”“××之役”了。

举个简单的例子就好。

东汉末期大乱时，有“黄巾贼”；清代太平天国之乱时，则有“长毛匪”。“黄巾”和“长毛”其实都是回应战争的需要而采取的措施。人类历史上的绝大多数战争，可不是双方各自穿好了制服后进行的。这边的人和那边的人，如何在战场上辨认敌我？这就必须有特别的辨识符号。在头上包“黄巾”，这是一种辨识的符号；将前后的头发都留长且散开，这是另一种辨识的符号。

而且，是以“长毛”来辨识还是以“黄巾”来辨识，显然会有很不一样的效果。因为“黄巾”可以很容易地摘下来，在战场上打败了，将“黄巾”一摘，“黄巾贼”就可以混在人群里逃走。相对而言，“长毛”就没有办法一下子剃掉，这也就意味着一旦战败，“长毛匪”就没有那么容易逃走。也因此，“长毛匪”彼此效忠团结的程度，一定会高于“黄巾贼”的。

03

新史学观念改变我们对历史的认识

关心家庭结构与家庭活动的真实状况，关心私人领域的生活等，这产生了完全不同于原先仅着眼于“公共性”的历史，从而衍生出许多新的研究领域。

比如，教育史，不仅仅要看教育的内容，更试图重建教育的流程、方法与实际经验等。即要研究一个人以什么方式，经历了多久的教育，其间学到了什么，又形成了怎样的世界观与人生观等。

又比如，“童年”也成了一个独立的新兴研究领域。在以前的历史中，不太会出现小孩，小孩能成就得了什么大事，值得被写入历史？然而，换以现代的眼光，我们看到了，不同的时代、不同的文化用不同的方式对待的小孩，长成了不同的人，他们如何思考，如何行动，这其实是受他们的童年制约的。

总体来说，半个多世纪以来，西方历史学在将历史的眼光不断地“缩小”后，取得了巨大的成就。历史学也在原先鸟瞰式的宏观史学之外，衍生出了 micro-history（微观史学）。

micro-history 的开创性经典作品，包括意大利历史学家卡洛·金兹伯格（Carlo Ginzburg）的《奶酪与蛆虫：一个 16 世纪磨坊主的精神世界》（*The Cheese and the Worms: The Cosmos of a Sixteenth-Century Miller*）等。它记录了 16 世纪，意大利的一个疯子磨坊主的生平和言行。这样的一个人，他终生住在意大利的乡间，也未曾有过任何的丰功伟绩；而且，他唯一留下来的，是其不正常的癫狂言行。这怎么会值得历史学家记录，并为之写一本研究著作呢？

金兹伯格颠覆了这样的传统主张，其著作让我们细致入微地了解了这个人的想法，并且从他被视为“不正常”的言行中，对照出当时的人所认定的“正常”。经由“不正常”，我们反而才能更清楚地看到，一般不会被检视的“正常”究竟是什么。

也有用类似的方法研究中世纪的圣愚（Holy Fool）传说的。

圣愚通常也是疯疯癫癫的人，他们做出一般人无法理解的行为，说些基本没有人能理解的语言。然而，在特定的宗教信仰背景下，人们相信，在上帝造的世界里，每一个现象应该都是有意义的。上帝为什么要在“正常”的人之外，造出这种疯疯癫癫的“不正常”的人？他们的言行，应该是上帝用来彰显某种特殊真理的手段吧？

于是，他们不可解的语言就被视为藏着神秘的符号的，他们不可解的行为就被视为藏着神奇的指示的。所以，因他们的“愚”，反而他们就被视为“圣”的代表了。

同样地，借由圣愚，我们能够更清楚地看出一个社会的内在信仰，以及这些信仰的全面影响等。其中的重点，不在丁他们的疯疯癫癫的言行，而在丁一个社会如何对待类似的“脱轨”行为。这显示出，这个社会隐性的轨道究竟在哪里，又有哪些让人遵循轨道生活的力量，及其拥有多大的强制力等。

与微观史学相关的另一种历史学潮流，是 history from the bottom（来自底层的历史）。

过去的历史看重大人物，如有着最高权力与地位的人等。秦皇汉武、唐宗宋祖等，恺撒大帝、查理大帝、拿破仑（一世）等，不管他们是如何取得权力与地位的，当他们获得最高的之后，历史的舞台灯就自然而然地聚焦于他们的身上。但为什么是如此？

这些大人物的言行顶多只是历史的某种缩写，既然只是缩写，那么让我们通过他们的言行来认识的历史，就必然有一定的局限性。要更完整、更全面地认识历史，我们不能不关心底层的人，他们的言行也是历史的一部分。他们和大人物一样重要，甚至比大人物更重要。

与上述观念相关联的，还有另一种新的观念，即 history of everyday life（日常生活史）。

过去的历史偏重记录非常事件，也就是记录重大的、特别的事情，即并非天天都会发生的事情，这样偏重的一个理由是，非常事件标示了变化，可以帮助我们追索变化的轨迹。然而，认真地回顾一下自己的生活现实就能明白，日常生活岂是如传统历史学假定的那样，是固定不变的呢？在没有非常事件冲击的情况下，日常生活也有内在的变化力量。我们也没有理由将这些排除在历史之外。

写日常生活，有一种特殊的新技法，那就是写小事件而不是写大事件。这里的小和大的差别主要在于，事件牵涉和影响的人数是少还是多。

历史学家娜塔莉·泽蒙·戴维斯（Natalie Zemon Davis，1928— ）写了一本既叫好又叫座的书《马丁·盖尔归来》（*Le Retour de Martin Guerre*）。后来，它还被改编成由杰拉尔·德帕迪约（Gérard Depardieu）主演的电影。马丁·盖尔是16世纪的一位法国农民，他离开村庄去打仗了。很长一段时间后，他回来了。只是回来的这个人，根本就不是原来的马丁·盖尔，而是另一个人。但包括马丁·盖尔的太太在内的人，都宣称他就是马丁·盖尔。

为什么会发生这样的事？假的马丁·盖尔的出现，给这个小小的村庄带来了什么样的骚动，这些村民，包括马丁·盖尔的太太，是如何应对这样一种状况的呢？他们为什么会接受假的马丁·盖尔，不仅让他住进原来真的马丁·盖尔的家中，还把他看作真的马丁·盖尔？

探索这一连串的问题，我们就碰触到那个时代、那个地区特殊的家庭、生产、教会、风俗等的状况，这些交织出一幅复杂而令人意外的历史图景。小事件，虽顶多影响几十或上百人，却如同浮雕般突显出16世纪法国乡村的日常生活景象。

还有更具历史学理论野心的法国年鉴学派，他们要彻底改造历史学中的时间观。

以大人物、大事件为中心的历史，带着单一、短暂的时间尺度。比如，滑铁卢战役一共打了两天，我们很容易认为在那两天中，欧洲的历史就改变了。年鉴学派的历史学家提醒我们：历史不该只在这样的时间层次上运作。

滑铁卢战役的背后有拿破仑一世建构起帝国的几十年过程等。在拿破仑一世崛起的事件背后，又有欧洲王权与政治制度在一两百年间的转变等。在欧洲王权转变的背后，又有几百年的欧洲封建社会等。在欧洲封建社会的背后呢？又有变化更缓慢的欧洲土地制度、经济活动和生产模式等。在这背后呢？还有以几千年甚至几万年为尺度的地理变化等。

从地理的时间尺度，到战役的时间尺度等，一层一层加起来，才能构成全幅的历史尺度。所以，我们不仅不该停留，只看其中一层，还要从一层层不同的时间以及空间尺度的互动、影响中，挖掘出新的、更有效的历史叙述与历史解释。

04

新眼光发现更加丰富的中国历史

历史学眼光的大范围扩张，正是我们今天重新认识中国历史的基础。除了发现新史料之外，用新眼光看待旧史料，也可以耕耘出许多丰富的历史认识。

比如，孔府档案，这可不是什么从地底下挖出来的新东西。它从 16 世纪起就存在于山东曲阜的衍圣公府中。衍圣公府又称孔府，是历代朝廷提供给孔子的后裔长期居住的地方，它具有国家机构的性质，因而保留了庞大的文献记录。从明嘉靖十三年（1534 年），到民国三十七年（1948 年），它保存了四百多年中上万卷的档案。

虽然算国家机构，然而孔府最重要的活动，是这一家人的生活。孔府档案，是一份横跨四百多年的大家族居家生活的流水账。

在相关的仪式、人事记录之外，孔府档案里有大批关于柴米油盐的资料。小到一块豆腐多少钱，大到修一根梁的木工要价多少等，都被记在里面。

以前，没有人会认为这样的流水账是历史，或它有任何历史研究的意义。然而，在新眼光的发现下，孔府档案可是个历史大宝库。仅是考察其中四百多年来豆腐价格的变化，就可以给我们提供一个极其难得的生活物价的变化基准。而且，它鲜活地显示了四百多年来中国上层家庭的生活所需，这绝对是无法在任何正史中找得到的精彩资料。我们也能够借以重建出一套日常生活史的样貌。

值得用新眼光彻底重新检视的，还包括众多的笔记小说。中国笔记小说源远流长，《汉书·艺文志》就将诸子分为“九流十家”，其中排在最后的一家，就是小说家。由此可见，稗官野史和笔记小说开始的时间都很早，但在过去，这些一直被视为不重要的末流。因为小说家记录的，是琐碎的事物，而这些是无关宏观政治的，也无关道德伦理的。所以，它们不被看重。

但从新的眼光看，有关宏观政治、伦理道德的论述，往往一脉相承，且几百年都没有太大的变动，反而在琐碎的事物中，我们才更能察知中国社会的转变。

笔记小说带有游戏的性质，因而它们不太会集中记录同样的领域或同样的事情；它们涵盖的范围，也就比文人正式记录的文献的广得多。正因为它们这里写一件，那里记一段，没有特别的计划，我们反而得以碰触到社会上的不同层面。

笔记小说之中尤其无用、游戏性质更高、过去更不受重视的，有像《笑林广记》那样的笑话书，也有像《聊斋志异》《阅微草堂笔记》那样的鬼故事集等，但在现在，我们看来，那真是关于社会集体价值观念的大宝库。

笑话必然对应主流价值的观念，挑衅、打破主流价值的，才会被视为好笑的。分析笑话之所以成为笑话，这就能让我们对那时社会的集体价值观念有更清楚的认识。鬼故事则反映了那时的人关于生死的种种想象，即除了活人的世界之外，另外有怎样的平行世界存在等。而且，鬼故事中多有因果报应的情节，这也鲜活地展现出那时的是非评断与罪罚关联的模式等。

将这些东西都加进来，我们看到的中国历史当然就比以前的更多元了。中国历史不是同构性的单线发展。在相对稳定、雷同的朝代政治、伦理观念之外，还有很多其他完全不一样的人的生活曾经存在过。我们可以从过去被忽略的材料中，运用新的历史学技能，将这些多元的内容找出来，以重新认识更丰富的中国历史。

05

朝代史模式无助于理解秦汉之际

传统认识中国历史的方式，且最为根深蒂固的模式，是朝代史模式——以朝代为单位看待中国历史。朝代史模式必定倾向于强调改朝换代的变化，突出朝代与朝代之间的差异。

这样的偏向，在处理秦汉之际时，也就是，将秦、汉视为两个很不一样的朝代，并形成强烈的对比，会产生特别的问题。比如，秦朝只存在了十五年；而汉有前后两段，即使中间一度被王莽的新朝隔断，也都各自有两百年左右的长度。再比如，为什么这两个朝代持续的时间会差这么多？因为一个施行暴政，一个施行仁政；一个是以法家立本的，一个则是以儒家为根基的。等等。

然而，从这种角度看秦汉之际，即从秦末大乱到西汉建立，再到汉武帝（公元前 141- 前 87 年在位）即位前的汉初这段历史，就会错失重点。这种视野让我们看不到从秦到汉的延续和相似之处，或者说得更明确些，让我们看不到西汉一朝继承秦朝的部分，以及其来不及改变，或不愿意改变的秦朝的部分。

秦汉之际的关键在于项羽兵败垓下，汉王刘邦取得了决定性的胜利。然而，当时的一个巨大的问题并没有被解决，那就是接下来的国家体制该如何安排？它是要回归秦统一之前的诸侯列国情势，还是要维持秦统一之后的郡县帝国制？

在这点上，刘邦要感谢项羽，也要感谢自己身边的几位头脑清楚的谋士。作为楚国的贵族之后，项羽始终选择回到他所出身的那种诸侯列国的环境中。他不想当皇帝，只想当类似于春秋时期的"霸"，即在列国诸王之间可以威吓大家、仲裁事务的共主。对实际的统治工作，项羽没有兴趣，也没有耐心去做，他宁可将之分配给各地的诸侯列国负责。

项羽的遭遇显示了这条复古之路有很多阻力。比如，要怎么分封，分封给谁等，这些都没有那么容易。因为有分封，就很难没有不平，更难没有争夺。分封后，诸侯列国各拥军队，各领各自国中的经济收益，彼此更很难不打仗。仗真的打得太久了，如果换一个新的领袖，非但无法解决战争的问题，还埋下了战乱再起的祸患，那么人们受不了，也绝对不愿意支持。

在楚汉相争的过程中，刘邦也不得不诉诸封王的手段，以拉拢各方的反楚势力，形成联盟。然而，他及其身边的谋士，鉴于项羽的情况，其实早已对列国分封制度心存警惕。

楚汉相争中兵力最盛的，除了刘邦自己率领的军队之外，还有韩信、彭越和黥布三方的。打败项羽之后，刘邦首先将韩信改封为楚王派到南边，另外将彭越封为梁王，将黥布则封为淮南王。

这样的做法当然有酬庸功臣的用意，但还有其他战略上的考虑。即一是将势力最大的韩信调离其原来的齐地，让他坐镇处理项羽原来的地盘。二是，让彭越在北，黥布在西，接邻韩信。如此安排的用意非常明显：一方面，如果楚地有乱，那他们可以协助韩信；但另一方面，他们也可以就近牵制韩信。

另外，在与项羽相持时，刘邦争取到了几个原本是项羽阵营的王，反过来支持他。这几个人，他不能动他们，而且必须封他们为王。他们是赵王张敖，燕王臧荼，北方的韩王信，以及地处偏僻的长沙王吴芮。

这就是西汉初建时的基本态势，即有这几个分封的诸侯，在他们的势力之外，才是以长安为中心，以郡县制管理的帝国范围。表面上看起来，西汉依然保留着分封的列国诸侯，不过，这时的列国诸侯存在的理由已经和周朝封建的很不一样了。

刘邦打败项羽后，做了一项安排，他让前面所说的这七个王，联名推他当皇帝。经过了仪式性的推让后，刘邦即皇帝位。于是，他的政治身份，就和项羽及更前面的秦始皇的都不一样了。

项羽没有称帝，虽然他自称西楚霸王，但从制度上看，他和其他诸王是同等级的。与项羽相比，由七个王联合推拱当上皇帝的刘邦就不一样，他不仅是皇帝，而且他是经过这七个王公开承认的，他的地位高于他们的。刘邦和秦始皇也不一样，秦始皇是在灭掉了诸侯列国后当上皇帝的，刘邦却是在诸侯列国支持和推举后当上皇帝的。

06

刘邦收拾诸侯列国（上）

然而，这样的新局面并没有维持太久。公元前202年的七月，这七个王共推刘邦当皇帝，不到半年后，即在当年的十月，燕王臧荼就反了。臧荼和张敖、韩王信都是在秦末和刘邦一样起兵的，后来由项羽封王的。因为在很长的时间中，他们和刘邦都是平起平坐的，并不是上下从属的关系，所以他们很难一下子就接受刘邦变成了高高在上的皇帝。

臧荼反，并没有造成太大的破坏。其中一个原因是他反得太早了，大家所带领的部队都还没有被解散，很容易就能被调动起来对付他。还有一个原因是刘邦对此早有制度上的防备。

汉初，除了有王之外，还有侯，封建的公侯伯子男层级简化为王侯二级制。侯也有封国领地，但侯和王不一样，基本上侯是不“就国”的。也就是说，侯虽然有一块在名义上属于他的封地，他人却留在朝廷所在的洛阳或长安，继续服务于朝廷，而不会搬到分封的属地上进行实质的治理工作。

什么样的人会被封为侯呢？他们基本上是一群长期跟随刘邦的功臣和部将，是刘邦的自己人。臧荼反时，这群人虽得了侯的头衔与赏赐，但人都还在长安，他们可以很快为刘邦定策，并分头带兵出击。这好像是楚汉相争状况的延续。只是臧荼势孤力单，面对这个连项羽都打败了的阵容，他占不到任何的便宜。

刘邦亲自率领卢绾、宣虎、刘到、魏鸥、程黑、昭涉掉尾、季必等一大群战将，很快地就击灭了臧荼。因为在这个过程中，原来担任太尉的长安侯卢绾的功劳最大，所以战后，他就被拔擢为王，继臧荼担任燕王。如此一来，刘邦就少了一个从项羽那里接收过来的势力，而多了一个自己人去掌控北方地区。

燕王臧荼的问题解决后没多久，楚王韩信就有状况了。从齐王被改封为楚王，韩信的责任最为艰难，因为他要负责镇压项羽的旧势力，也就是反秦源头的主要势力。在这样的位子上，担负这样的责任，韩信恐怕很难不跟项羽的旧部有所接触吧？于是，就有人向刘邦密报，说韩信勾搭项羽的旧部，心怀不轨。的确是有一个项羽的老部将钟离眛，他为了逃避被追究的责任，跑去投靠了韩信。韩信接受钟离眛这件事，就成了刘邦决定拔除韩信的导火线。

刘邦正式即帝位的第二年，即公元前 201 年，按照陈平制定的计谋，刘邦借口巡察项羽的故乡，命令各封国之王都到楚国的西界上来见他。韩信知道了此事，觉得事有蹊跷，感觉刘邦是冲着他来问罪的。那自己该怎么办才好，是去还是不去？如果去，要不要带兵去？如果不带兵去，那会不会就回不来了？如果这样就发兵，那会不会误会了刘邦，而就彻底回不了头，成了叛将了？

韩信身边的人建议："杀了钟离昧吧！带着钟离昧的头去见刘邦，他就没有理由怪罪你了。"韩信听从了这个建议，但一见到刘邦，韩信立即就被抓了。刘邦还是要追究他的不忠之心，最后，将他降级为淮阴侯。这一地位与之前的地位最关键的差别在于，韩信实际上没有自己的地盘了。

与此同时，刘邦将阳夏侯陈豨派到北方的边境监军。陈豨和韩信素来有交情，他也担心自己的地位与状况。所以在出发前，他便去跟韩信密谋，并商定等他到了北方，两人里外一起合作起事。

陈豨到了北方后，就自称代王，明确地不奉刘邦的号令了。此事非同小可，刘邦迅速地决定领兵亲征。韩信就在等这个时机，他就要趁刘邦不在时反叛。然而，陈豨和韩信的密谋消息被走漏了。于是，萧何就让留守的吕后以刘邦的名义，假造诏令宣布，陈豨之事已被快速地平定，皇帝凯旋，要大家入朝庆功。

收到诏令，韩信当然吓了一跳，他以为自己还没有来得及举事，陈豨就已经完蛋了。他一时不可能有任何的作为，就沮丧地入宫。结果，他一进去就被捕，随即被杀。当年拔举他，让他得封为大将的，是萧何；最终设计结束他的人生的，也是萧何。此就是所谓"成也萧何，败也萧何"。

陈豨原本是指望韩信扰乱刘邦的军事行动的。一看韩信这么容易就被收拾了，他也不敢面对刘邦的大军了，所以他就由代往北逃，要去投靠匈奴。后来，他还是被周勃抓住，被杀了。

07

刘邦收拾诸侯列国（下）

接下来的连锁反应，是韩王信也主动和匈奴联系，并引领匈奴犯边。刘邦再度亲自领军北上，将匈奴和韩王信的联合势力打败了，韩王信别无选择，只好随匈奴亡命北方了。

之前，刘邦讨伐陈豨时，曾下令调用梁王彭越的军队。彭越把军队派去了，自己却没有一起参与行动。于是，刘邦一班师，就向彭越问罪。彭越的部将扈辄就劝彭越："既然我们已经得罪刘邦，那索性就发兵反了吧！"彭越没有接受扈辄的意见，而奉诏表示谢罪。

但过了不久，梁国的一个太仆跑到长安，向朝廷告发，说扈辄劝梁王反。为此，彭越还是被抓了，经过审讯，朝廷认定他"反形已具"。本来，他该杀，但朝廷念在他和刘邦一起打天下的分上，改“赦以为庶人，传处蜀青衣”(《史记·魏豹彭越列传》)，即把他贬为庶人，流放到蜀地。

彭越在被流放到蜀地的路途中，正好遇见由长安去洛阳的吕后。彭越以多年的患难老交情向吕后哭诉，请求朝廷至少让他能回到故乡昌邑，不要远徙到蜀地。吕后答应相助，并带着彭越到了洛阳。此时刘邦也在洛阳，吕后便对刘邦说：“彭王壮士。”意思是，彭越是个有能力的人啊！然后呢？“今徙之蜀，此自遗患，不如遂诛之。”意思是：“你把这样的人放逐到蜀地，这是给自己遗留祸患，不如干脆杀了他！”

彭越好惨！他不求情还好，求情求到了更冷酷的吕后，反而连命都保不住了。而且，本来说的是贬为庶人，现在要改成诛杀，这需要理由。于是，朝廷便给彭越加了更严重的叛国罪，这弄得他不仅身死，还被“夷三族”，而且其尸体被“醢”，即被剁成肉酱，然后被分送给诸王侯。

其中的部分肉酱被送到黥布的手中时，他当然知道情势不妙。韩信、彭越、黥布三人，是帮刘邦打天下时最重要的三名大将，现在韩信没了，彭越也没了，只剩下黥布一个人。黥布不会笨到以为自己可以没事，但他忍隐着等待机会。他要等的最好时机，是刘邦去世时。他派去打探的人传回消息，说刘邦卧病在床，黥布决定视刘邦的病况再做定夺。

然而，就在这段时间里，黥布的属下中大夫贲赫，因曾经与黥布的妃子有染的事情被发现了，而赶紧逃到长安，密报黥布要反。刘邦真的是卧病在床，他便派太子刘盈带兵去处理。听说刘邦的命令后，吕后立即来到他的病榻前，强硬地对他说："黥布是何等人，只有你才对付得了他，派太子去解决不了问题的。"结果，刘邦从病中勉强起身，亲自带兵征伐黥布，并打败了黥布。而黥布的残部只剩百余人，且逃向江南。最后，他死在番阳（今属江西）。

另外一个插曲发生在汉高祖七年（公元前 200 年），也就是刘邦正式称帝的第三年。刘邦巡行到赵时，对赵王张敖很没礼貌，"箕踞骂詈"。赵王的手下贯高和赵午愤愤不平，他们气得想把刘邦杀了。张敖阻止了他们。

之后一年，韩王信反，刘邦带兵出征。刘邦凯旋又经过赵时，贯高和赵午还是很想杀了他，却找不到机会下手。到了汉高祖九年（公元前 198 年），贯高的仇人到长安密告揭发此事。于是，张敖、贯高、赵午都被抓了。

贯高被捕后，将杀刘邦之事一人承担，他一口咬定这和张敖无关，甚至到"榜笞数千，刺爇，身无完者"的地步，才"终不复言"（《汉书·张耳陈馀传》）。如此才勉强保住了张敖不死。但其赵王的地位和封国还是被剥夺了，他也被降级为宣平侯。

08

汉文帝、汉景帝继续收拾诸侯列国

到汉高祖刘邦去世前，原先的七个封国，只有长沙王吴芮的封国还在，其他的全都被剥夺了。异姓王都一一被收拾了之后，只剩下刘邦的子孙能被封王了。在刘邦的病榻前，大家达成了共识，并制定了明确的政策，那就是“非刘氏而王者，天下共击之”。到此，周朝封建的政治设计完全结束了，它被改成了一家一姓独享至高的、集中权力的皇权制度。

秦始皇废除列国，建立帝国；项羽却一度恢复列国，或者说他以恢复列国的方式来处理秦末的乱局。事实证明，列国恢复不了，也维持不了。刘邦的关键贡献不仅在于他建立了西汉，更在于他几经波折，确立了新的皇帝制。他的历史地位就此被奠定。

从公元前 202 年正式即位，到公元前 194 年去世，这八年，表面上看是刘邦人生中最辉煌的时期，他从一个乡下的小亭长，登上了天下至高的帝位；但向深处看，这恐怕是其人生中最辛苦的几年。他并没有因为当了皇帝就高卧享受，而是不断地带兵出征，无役不与，连病倒在床上时都逃不了出征的责任。

而且，这些仗，其实比对抗项羽的还难打。

虽然后世将那段历史称作楚汉相争，但事实上那是混乱的局面，其中，各方势力彼此角逐，很多战争、很多变化不是和刘邦直接相关的。他不需要，也不可能参与每一场战事。

刘邦当了皇帝之后，情况却与之不同。因为他进行的每一场战争所针对的，都是自己封的王侯，都是一起打天下的战友或盟友，也都是一时之枭雄。只有刘邦自己有办法对付这些人，这些人的军事行动，也大都明确地是冲着他来的，也大都是挑战、威胁他的皇帝地位的。

按照吕后的要求，刘邦在去世前留给了儿子汉惠帝（公元前194—前188年在位）一个相对安全的局面。西汉不仅基本上没有了异姓王，而且建立起了异姓不得为王的政治规则。王之下的侯，因为是依据战功分封的，在帝国和平，不再经常打仗时，侯也越来越少了。旧式的封建威胁看起来是收拾完毕了。

吕后不是个简单的人物。处理韩信，是她主持下手的。诛杀彭越，也是她主导的。刘邦死后没几年，继位的汉惠帝在22岁时也死了。于是，从公元前188年到公元前180年，吕后获得了实际的统治权。在那几年间，她主导将多位吕姓的兄弟宗亲封王。刘氏的帝国一度看起来被转变成了吕氏的帝国了。

然而，吕后一去世，曾经参与打天下建国的周勃，抬出刘邦死前建立的政策“非刘氏而王者，天下共击之”，一下子就毁掉了吕氏帝国的合法性。吕氏借由封王据位来夺权的情况被快速地瓦解了。换另一个角度来说，这也让我们看出，封建列国分土分权的旧方式，真的是无法恢复了。

西汉的政权重新回到刘氏家族的手中，远在北方边境上的代王刘恒被迎回长安，他即位为汉文帝（公元前180—前157年在位）。因为汉文帝是意外即位的，他在宫中、在中央没有长期培植的坚固势力，所以他要坐稳皇帝的位子，不得不依赖其他的刘姓兄弟和宗亲。

于是，刘姓王国的势力一度坐大。情况最严重时，汉帝国总共有五十四个郡，其中多达三十九个郡都不在中央朝廷的控制之中，它们都落入刘姓诸王的手里。正式登记的帝国人口总数是一千三百多万，其中有近八百五十万属于地方王国。

面对这样的现实，一位洛阳少年写了一篇《治安策》呈给汉文帝，他就是贾谊。《治安策》谋划长治久安，它反复陈述、认定的，长治久安的最大忧虑，便是地方王国的力量坐大。

贾谊清楚地知道，诸王的权力扩张到这种程度后，朝廷不能用强硬的手段在短时间内予以收夺。所以，他也现实地提出了“众建诸侯而少其力”的策略。即他建议皇帝干脆多分封一些王，尤其是在同一个封国内的地盘上多分封几个王。这样，每个王能掌握的资源就变少了，个别的力量也就变小了，个别产生的威胁也就降低了；而且，他们彼此间要联合行动的难度也相对地增加了。

贾谊的建议，汉文帝无法采纳。但在汉景帝（公元前157—前141年在位）即位后，汉景帝身边的晁错接续了和贾谊一样的思考，他认定诸王国的势力太大，这已经对皇帝严重不利了。而晁错没有贾谊那么有手段，他直接诉诸“削藩”的做法，即找出各种理由将地方王国的封地等势力予以削减。如此明确地影响诸王国的利益的做法，很快就刺激了反弹。以吴王刘濞为首，几个强藩联合起来，他们以讨伐晁错为名，与朝廷兵戎相向。七国之乱爆发。

七国之乱来势汹汹，这最终使汉景帝被迫杀了晁错。但即使晁错死了，乱事还是未平，最后是诉诸硬碰硬的军事冲突。在周亚夫的带领下，长安的军队打败了诸王国的联合势力。

七国之乱解决了，这同时为汉景帝提供了一个重新改造诸王国的好机会。因此，一方面，他采用贾谊建议的方式，多封“诸侯”。即如果一个王有好几个儿子，那在他死后，朝廷就将其王国平分给他的众儿子，且将其每个儿子都封为王。这样，每个王的势力就比原来的小了很多。另一方面，他则将治国的责任和权力从王的身上，转移到相的身上。即王是地方名义上的最高统治者，然而实际的统治工作，是由中央朝廷派来的相主掌的。

诸王国原本各有自己的朝廷，他们对各自朝廷的原先的安排，基本上都是模仿中央朝廷的。中央有相国，诸王国也有相国；中央有御史大夫，诸王国也有御史大夫。七国之乱后，中央朝廷下令省易官职，这就是强迫诸王国朝廷降等，即它们不能和中央朝廷一样。从此之后，诸王国只能有相，而没有相国，也没有御史大夫等。而且“天子为置吏”，即王不能自己选任相，相是由中央朝廷统一派遣的。还有，诸王国朝廷的用人权力，握在相的手中，而相对皇帝负责。[1]

名义上，汉景帝之后还是有王有侯；实际上，王逐渐地就失去了统治地方的权力。王变得和侯一样，只是朝廷封赠的象征性地位。虽然王的地位高一些，他们也可以部分地享有封地的收益，但其不能再碰触实质的统治权了。

这样，经过了半个多世纪的建设，从汉高祖时就确立下来的帝国制度，才一步步地摆脱了过去封建制的遗留、纠缠，而真正地完整成熟了。这就是汉武帝即位时，所继承、所统领的帝国政治局势。

---

[1] 见《汉书·百官公卿表》：“诸侯王，高帝初置，金玺盭绶，掌治其国。有太傅辅王，内史治国民，中尉掌武职，丞相统众官，群卿大夫都官如汉朝。景帝中五年令诸侯王不得复治国，天子为置吏，改丞相曰相，省御史大夫、廷尉、少府、宗正、博士官、大夫、谒者、诸郎官长丞，皆损其员。”

09

与民休息和“汉兴七十年”

一路看下来，最令人惊讶的，仍然还是封建诸侯列国制度的强大延续力。远从春秋时期，封建列国就已经开始没落、变质，经过几百年的战乱，秦始皇以强大的意志力，找到了完全不同的政治解决方法，建立了中央集权的帝国。封建列国仍死而未僵，并以各种形式在汉初反复登场。西汉统治者又费了六七十年的时间，才将中央集权的帝国彻底确立。

封建诸侯列国制度之所以如此强大，关键就在于它不仅仅是一个政治制度。除此之外，封建牵涉最基本的亲族组织安排，这不仅构成了社会的伦理基底，而且连带地产生了一套复杂而丰富的教育内容。以此为重点的教育保障了一套长远而坚实的传统。这里面有信仰、价值观、仪式、日常生活的规范，以及从出生到死亡的种种安排等。如果仅仅在政治上做出调整改变，那是无法轻易地动摇这么庞杂的一套系统的。

相对地，这一时期是新的政治体系要找到方法，与原来的封建制度的基础共存和互动的时期。

列国时代结束了，广土众民都归单一的中央朝廷管控。这绝对不会是件容易的事。如何建立一个能够治理广土众民的中央朝廷，不是秦始皇单凭超人的意志力，再加上原来秦国法家的经验能做得到的。这是另一个使分封治理观念得以死而不僵的原因。在当时人的记忆与理解中，他们无法想象如果不分封，那么广的土地，那么多的人口，应该如何通通集中于单一的中央朝廷，并由它进行管理。

《史记》在行文中有“汉兴已六十余岁”（多次），“汉兴七十余年”的说法，这是太史公认定的重要的历史断代时间。从汉高祖建国到汉武帝即位这段时间，是西汉初成立，摸索着将帝国的制度逐步完善的时间。这段时间中最重要的工作，就是落实“从列国到帝国”的细节转型。结果，这不仅使帝国出现了，还使其取得了可大可久的统治条件。

传统历史上将这段时期的统治，尤其是汉文帝、汉景帝在位时的统治形容为“无为而治”，即国家好像没发生什么大事，两位皇帝的政策也都是不大作为的，与民休息的。

文景之时，西汉一朝的朝政上，最强大的主流观念是黄老之学。黄老之学提倡无为，反对具有强大的野心、不断地作为的统治方式，这是事实。不过，在这层事实之下，我们应该小心，即不要过度地阐释无为的意义，以为这两个皇帝真的什么都没有做，帝国就这样维系下来了。其原因如下。

首先，无为能发挥正面的作用，其背景是秦朝过度有为的惨痛教训。秦朝时，严刑峻法造出了一个刑徒社会，刑徒提供的免费劳动力，驱使朝廷到处“有为”，进而使其进入一种“过动”的、无法停歇的疯狂状态。人们受不了这种疯狂的“有为”带来的破坏与痛苦，愤而不惜性命推翻秦朝的统治。

无为指的是明确地反对原先秦朝的“有为”，即不再兴建各种大型的工程，不再随便运用大规模的民力，以让社会有机会从“过动”中缓解出来，恢复正常。在这一点上，无为有效地应对了秦朝造成的问题，也得到了很好的结果。

其次，汉初政治上，黄老之学抬头的一个可能的因素，是留侯张良。汉帝国成立之后，张良就“学辟谷，道引轻身”（《史记·留侯世家》），他不仅从权力场上退后一步，也不在第一线上牵涉所有复杂的斗争。不过，显然张良仍然和刘邦、吕后保持着相当亲近的关系。比如，当刘邦抱病出征，处理黥布的反乱时，留守的太子就是由张良负责辅佐的。

刘邦最欣赏的儿子，不是后来即位的汉惠帝刘盈。刘邦一度曾想换掉太子刘盈，改立由戚夫人所生的赵王如意。反对换太子最着力的，当然是太子的生母吕后。吕后因此忌恨戚夫人，后来，她以极其残酷的手段残害了戚夫人，并留下了恐怖的“人彘”的故事。不过在维系太子一事上，最有影响的，还不在于吕后，而在于汉高祖身边的功臣。或许也就是吕后，成功地说服了这些功臣强烈地反对换太子。

《史记》鲜活地记录了周昌在刘邦面前强争的画面。周昌口吃，平常不太说话，他却为了换太子一事，对刘邦说："臣口不能言，然臣期期以为不可，陛下虽欲废太子，臣期期不奉诏！"其中两度出现的"期期"，就是模仿他虽口吃，却急着要把话挤出来的声音。后来，这就留下了"期期以为不可"这个成语。

其实，让太子没有被换掉的最关键的原因，应该还在于张良的态度。《史记·留侯世家》描述"商山四皓"出面支持刘盈当太子。这四个年纪很大的老人家，分别叫东园公、角里先生、绮里季、夏黄公，他们连名字都不像一般人的。他们的名气很大，长相是"须眉皓白，衣冠甚伟"。刘邦听说过，却从来没有见过他们，所以对他们竟然出现在刘盈的宴席上，他感到很意外。

刘邦问他们："吾求公数岁，公辟逃我，今公何自从吾儿游乎？"意思是："奇怪了，我找了你们好多年，你们都不愿意来见我，今天怎么会出现在我的儿子这里？"商山四皓就说了一番褒扬太子的话："窃闻太子为人仁孝，恭敬爱士，天下莫不延颈欲为太子死者，故臣等来耳。"他们如此称赞、标举刘盈。刘邦因此不敢轻视他？

这个故事被写在《史记·留侯世家》中，这可以明显地看出商山四皓虽然刘邦请不动，却和张良保持着很好的关系。还有，刘邦听了商山四皓的褒扬说法后的反应是："彼四人辅之，羽翼已成，难动矣。"这句话的重点在于羽翼已成，即意味着刘盈已经有了自己的势力了，他不再是孤身一个人，也就不再是刘邦想换就可以换掉的。

读《史记》，我们就知道，刘邦是何等精明的，且不讲究形式和礼貌的人，他怎么可能被四个白头发、白胡子的老人家唬住呢？怎么可能就乖乖地听四个老人家的话，不换太子了呢？真正影响了他，说服了他的，是吕后和太子所展现出来的政治实力。他们已经下功夫下到张良都愿意这样帮忙，甚至他连商山四皓都能找来的程度。如此，如果刘邦还要换太子，那他可就要冒着跟这些势力翻脸的危险了！

这是刘邦对刘盈的看法。那么，张良看重刘盈的什么？这绝对不可能是其精明、智慧与政治手腕吧！从张良到商山四皓，显然他们要支持的，正是一个与秦始皇、项羽和刘邦相反的人，即一个没有什么野心，也没有什么大的能力，且在天性上不会多所作为，而可以与民休息的统治者。

可见，黄老之学不是在汉文帝、窦太后时才有的统治智慧，而是在秦汉之际，由人们对长期骚乱的强烈反感，以及集体心理期待的投射产生的。

10

黄老之治是怎么回事儿

那么，与民休息的黄老之治，到底是怎么回事呢？

让我们回头看一下，西汉刚成立时，从皇帝到功臣，他们都不改原先打天下时的相处风格，也没有什么固定的、必须遵守的礼仪等。几个人说着话，有时一言不合就吵起来，打起来，甚至拔剑相向的都有。为此，叔孙通不仅制定了朝仪，即规定大家在朝廷上应该怎么站，怎么说，怎么做等，还进行了多次演练。之后，大家才能按照朝仪规规矩矩地上朝。结果刘邦都大为感动。他说："吾乃今日知为皇帝之贵也！"意思是："搞了半天，我现在才体会到当皇帝真了不起，真过瘾啊！"

叔孙通如何制定朝仪？他是秦朝所立的博士官，当然熟悉秦朝的宫廷规矩。其实，他也只不过是将秦朝所行的朝仪照样搬用而已。换句话说，西汉官员在朝廷上的行为，基本上就是复制原先秦朝的而已。

这件事提醒了我们，“汉兴七十年”里，所谓无为，在现实中往往就是“无所改变”。“无所改变”就是保留原先秦朝所制定的办法，即秦怎么规定，汉就照着继续怎么做。

而且，汉初的朝廷不是真的无所作为，只是其作为的形式，通常是把负面的去掉，也就是在特别的考虑下，将秦朝留下来的法令、规矩予以废除。比如，针对秦始皇最不可思议、最极端的做法“挟书令”，西汉一建立，就“除挟书令”，即废除禁止民间藏书的禁令。从此之后，民间有书在家，就不需要再交出来，这也不再是犯法的事了。

又比如，汉惠帝“除夷三族”，即废除了“夷三族”的罪刑。这也就意味着在汉惠帝废除之前，“夷三族”的法令与刑罚是一直存在的，事实上，彭越就是被汉高祖处以“夷三族”之酷刑的。汉文帝也下令“除夷三族”，这可以明显地看出尽管汉惠帝下过令了，现实中仍然有“夷三族”的刑案。所以，汉文帝才不得不重申此令。

汉文帝还“除肉刑”，这牵涉有名的缇萦救父的故事。此事发生在公元前 167 年，也就是西汉成立已经将近半个世纪时。

当时，缇萦的父亲仓公被处以肉刑，缇萦上书说：“妾父为吏，齐中皆称其廉平，今坐法当刑。妾伤夫死者不可复生，刑者不可复属，虽复欲改过自新，其道无由也。妾愿没入为官婢，赎父刑罪，使得自新。”意思是，她愿意牺牲自己去当官奴，以免除父亲的肉刑。汉文帝被缇萦的孝心及自我牺牲的精神感动了，他不仅免了仓公的刑罚，还一并废除了肉刑。

缇萦上书中提到的“刑者不可复属”，指出了肉刑的严酷。所谓“肉刑”，包括割掉鼻子，砍断左脚、右脚等，简单地说，它就是刻意地将人刑为残废。汉文帝在“除肉刑”时，也规定将原本应受肉刑的，改以笞刑来执行。汉景帝于前元元年（公元前 156 年），下令将笞刑减轻，如原本的三百下减为两百下，后于前元六年（公元前 151 年），又将之从两百下减为一百下。

笞刑为什么打得越来越少？这一方面表示皇帝仁慈，但另一方面的现实理由是原先被三百下或两百下的笞刑打下来，大部分犯人根本就受不了，都被活活地打死了。笞刑用来施刑的工具，叫作箠，箠是个尾端扁平的长板子，“长五尺”（合一米多）。它是用竹子做成的，整根都要磨平。笞刑打的时候要打屁股，而且“毋得更人”。即如果要打两百下，那就由同一个人从头打到尾，不能中途换人。不换人，是为了公平，也是为了避免前面一个人打得没力气了，就换一个力气充足的，更容易打死人。

从肉刑到笞刑，这些细节就足以提醒我们：在无为的政策下，原先秦朝的严苛法律大多都还存在，秦朝重视法律细节的风格也还存在。也就是说，表面上，朝廷相信黄老之学，提倡清静无为，但底层人民的生活，继续受到秦朝遗留的规定管束，绝对不是那么自由自在的。

11

西汉对秦朝的反思是开创新帝国的关键

西汉初期的人最大的真正改变，在于他们逆转了秦始皇对待历史的态度，即他们重新看重历史，探察历史，并试图从历史中找出一条新朝代可以依循的道路。

在西汉人的眼前突出的历史教训，就是秦朝的。这样的一个以惊人的速度崛起的势力，由不可一世的野心领导者创建的空前功业，它为什么维持不了？而且，为什么在这么短的时间里，即在一代人都还能清楚地记忆的时间中，它就土崩瓦解，灰飞烟灭了？

西汉人无法忽视如此戏剧性的变化，他们知道必须弄清楚秦之所以亡的原因，因为其中藏有最大的教训，也藏有让汉朝可大可久的秘诀。西汉初立时，在经过了汉惠帝、吕后、汉文帝和汉景帝六七十年的小心反思后，到汉武帝即位时，他们才觉得有信心、有把握能够按照找出来的答案，去创建一个真正的新帝国。

第二讲

西汉前期的统治

01

与民休息和无为而治

西汉建立时，最初决定建都洛阳。刘邦不是没有考虑过定都关中。关中本身有渭水流域，南方又有四川盆地提供的生产腹地，再加上地形带来的易守难攻的优势，定都关中的好处的确有很多。但仅一项条件，就在当时压过了关中的所有好处——这里是秦朝的亡国之处。

几经波折，西汉的都城才从洛阳迁到长安，并从此定在长安，直到西汉灭亡。从后来的历史经验来看，定都长安是有道理的。然而在西汉一朝初立时，尽量避免因袭秦朝教训的想法，有着超越正常分量的超重考虑。

甚至可以说，在“汉兴七十年”间，在每个重大的政治决策上，西汉一朝都能察觉到曾经不可一世的秦朝快速覆灭的巨大阴影。汉初政治的首要考虑，就是不要重蹈秦的覆辙。刘邦在位时虽几度发动对付诸侯王的战争，然而这些战争都不仅规模有限，而且迅速地结束。因为他有意识地绝对不拖长战争。从另一个角度来看，这些“反逆”的势力都快速地被压制或被消灭，除了刘邦在军事上的才能之外，当时的社会疲于战争，兵丁难以征调的现实情况，也是个不容忽视的重要原因。

人们非常珍惜好不容易得到的和平，根本不想再回头过战国时代的那种日子了。对西汉的人来说，消灭六国后建立的秦朝，之所以快速倾覆，一部分原因就在于秦朝不能维持不打仗、不发民的和平状况，而这导致人民揭竿而起，站在推翻秦朝的一方。因而，汉高祖去世之后，西汉政治最主要的指导原则，就是反对秦朝的做法，要与民休息。

汉文帝、汉景帝二朝奉行无为中最有力的，是不轻易征调民力进行建设，尽量减少朝廷的花费，也就是降低征用民众生产成果与劳动力的需要。因为有着秦朝的反面教训在眼前，所以从汉高祖开始，西汉就流行以节约为上的习惯。比如，长乐宫完成时，汉高祖发过脾气，认为其太豪华了，而他骂人的理由就是：“这是要害我们像之前的秦朝一样吗？”

节约的习惯，在汉文帝时执行得更加严格。当时，就连皇后穿的衣服的下摆，都不能垂到地上，因为这样费布太多。汉文帝的灞陵，在历史上早已载明其所在的方位，但至今它都无法发掘。这关键就在于它建造时就决定“因山为藏，不复起坟”（应劭对《汉书·文帝纪》的注解）。它的上方并未有封土，且它依随山势而建，这导致今天很难找到其确切的所在之地。

另外，现代考古也挖掘出了汉景帝与其皇后合葬的阳陵，它看起来之前并未被盗过。里面出土了大量的陶俑，但这些陶俑只有五六十厘米高，它们和秦始皇陵里的等身高兵马俑，不仅在尺度上不能比，在制造的精致度上，更是远远不及。

这样的陵墓兴筑方式及墓葬，当然也就省下了大量的人力、物力等，而不必像建骊山陵那样征用那么多的人力、物力等。

不建宫殿，不建大型的陵墓，也不进行其他的大型建设，这省下了大量的民力。这样的做法，对法令的执行产生了长远的影响。前面已提过，文景二朝无为，所以他们也不曾大幅地改造秦朝留下来的律令及规定等。虽然明文上仍然承袭了秦法，但在执行上，西汉就逐渐有了现实的改变。

秦朝不仅法制很严，而且有明确的动机促使执法更严。“以刑致刑”，将许多从旧封建制中脱离出来的人转化为刑徒，他们事实上就成了朝廷的公共官奴。官奴越多，就有越多可供投入建设的廉价甚至免费劳动力，也就刺激出更多的建设，这又产生了更多的官奴需求的动机，也就会创造出更多的刑徒。

西汉从需求面打破了这个恶性循环。省徭役，不随便进行公共建设，就算有刑徒也没有可用之处。于是，西汉在执法上就没有了要严抓严判的动机，相对地，反而有了放松执行，别制造无用刑徒的理由。

因而，汉初的社会，有着清楚的两面性。在现实方面，法令的执行越来越宽松，这使人们受到的干扰越来越少，相对地也有了越来越多的生产与生活自由。在规定方面，秦律、秦制等依旧被存留，而且伴随着许多人曾经有过的秦朝教训，这些成文规定也就一直发挥着约束与紧缩的作用。这让人们知道，相对的自由不是理所当然的，朝廷随时可能严格执行秦律、秦制等，即将秦法所规定的种种压力，重新施加在每个人的身上。

这样的两面性形成的对比，使人们对这难得的、不确定的休息格外珍惜，也对此有了格外深刻的肯定印象。因而，这就产生了后世所称的“文景之治”。

02

汉武帝即位前的帝国秩序

汉帝国是个庞然大物，尤其是和它所具有的各种统治条件和工具相比时，这更显得其统治不易。汉帝国没有信仰的意识形态，也没有统一的宗教，只有有限的交通基础设施，再加上写在竹简上的文书档案管理系统。要让广土众民的帝国能够有效地被绑在一起，它靠什么？

其中的一部分就靠秦朝留下来的教训。在这一点上，西汉一朝的皇帝都要感谢秦始皇。他用如此戏剧性的方式结束了旧时代，开创了新时代，又用如此戏剧性的方式在当时社会的集体心理上留下了那么深的伤害。秦始皇的野心和炫耀风格，在短短的时间内，让偌大的帝国中每个角落的人，都逃不开他的影响。这实际上给人心打下了整体帝国的基础。只不过这基础是负面的，而且它使大家在逃不开秦始皇的、强力的统治压力这件事上，达成共识。

对此，大家都记忆犹新，所以大家都不希望那样的时代，那样的状况重新来过。这恐怕就是汉帝国能够建立起来的、最重要的集体心理力量吧！西汉初期在政策与现实上，一步步地确认了两件事。

其中的一件事是，过去使“天下共苦战斗不休”的封建旧制不会回来了。在这一点上，西汉修正了项羽所犯的错误，它让列国只在名义上存留，实际上将之扔进了历史的遗迹中。即在消灭列国建立帝国方面，西汉一朝选择了和秦朝一样的方向。在另一件事上，西汉一朝绝对和秦朝不一样，那就是它不会以帝国的庞大组织反复征用民力。

因为战国不会回来了，秦朝的可怕徭役也不会回来了，所以人们愿意支持汉帝国。人们害怕如果汉帝国有什么不安或动乱，那么要么局势退回到战国的，要么退回到秦帝国的，那都是恐怖的、不可想象的。这样的心理，成了西汉一朝接续在秦朝之后，能够创建稳固统治的最大本钱。

靠着这样的本钱，西汉就撑过了最前面的“七十年”。在汉武帝即位之前，西汉才有了新的认真思考，即除了避开过去战国和秦朝的错误之外，这个帝国还要开创怎样的自我秩序，找出怎样的自我个性与特色等。

对“汉初七十年”，《汉书·食货志》说：“至武帝之初，七十年间，国家亡事，非遇水旱，则民人给家足，都鄙廪庾尽满，而府库余财。京师之钱累百巨万，贯朽而不可校。太仓之粟陈陈相因，充溢露积于外，腐败不可食。众庶街巷有马，仟陌之间成群，乘牸牝者摈而不得会聚。守闾阎者食粱肉，为吏者长子孙，居官者以为姓号。”《汉书》所描述的这些内容来自《史记·平准书》。

意思是，“汉初七十年”中，除非遇到严重天灾，人们都可以丰衣足食，而且开始了公私积聚。公家府库里藏了许多长年用不到的钱，绑钱的绳子都腐朽断掉了，这使钱简直无从数起。一年又一年堆积的谷物多到溢出谷仓，甚至到了它们因被放太久都坏掉而不能吃了的程度。

而且，一般老百姓住的地方，街上都是成群的马，大家进出都用马车，用的拉车的马稍微不像样的，去参加聚会就会被嘲笑、被排斥。地位低下的人都有肉有好米吃，地位高一点的就能建立起家族的身份与财产了。

汉武帝就是在这样的社会经济状况下即位的，他的在位时间长达五十四年。而且他十五岁即位时，已经算个成人了，已有足够的统治意志与行为能力了。整个西汉，有四分之一多的时间在他的统治之下。他因在特别的时间点即位，又幸运地能够在皇帝的位子上维持得够长，而得以充分地实践其变革的野心。他的父亲汉景帝的在位时间只有十六年，这就不足以使其进行全帝国规模的政治作为。

汉武帝刘彻是王美人所生的，“美人”是当时嫔妃的头衔，我们无法确切地知道王美人的名字，倒是知道她的母亲叫“臧儿”。不过，臧儿也不是个具体的名字，其意思是“姓臧的女孩子”。

王美人的母亲有个知名的祖父，他就是臧荼。臧荼是原来项羽所封的燕王，后来，他成为刘邦的盟友。刘邦即位后，他最早叛变，也最早被收拾。臧荼被灭之后，他的家人成了平民，他的孙女臧儿嫁给了王仲后，生下王美人。臧儿虽然是臧荼的孙女，却生于今天的陕西，陕西离臧荼曾经被封的燕地已经很远了，这可以明显地看出这个家庭不仅经历了家道中落，还经历了艰苦的流离移居的过程。

王仲病死后，臧儿再嫁给了一个姓田的，她又生了田蚡和田胜，这两人是王美人的同母异父弟弟，也就是汉武帝刘彻的舅舅。王美人被献进宫，得汉景帝临幸后，生下刘彻，刘彻是汉景帝的第十三或第十四子。

排行十三或十四的儿子，怎么会有机会当上太子？这主要是汉景帝的母亲窦太后等的关系。窦太后除了生下汉景帝之外，另有女儿长公主刘嫖。刘嫖生了一个女儿阿娇。长公主念兹在兹的梦想，是让阿娇当皇后。考虑了包括年纪在内的各种因素后，长公主选上了刘彻，她将女儿阿娇嫁给了刘彻。于是，在长公主的强力运作，以及窦太后的从中协助下，在刘彻七岁时，原来由栗姬所生的太子被废，刘彻被改立为太子。

这个过程当然不是那么理所当然的，其中牵涉许多宫廷权力的变化。刘彻在这样的情况下登上了太子位，这也就部分地解释了为什么他后来会对权力那么饥渴，又那么敏感，也解释了为什么他长期都有强烈的不安全感等。

03

宫廷的时代变化

《汉书》中有一篇特别的合传，它的标题是“窦田灌韩传”，其中的“窦”指的是“窦婴”，“田”指的则是“田蚡”。窦婴是窦太后的侄儿，也是汉武帝上任后的第一任丞相。田蚡则在窦婴之后当了汉武帝朝的第二任丞相。

《汉书·窦田灌韩传》里有这么一段记录：“上初即位，富于春秋……当是时，丞相入奏事，语移日，所言皆听，荐人或起家至二千石，权移主上。上乃曰：‘君除吏尽未？吾亦欲除吏。’”

意思是，汉武帝刚即位时，年纪还小，那时丞相进宫见他，一讲就讲很久，丞相所说的，他都要听。说的其中一项重要内容，是人事安排，丞相建议的名单一直到最高层的官员，这简直就是在代替皇帝行使权力了。有一天，汉武帝实在受不了了，他对丞相发了脾气:“你要用的人用完了吗?我也想用几个人!”

还有一段,即丞相:“请考工地益宅,上怒曰:‘遂取武库!’是后乃退。”意思是,丞相一直想找地方,将自家的房屋扩建得大一点,汉武帝知道了,讽刺地赌气说:“你的地方还不够大?那你干脆把我的武库拿去住好了!”丞相才终于不再提增建房子的事了。

这两段记录中的丞相,是田蚡。田蚡为什么敢这样?他把汉武帝气得说出这样赌气的话,应该要倒大霉了吧?不,田蚡不是笨蛋,他清楚地知道自己在做什么。他是皇帝的舅舅,是以舅舅对外甥的身份在行使他的丞相职权的。全天下的人都知道,他是皇帝的舅舅,也是因为这样的关系当上丞相的。所以,他才刻意要压过皇帝,不然别人不会尊重他。

此时的关键点在于汉武帝刚刚即位,他身边有复杂的亲族关系。其中牵涉窦太皇太后(汉文帝的遗孀,汉景帝死后,她成了窦太皇太后)的关系,王太后的关系。别忘了,还有刘家的其他兄弟叔伯的种种关系等。

这些关系又牵动着宫廷里的时代变化。窦太皇太后是旧时代的中心。她是汉文帝的皇后,也和汉文帝一同经历了无为而治的政治风格的确立过程,并衷心地相信黄老之学。

《史记·儒林列传》提到这么一件事。汉景帝时,窦太后召来当时朝中有名的儒师辕固生,且不无挑衅地问他:“你觉得《老子》怎么样?”辕固生回答:“此是家人言耳。”意思是,它没有什么了不起的内容,只是随便讲讲的。听到辕固生这样轻蔑的评价,窦太后大怒，冲口而出：“安得司空城旦书乎？”意思是：“怎么比得上刑部官员的律令呢？”之后，窦太后罚辕固生去斗猪。

汉景帝知道窦太后生气了，又觉得辕固生不过说了句直言，不该受这么严重的惩罚。汉景帝就帮辕固生准备了最好的兵器，这让他在斗猪时一下正中猪的心脏，将凶狠的山猪杀了。如此，窦太后才算作罢了。

这件事生动地显示出：

第一，在汉景帝时，黄老之学的权威已经开始退潮，而儒家的力量在上升。辕固生从儒家，也就是传统王官学的立场，视《老子》的内容为“家人言耳”。他表示那不过是“一家之言”，即表示它不过是刘家的偏好而已，不能和正统的王官学相提并论。这样的评价，竟然也获得了汉景帝的部分认同。这说明，汉景帝也不认为靠黄老之学就足以治国了。

第二，在汉景帝时，黄老之学虽然渐渐不流行了，却还有最后、最强大的靠山，那就是窦太后。窦太后生气了，连汉景帝也没有办法，他顶多能弄个计谋保住辕固生的性命而已。在汉武帝朝，这样的思想冲突就更激烈了，老一辈笃信黄老之学的，以窦太皇太后为中心；此外，有想抛弃黄老之学的新辈，在找机会集结，以发动改革。

04

从无为向有为的转变

汉武帝时代最重大的历史变化之一，是所谓“罢黜百家，独尊儒术”，这件事与其说是汉武帝一个人的决定，不如说是在他即位之初就已经在酝酿的时代氛围。即使是窦太皇太后的亲戚窦婴以及田蚡和担任过太子太傅的卫绾等，都属于积极想要改变黄老之学式统治的一派。

在他们的建议和引导下，汉武帝在刚刚即位后，依例下令“举士”，即要求各地举荐人才时，就在“举士令”中多加了一条但书：“治申、商、韩非、苏秦、张仪之言，乱国政者，请皆罢。”这表明，法家与纵横家传统的能力，不在朝廷的欢迎之列，举士时不要将这样的人送来。

这条但书用的是负面表明方式，然而，它没有明说的潜台词其实就已经是向儒家和儒术倾斜了。朝廷借此试图向地方传递要特别拔举儒学人才的信息。为什么朝廷不能正面标举儒家和儒术，而要负面表明排除非儒学或非儒术？因为汉武帝忌惮窦太皇太后，他用负面表明的方式排除了法家、纵横家，但留住了黄老之学。

以窦太皇太后的地位与个性，只要她掌握权力，黄老就仍然是朝廷的主流指导原则。这样，年轻一辈也就得不到有所作为的发挥空间。

于是，两年之后，这个内廷集团又尝试了更大胆些的策略，即由赵绾和王臧上奏，说为体恤窦太皇太后年事已高，不能还让她老人家劳费心力，所以建议未来只有重大事务才启奏窦太皇太后，以让她不必操心日常的政治运作。

这个建议送到窦太皇太后那里后，窦太皇太后表示："虽然我年纪大了，但就连这两人都还是支持我该管大事。眼前就有一件我该管的大事，那就是赵绾和王臧该杀！"汉武帝和左右之人费了好大的力气，才总算保住了赵绾和王臧的性命。

窦太皇太后作为黄老之学的最后的强力看守者，一直维持到公元前 135 年，她去世为止。此时距离汉武帝于公元前 141 年即位，已经有六年的时间了，而汉武帝的年龄也已经超过二十岁了。

被窦太皇太后压制了六年的新思潮和新政治方向，在她死后，就一下子爆发了，并快速地发展起来。一个原本不属于内廷集团的儒生董仲舒，恰好在这个时候上书建议朝廷用人的原则，他用决然的语气强调："诸不在六艺之科、孔子之术者，皆绝其道，勿使并进。"（董仲舒《举贤良对策》）

这其实不过就是将原本“举士令”的说法更推进一步，说得更清楚了。受卫绾等人的影响，汉武帝早就有这样的想法了，他只是碍于窦太皇太后，而无法明确地表现。现在，窦太皇太后的阻碍没有了，汉武帝当然就乐于采纳董仲舒的意见，积极地进行从无为到有为的根本转变。

05

杂糅的儒家

传统上说，汉武帝一朝罢黜百家，独尊儒术，回到史料上看，独尊儒术是明摆的事实，但罢黜百家倒不见得。在汉武帝之后的西汉政治上，儒术成了主流。任何一个官员，如果他不是儒生出身，没有对儒家经典的学习和理解，就很难在朝廷上得到重视，更不可能有什么发挥的空间，这也是事实。然而相对地，儒家以外的百家，不管是思想、词汇，还是实质的政治原则等，都并没有被真正地排除。

也就是说，汉武帝在独尊儒术的同时，并没有严格的罢黜百家的整肃、清理运动，也没有对儒术进行纯粹的严格要求。因而，真正发生了的事，是儒术和儒家在取得主流地位的过程中，也随之扩大了它们的内涵和外延。许多过去不属于儒家，而是属于百家的思想与主张等，在这个过程中以各种方式被并入儒家中。虽然还叫儒家，但西汉独尊儒术后的儒家，已经和周朝的原始儒家有了很大的差异，它加进了许多不一样的东西，成了一个五花八门的综合体。

即从此之后，儒家不复再有孔子、孟子时那样清楚的面貌，而变成了一个复合、混杂、拥挤，甚至包含互相矛盾的内容的大综合体。它是一个被百家以各种方式渗透之后的儒家，而不再是原始时和百家分庭竞争，有着明确个性与立场的儒家了。

举个最明显的例子。

汉武帝热衷于封禅，他视封禅为帝王生涯中最重要的仪式。后来，封禅也就被纳入儒家，即成为儒家的仪典。但追本溯源，封禅怎么会是儒家的呢？封禅的主张，最早来自方士，它与追求长生不老及死后世界的享受，有着密切的关系。

况且，与其说汉武帝的封禅狂热与儒家传统没有关系，不如说它和秦始皇的关系还比较亲近。秦皇、汉武同样具有近乎绝对的权力野心，也就同样无法忍受自己所拥有的权力只能运用在现实世界。他们因为无法突破自己作为人的根本的生死限制，总想找到方法让自己超越死亡，所以就很容易受到这种和超自然领域交接的仪式的吸引。

这样的意念和追求，与孔子的原始儒家精神，相去甚远！但汉武帝身边的重要儒生，包括董仲舒在内，也都积极参与封禅的讨论与准备。太史公司马迁的父亲司马谈，甚至将汉武帝封禅时自己没有能够随行到泰山，当作一生重大的挫折和耻辱。这些西汉的儒生的思想中，已经混入了许多原来属于百家的东西。董仲舒的

“天人感应”说，明显地掺杂了阴阳家的说法；而司马谈在《论六家要旨》中评论各家时，也明显地采取了一种折中、综合的立场。

因此，方士的思想混进来了，阴阳家的思想也混进来了。比如，汉武帝朝前期另外的一件大事，是“太初改制”，即废除原来的历法，改行太初历。制定太初历的过程，牵涉实际的天文星象观察，也牵涉基本上是由战国阴阳家所塑造的宇宙概念等。实际上，阴阳家对西汉的政治影响尤其深远。这在儒学从春秋末期建立以来，孔子、孟子所突显的人文精神和人本主义等，在“独尊儒术”的西汉，竟也几乎都被阴阳家的思想取代了之中，可见一斑。

比如，在从王官学到原始儒家中，他们相信的是一个抽象的天。天是一种集体道理的运作和反应等。统治者做对的事情，用对的方式统治，就能得到天命，天命就会支持他继续统治。如果统治者违背了应有的道理，倒行逆施，那么他就会失去天命，天命就会移转到别人的身上，并给予别人推翻他的使命和力量等。

这样一个抽象的、宏观的天，在西汉，受到阴阳家的影响、改造，它就逐渐成了一个类似于带有意志的天。它会以各种不同的方式和统治者沟通：有时送下“礼物”，表示赞许；有时则给他“打个大叉”，予以警告。

此外，在所谓独尊儒术的汉武帝朝，政治上最重要的元素之一，是孔子、孟子绝对无法理解的，更不可能认同的祥瑞。那祥瑞是如何影响西汉政治的呢？在汉武帝之前，皇帝在位时没有特别的年号，他们所用的年号就只是很简单地标示出，这一年是这个皇帝在位的第几年。汉景帝时，这稍有改变，但他的年号也只是被分成了前元、后元两段而已。在汉武帝朝，他的年号可就热闹了。

在后来历史的记录中，汉武帝即位后最早的年号，是建元，但这其实是后来才补称的。汉武帝刚即位时，并没有特别的年号，他的年号也不过就是循元年、二年这样的旧例的。汉武帝所用的第一个年号，是元鼎，而这个年号是在元鼎五年（公元前112年）时定下来的。

这很怪吧！元鼎五年时才定的元鼎这个年号，还将年号的开端回溯五年？为什么不是在哪年定年号元鼎，就将哪年称为元鼎元年？因为元鼎的名称源自一件祥瑞。

当时，有人发现了一个古鼎，并将之献给了朝廷。五年后，祥瑞或符瑞之说在朝廷里很流行了。汉武帝就想："唉，我怎么会错过好好宣传出鼎这项大祥瑞的机会呢？这明明是上天给我的大奖赏，即表示我是个超级好的皇帝，那我干吗不让天下人都知道呢？"于是，他就将出鼎的那一年，回溯记作元鼎元年。这就产生了元鼎这个年号，也从此开启了中国帝王政治上的年号传统。

祥瑞更进一步又发展出谶，这是更全面的一种将自然现象引进人事解读的思想系统。它基本上是将特殊的、不寻常的自然现象都看作上天送来的信息，且认为它们是展现上天的意志的，具有至高的权威的。和谶并行的，又有纬。纬的名称源自其和经的对照，它实际上是一套用神秘感应逻辑重新诠释经书内容的流行论述。有了纬后，儒家的经典也都被改造成各种的阴阳变化、神鬼不测的密码了。

阴阳、五行，乃至名家对名的看法，都被放进儒家的大帽子下了。这既是对儒家的扩充，当然也是对儒家的扭曲。这提醒我们，不能用那么简单的眼光来看汉武帝朝及之后取得主流地位的儒家。

06

外儒内法

在汉武帝朝，“七十年”来对秦朝的检讨大致定案了，他们将法家判定为大一统的秦朝快速灭亡的元凶之一。所以，在当时，法家的地位当然不高。比如，汉武帝刚即位后要“举士”时，就明确地排除“申、商、韩非”之流。

但换个角度看，这“七十年”的无为，不做根本改变，实际上已经使秦朝建立的法令制度及其背后的精神，在西汉政治与社会上生根了。西汉表面上反对法家思想，却不可能真正地离开法家思想。

在独尊儒术政策形成的过程中，最关键的儒生董仲舒，开启了一个新的思想潮流，它叫作“以《春秋》断狱”，即把《春秋》褒贬笔法的原则，运用在现实的司法评判上。这样的主张，在那个时代被视为理所当然的。几乎没有人质疑、讨论原本用来进行历史评判的方法，是否能够适用在现实的刑罚上；也没有人质疑、讨论“以《春秋》断狱”是否符合儒家原本的精神等。

而对现实中的断狱，孔子表达过的最清楚的立场就是“如得其情，则哀矜而勿喜”。这意味着断狱的关键，不在于正确地比对犯法的行为与法条的规定，而在于更深入、带同理心地了解罪行的事实与动机等。而且，在了解了事实与动机等之后，断狱就不能用单纯的报复、惩罚的态度进行。

从这个角度看，董仲舒提倡的“以《春秋》断狱”的主张本身，就和原始儒家的立场有了根本的差别。这与其说属于儒家，不如说属于一种新的儒法混合。董仲舒在原本重礼轻法的儒家思想中，灌注了法家对法的重视；反过来，他也将儒家对罪行的事实与动机等的考虑，加进了法家所建立的一板一眼的、只看行为的原则里。由此，我们可以一窥那个时代深厚的法家背景。

此外，汉武帝在统治前期，重用了两个人。其中，一个是张汤，一个是赵禹。这两个人的主要工作，就是立法规。他们的生平事迹写在《汉书·酷吏传》里。那么，这两个人立了什么样的法规，做了什么样的事呢？

《魏书·刑罚志》说：“孝武世以奸宄滋甚，增律五十余篇。”这告诉我们在汉武帝一朝，刑法律令增加了五十多篇。《汉书·刑法志》有更详细一点的统计，它说汉武帝朝的律令全部加起来，“凡三百五十九章，大辟四百九条，死罪决事比万三千四百七十二，文书盈于几阁，典者不能遍睹”。意思是，在汉武帝朝，律令一共有三百五十九章，其中有多达四百零九种死罪；积累下来的有一万三千多个死罪案例；和刑法有关的文书资料汗牛充栋，就连负责管理的人都看不完。

这是不折不扣的法家的威吓管理。在儒家的表面架构下，西汉还藏有比阴阳五行更不该与儒家并容并行的、法家的严刑峻法。法家哪有因为罢黜百家而被排除？法家思想已经根深蒂固地进入西汉的政治思想与制度之中，法家思想非但不可能被割掉，还在汉武帝一朝有了明显的发展。

张汤等人完成了比秦朝更复杂、更周密的一套律令制度，他们将法正式分为"律、令、科、比"四大部分。"律以正罪名"，即律明文规定什么事是不能做的，如果做了就要受罚的。"令以存事制"，即令则是管什么样的事用什么样的程序、方式来做才是对的。也就是说，律规定不能做的，如果做了就要受罚的；令管标准的作业流程，如果没有照着做，也是要受罚的。

那么，科呢？科则是衡量触犯了律，违背了令应该受多严重的惩罚的程序。每项罪行都有其相应的处罚办法，而犯法的行为有轻有重，所以就由科来建立权衡各项因素的原则，并得出最终的惩罚决定。比呢？比的全称是"决事比"，用现代的语言来说，它就是判例。即过去曾经有过的重要的法律案件资料，要存留下来，以供后来的人参考比对。而当下现实中的案子该怎么审，怎么判，必须要与之前有过的案例相对照，以保证法律解释与执行上的前后一致性和稳定性。

在西汉的官僚体系中，张汤的主要职位是太中大夫。这个职务名称就牵涉汉武帝朝的另外一项重大的改革，它对后世的政治影响深远，那就是将中朝和外朝在制度架构上正式分开。

在汉武帝之前，丞相是皇帝最主要的统治助手，也是整个官僚系统的领导者，他有很大的权力。然而在汉武帝朝，围绕皇帝的中朝成立了。中朝就是绕过丞相，由皇帝自己直接指挥的另一套统治机制。此后，丞相只是外朝的领袖，他管不了中朝。

中朝和外朝分开后，一个最直接的结果，就是丞相的地位大不如前。丞相在名义上仍然是一人之下，万人之上的，但在实际的政治运作中，他和皇帝之间的关系，往往比不上中朝的人与皇帝之间的密切。而且，他所带领的外朝无可避免地会与中朝有竞争、有冲突。更不幸的是外朝和中朝在意见不同，做法不一时，外朝总是输多赢少。

汉武帝即位之前，“汉兴七十年”间，西汉一共有十三位丞相。这十三人里，有萧何、曹参、陈平、灌婴、申屠嘉五人死于任上，也就是他们做丞相做到死。其他的八人从丞相的位子上退下来后，大多被尊为太傅，得以安享余年。

丞相的情况在汉武帝朝有了戏剧性的变化。汉武帝在位五十四年，他一共任命了十二位丞相。窦婴是第一个，然后是田蚡、许昌、薛泽、公孙弘等，在公孙弘之后，一共有李蔡、庄青翟、赵周、公孙贺、刘屈氂五个丞相被腰斩。这种比例也太高了吧！

在汉武帝朝，做丞相变成了一项恐怖且高风险的工作。所以，当汉武帝要任命公孙贺为丞相时，公孙贺顿首泣涕不愿接受，恳请皇帝另作安排。他显然很清楚做丞相有多难，而竟然就连他这样早有心理准备的人，在被迫做了丞相后，也还是难逃死于非命的结果。

公孙弘在李蔡之前担任丞相，幸得身免，但从他受到的待遇就已经可以看出这个角色的转变。西汉过去每一个当丞相的，都有封侯的赏赐，公孙弘是第一个任相而未被封侯的。很明显，汉武帝即位之初，窦婴是窦太皇太后选的，他必须尊重；田蚡是自己的舅舅，他也不能不尊重。但等到舅舅不在位子上了，他的年纪更大些后，即从公孙弘以后，他对丞相就不再客气以待了。

丞相的地位陡降，是中朝建立带来的直接影响。中朝的核心角色，是尚书，尚书这个名称表明了其原始的职务是负责文书的传递的。最重要的文书传递，是介于皇帝和丞相之间的。汉武帝大幅地扩张了尚书的编制和功能，他让中朝负责越来越多的统治工作。中朝和皇帝的关系比丞相和皇帝的亲近多了。

久而久之，具体的政治运作情形就变成了由尚书传令去指使丞相，尚书的实质地位高于丞相的。连外朝的领袖丞相都必须对尚书低头，中朝的权威当然很快就凌驾于外朝的之上了。

中朝建立后，也改变了原来的官制。汉武帝朝开始出现“加官”，加官不是一个官职，而是在原来的官职上，多加一个“中”字。这个“中”，可不是上中下的中，而是代表中朝的中，而谁的官职加上“中”，就意味着他从原本的外朝体系中被吸纳进了中朝。西汉朝廷的权力不断地向中朝倾斜，于是，加官就越来越重要。谁有加官，原本的官职再怎么小，他都立即进入了权力的内圈；相对而言，谁没有加官，原本的官职再大，他也没有实质意义上的权力。

07

中朝凌驾于外朝之上

加官的做法，源自宫禁。帝国的皇宫规范最严格关切的，就是皇帝的生殖垄断权。在皇宫内，只能有皇帝一个有生殖权利的男人，以保证后妃生出来的子嗣，都是皇帝的血统。因而基本上，任何正常的男人，都是宫禁防范的对象，他们不能进入皇宫。谁有加官，即谁的官职中多了中字，这就表示皇帝特许他可以不受宫禁所限，而进入皇帝居住的地方。

有了加官的人，当然还是不能在皇宫里乱闯，只是他们能在皇帝不在正式的办公场所时，还能见到皇帝。这必定就表示他们得到了皇帝的特殊信任，仅是这样的可以越过严格宫禁的特权，就会使别人对他们不能不另眼相待，敬畏三分。

也因此，加官的做法就很容易和外戚相牵扯。在宫禁规定中，外戚是个特殊的身份。皇后或太后的父亲、兄弟等，这样的身份对皇帝的生殖垄断权没有威胁，皇帝也就不需要限制他们进宫来见皇后或太后。换句话说，外戚实际上拥有相当于加官的特权。那么，将加官赏给外戚也就格外理所当然了。

中朝逐渐坐大后，也有了自身的上下结构。后来，中朝出现了最高的位子，它叫作“大将军”。这本来是应军事行动的需要而建立的，因为皇帝要确切地管控军事，所以他就将带领军队的最高指挥工作，放在中朝来做。如此任命的第一位大将军，是卫青，而他就同时具有外戚的身份。

大将军完全不受丞相的节制，他在尚书之上，成了中朝的实际领导者，也是皇帝最信任的人。本来，皇帝领导中朝后，丞相管外朝，外朝就已经被压在中朝的下面了。自从有了大将军之后，具体的政治运作情形，就变成连大将军都在丞相之上了，外朝的地位进一步被削弱，且日益陵夷。

在这个架构中，丞相绝对不是一人之下，万人之上的，大将军必然在他之上的，还有一些加官靠着和皇帝的关系，实际上也有比丞相更高的权力。这也难怪丞相那么难做，而且一出事，丞相往往就成替罪羔羊被杀了。

中朝和外朝的变化，给了皇帝更大的实质权力。但皇帝掌握了更大的实权，这也产生了许多严重的问题。其中的一项，就是围绕着皇帝的人事斗争越来越复杂。外朝虽以丞相为首，但丞相并没有那么大的独断权力，所以它基本上仍然依循制度。丞相也要尊重制度，并照着制度来做事。因而，外朝上上下下的人大致知道，自己的位子不会有太激烈的动荡变化。

权力集中到皇帝一个人的身上就不一样了。皇帝是人，也有人的主观意识或偏好等，而皇帝的主观意识或偏好等，绝对比制度更容易变动且更不稳定。皇帝的好恶成了终极的权衡，这就必然促使所有的人，不管是为了自保，还是为了履行职务，还是为了获取私利，都必须积极地影响皇帝，即想方设法地影响或操纵皇帝的观感和情绪等。

所以，政治的日常运作，从依循外朝的制度转变为依赖皇帝的个人好恶，这是汉武帝朝出现的一项重大变化。它不仅对西汉一朝，甚至对后世中国的帝王统治都产生了极其深远的影响。

08

第一个淮南王刘长

西汉历史上有两个留下了事迹的淮南王。

其中，第一个是刘邦的幼子刘长。刘邦去世时，刘长才两岁大，他的正式谥号叫“淮南厉王”。谥号将皇帝或王侯一生的简评，浓缩在一个字里。在谥法中，“厉”字几乎是最糟的评语了，它表示这个皇帝或王侯在位时行为乖戾，且达到了超越常理的地步。

刘长是怎么个乖戾法？史书上留下了汉文帝的舅舅、薄太后的哥哥薄昭写给他的一封信。信的第一段便说：“汉法，二千石缺，辄言汉补。”（《汉书·淮南衡山济北王传》）意思是，在诸王国里，如果是二千石这种最高等级的官员出缺，应该是由中央朝廷派人接任的。但刘长“逐汉所置，而请自置相、二千石。”意思是，他不接受中央朝廷所选的高官，坚持要用自己的人。

刘长就是因为这件事得罪了汉文帝的。汉文帝逼他接受中央朝廷派给淮南王国的高官。于是，他就赌气上奏说：“大王欲属国为布衣，守冢真定。”意思是：“那王国还给你，我不想当王了，我要做个平民百姓去守我母亲的坟墓。汉文帝当然没有答应他，所以才让薄昭写了这封信教训他。

在信中，薄昭列举了他所犯的错：

第一是不孝，即“贪让国土之名，轻废先帝之业”。意思是：“封国是汉高祖给的，你竟然说不要就不要。”第二是不贤，即“父为之基，而不能守”。意思是：“你继承了父亲的封国，却不好好治理，竟然还要放弃。”第三是不礼，即“言节行以高兄，无礼”。意思是：“你用这种行为对待哥哥汉文帝，这弄得好像哥哥对你多坏似的。”第四是不智，即“贱王侯之位，不知”。意思是：“你不懂得珍惜王侯之位，真是愚蠢。”……

一直列下来，薄昭总共列了他的八项罪名，然后薄昭总结：“此八者，危亡之路也。”即薄昭明确地警告他：“你这样会招来毁灭性的祸害的。”

薄昭写信教训刘长之后没多久，就有人举报，说刘长“欲以有为”。这四个字的意思，就是他还想更上一层楼，夺取更大的权力。他已经当到王了，还能怎样再往上？这显然就是想当皇帝嘛！因为“欲以有为”的罪名，刘长被捕了，又被判了死罪。汉文帝宽赦他，让他不死，但要流放其到蜀。刘长在流放到蜀的路上愤而绝食，就这样死了，死时二十六岁。汉文帝显然觉得不忍心，所以在他死后为其恢复了淮南王的身份，且定其谥号为“淮南厉王”。

这个案子内藏玄机。按照薄昭奉汉文帝之命写的教训刘长的信，刘长的严重错误在于他跟哥哥汉文帝赌气，即借由退回封国来显示他对中央朝廷的不满。他的最大的不满，也就仅在于他受不了中央朝廷要派人在他的封国里持续地监视他、管束他。汉文帝如果当时真的觉得刘长有任何可能的不轨，或有“欲以有为”的威胁，那么只要准其所请，将他贬为布衣，真的让他去守其母亲的坟墓不就都解决了？为什么还要在此之后大费周章呢？

比较接近事实的经过，我们可以借由《汉书·爰盎晁错传》的记录来了解。爰盎是汉文帝朝以直言闻名的能臣。《汉书·爰盎晁错传》记载，刘长绝食而死的消息传来后，汉文帝问爰盎，此事该如何处理。爰盎就直接建议，应该杀了丞相和御史大夫。这个建议很激烈，也很突兀，爰盎故意用这种方式明确地表达：刘长被捕，被流放，这是个冤案；冤案害死了他，丞相和御史大夫就必须为此负责。

听了爰盎的建议，汉文帝“默然良久”，即汉文帝静默，且很长时间没有反应。因为他知道，真正该为这个冤案负责的，根本就不是丞相和御史大夫，而是他自己。会那样赌气的刘长，根本就不可能“欲以有为”，自己做得太过分，害死了这个弟弟。

09

第二个淮南王刘安

因为明知刘长是冤死的，所以汉文帝恢复了他的王位，而且对他的后代，非常地包容优遇。刘长的儿子刘安袭国，他成了第二个有名的淮南王。

刘安最有名的事迹，是“招致宾客方术之士数千人”，即他在自己的周围聚集了一群方术之人。其中之首是伍被，他在《汉书》中有传，也算是一方之士。而且，刘安招聚这群人，并不单纯是请他们吃吃喝喝，谈谈说说，而是组织他们编写了一本大书《淮南子》。把《淮南子》的内容与史书上的记载进行对比，我们就可以看出：在刘安的时代，淮南逐渐形成了一个方术知识的中心。

刘安在《淮南子·要略》中表示，这是一本“刘氏之书”，意思是，他要为新建立的汉王朝写下新的治国方案，呈给皇帝参考。

《淮南子》成书时，已经是汉武帝朝，历史的发展给刘安带来了意料之外的悲剧。

首先，远在淮南的刘安无法察觉，整个长安的知识和思想风气已经彻底改变。连黄老之学都快速地退潮，让出了主流的地位，更何况是方术之学。在长安的新氛围看来，《淮南子》所说的这些神仙方术，早就过时了，刘安竟然还想将这样的内容作为汉王朝的指导原则。

其次，刘安也没有察觉，另外一件事也已经快速地过时了，那就是养士的风气。西汉的封国，不是战国时的诸侯国，它们当然就不可以靠养士聚集人才，以提高封国的地位，进而巩固封国的基础等。更甚者，汉武帝时代的封国，也不是汉高祖或汉文帝时代的封国了，经历了汉景帝时的七国之乱，当时的中央朝廷对封国，有着越来越强烈的防范态度和敌意。

在这种情况下，所有封国的外部都是危险重重，偏偏淮南国的内部又出现了状况。

当时，刘安幕下的宾客中有一个叫雷被的人，有一次，他和淮南太子斗剑时，不小心伤到了淮南太子。雷被自觉事态严重，便自请以罪人的身份，到北方去打匈奴。于是，他离开了淮南，到了长安后，却在长安将淮南国的种种状况向朝廷详密报告。雷被担心淮南太子报复他，就先下手为强指控淮南太子。然后，这牵连到淮南王刘安，而形成了一个叛乱的大案。

此案轰动一时，它最终造成刘安自杀，而且株连甚广，他们是汉武帝朝“坐死者数万人”中的一部分。刘安自杀之后，淮南也就被除国了。从此，西汉就再也没有其他的淮南王了。

两代淮南王，从刘长到刘安都涉及叛乱，两人最后都以自杀收场，而且考察史料的细节，他们的叛乱罪的证据其实都很薄弱。这样的两代遭遇，真正展现的是“汉兴七十年”间另外一个明确的历史变化倾向。这在汉武帝朝，也有了决定性的结论。

即“七十年”来，西汉初期制定的郡国并行制，也就是一部分国土由中央朝廷设郡县直接管控，另外一部分分封为王国，授权功臣和宗亲来治理的制度，越来越维持不住了。郡县与封国之间明显消长，中央朝廷的势力范围不断地扩张，相应地，地方封国的处境就越来越艰难。

10

朝廷削藩

西汉另外一个有名的王，是河间献王刘德，他的谥号“献”，源自他将所得的“古文先秦旧书，《周官》(即《周礼》)、《尚书》、《礼》、《礼记》、《孟子》、《老子》”之类的书献给了朝廷。这大大有利于保存、复兴被秦朝断绝了的古代学术，他也是使西汉古文经学得以兴起的关键人物之一。

河间献王的生平事迹，可见于裴骃集解《史记》时，引用的一段来自《汉名臣奏》中的文字。那是杜业给皇帝的上奏内容。杜业出身于世家，他的曾祖父是在汉武帝朝任过职的杜周，杜周和张汤、赵禹齐名，也是一名酷吏。

杜业上奏中引用汉家故事，说：“河间献王，经术通明，积德累行，天下雄俊众儒皆归之。孝武帝时，献王朝，被服造次必于仁义，问以五策，献王辄对无穷，孝武帝艴然难之，谓献王曰：‘汤以七十里，文王百里，王其勉之。’”

意思是，河间献王有才有德，很多能文或能武的人归附于他。河间献王朝见汉武帝时，汉武帝问他五件重要的事，每一件他都答得头头是道。这反映出其博学深思的功力。汉武帝听着听着，非但没有嘉许他，反而翻脸讽刺：“商汤当年只拥有七十里地，周文王也只有百里之地，他们后来都当上了帝王，你很厉害，不比商汤或周文王差，好好努力也可以当帝王啊！”

之后，“王知其意，归即纵酒听乐，因以终”。意思是，河间献王够聪明，他知道汉武帝为什么这么说。所以，回到自己的河间国后，他就改变了作风，整天饮酒作乐，歌舞欢愉。这不仅让自己堕落，不再有那么好的名声，更重要的是，改变了“天下雄俊众儒皆归之”的情况。在汉武帝朝，封国聚集人才，这非但不是什么好事，还有可能引来杀身之祸。靠这样灵巧的自我调整，河间献王才得以善终。

总的看来，汉高祖先在死前大致地收拾完了异姓王国，还留下了“非刘氏而王者，天下共击之”的政策，汉文帝、汉景帝两朝进一步恩威并施，缩减同姓王国的权力，部分强国也在七国之乱中被以武力消灭；更常见的是贾谊所提的“众建诸侯而少其力”建议的实践，因此封国被越分越小，单一封国对朝廷的威胁也就越来越小。最后在汉武帝朝，西汉朝廷实际上终结了封国在汉朝政治上的地位和影响。

当时，汉武帝朝衡量王国的威胁，进而选择处理的重要标准，显然是人才。封国最犯忌讳的，就是聚集人才在封国里。淮南王刘安不仅拥有人才，还大张旗鼓地用战国时的旧风气养宾客，进行自我标榜，这就引来了中央朝廷的最无情的整肃和打压。河间献王刘德也差点步其后尘。他几乎被定为叛乱之臣，还好他及时逆转，让自己的名声变坏，并遣散周围的“雄俊众儒”才得以幸免。

此外，即使不如淮南、河间这么醒目的封国，在汉武帝朝也被其他的方式予以收拾。

其中，汉武帝一朝中，有多达九个封国因同样的罪名遭到除国，他们的共同罪名是“禽兽行”。禽兽行，原本指的是违背人伦的行为，这在汉武帝朝被扩大解释，许多败德行为都被包括在内。这些王国国君养尊处优、生活奢华，自然不会过着太有纪律、太有美德的日子。中央朝廷派人随时在封国里监视、记录，又半公开地鼓励地方王国的人到中央告密。如此一来，国君的禽兽行就很容易被发现。

后世的王夫之、钱大昕，在读西汉一朝的历史时都好奇地问过：为什么这些姓刘的地方国君都这么糟？为什么他们犯禽兽行的比例如此之高？要回答这个问题，一个方向是在这些国君所受的教育，以及“汉兴七十年”积累的财富基础上进行探索；另一个方向则是要看，中央朝廷是以什么方式取得了这些禽兽行的资料的，又是以什么标准和何种态度来看待这些国君的行为的。

有可能，这些国君的确格外淫乱堕落。同时，我们不能忽略另一项现实，那就是自从中央朝廷掌握了地方封国相的任命权后，地方国君犯禽兽行的案例数量就节节升高。

除此之外，汉武帝元鼎五年还发生了酎金案。“酎金”指的是地方王侯对中央朝廷的财政供奉。在文景两朝无为的政策下，各地王侯对中央朝廷究竟有怎样的义务，这没有明确的规定，既有的一些习惯办法，通常也是有一搭没一搭地在执行。中央不缺钱，仅靠郡县的收入就可以，所以，它就没有动机要介入地方王侯的财政，也就放任地方王侯富起来。

在汉武帝朝，这种状况彻底改变了。中央朝廷规定，每个王侯每年都必须奉上一定金额的酎金。对多年来也积累了不少财富的王侯来说，最早制定的酎金数量看来倒不是什么沉重的负担。但他们想不到，酎金送上去，有别的风险。其中，首先的一条是，中央朝廷规定酎金就要真的是黄金才行，朝廷在检测送来的黄金的纯度和重量后，找出了很多纯度或重量不合规定的情况。

酎金案是个大案，西汉朝廷宣称，酎金不符合规定的情况太普遍、太夸张了，所以要严惩。仅仅是因酎金不合规定，就有一百零六个王侯涉案，这约占所有王侯数量的一半之多，这些人都受到削地、降爵，甚至除国的处分。

牵连如此之广，这可以明显地看出，其中的关键不在于酎金，而在于朝廷抓住机会，抓住把柄，进行普遍的削藩。

11

中央对地方控制的加强

总结一下西汉一朝朝廷对付地方王侯的方式。首先，对威胁等级最高的，用叛国罪处理。其次，搜罗资料办禽兽行。再次，用酎金案这种方式找到把柄进行突袭。此外，还有第四种方式，那就是任用酷吏严格监督和执法。

在官制上，汉武帝朝另外的一项创举，就是建立了刺史制度，这其实就是派任酷吏到地方上去。“刺史”，顾名思义，其执掌的是刺探、察看有没有被掩盖的不法行为。在朝廷直接统治的区域内，汉文帝时有御史大夫进行访察，以监督官吏的行为。在汉景帝朝，中央增加了刺史的角色，以更积极地掌握现实的行政状况。

刺史属六百石，表面上，它的官俸和层级很低。所以朝廷任用的，多半都是刚进这个体系的，还没有太多经验的，也没有太多人际关系的年轻人。这就是刺史和御史大夫最大的差别，也就是刺史能发挥其作用的原因。这样的安排，即刻意地让负责去“刺”的人和被“刺”的人，分属于不同的层次，是有现实的考虑的。御史大夫有相当的身份和地位，他和同等级的官员都相熟并有交情，而且大家都在同一个系统中运作，这很容易就会使督察工作流于形式。而尚未在官僚系统中获得高位的刺史进行督察时，他们就少了许多人情或人事的考量。

换句话说，刺史带有皇帝特使的性质，而他们主要也就是对皇帝负责。做得好的话，他们可以不经原有的官僚体系的阶梯，而由皇帝直接拔擢。汉武帝大大地扩张了刺史的派任，并建立了十三部刺史制，即把包括王侯封地在内的帝国领土，分成十三个州，每个州都派一个刺史去督察。

刺史督察的对象是官吏，刺史不理民，而督察的重点是官吏是否尽到了责任。《汉官仪》记载了刺史工作的指导原则，即所谓的以“六条问事”，也就是，罗列了六条要由刺史来纠举的不法之事。

第一条，是“强宗豪右，田宅逾制，以强凌弱，以众暴寡”。刺史的首要原则是察看地方官吏有没有纵容“强宗豪右”作恶，其中的“宗”指的主要就是刘姓子弟，即看地方官吏有没有纵容当地的宗室子弟、豪门大户等形成恶势力，并任由他们乱买田地，乱建大房，乱欺负人等。

第二条，是“二千石不奉诏书遵承典制，倍公向私，旁诏守利，侵渔百姓，聚敛为奸”。即看地方上的大官有没有狂妄坐大，或自恃天高皇帝远，不将中央朝廷的命令当回事等。尤其严重的，是他们有没有靠着地方上的权势，剥削下民，追求、聚积自家的财利等。

第三条，是“二千石不恤疑狱，风厉杀人，怒则任刑，喜则淫赏，烦扰刻暴，剥截黎元，为百姓所疾”等。即看地方上的大官如何断狱，比如，他们在司法上是否任随情绪，或没有秉公处理，以及在冷静公正之外，断法的倾向有没有避免残暴，从而避免引来百姓的怨怼、不满等。

第四条，是“二千石选署不平，苟阿所爱，蔽贤宠顽”。即看地方大官如何用人，比如，他们有没有明确、恰当的标准，有没有出于私意，只用自己喜欢的人，而不顾才能和操守等。

第五条，是“二千石子弟，恃怙荣势，请托所监”。即刺史不仅要察看地方大官，还要察看他们的子弟，比如，他们有没有滥用父兄的权势，以得到不当的地位或利益等。

第六条也就是最后一条，是“二千石违公下比，阿附豪强，通行货赂，割损正令”。即要察看官员和地方势力之间的关系，比如，他们有没有不法勾结，收受他人贿赂，以给他人方便，或刻意放松或扭曲执法等。

用这“六条问事”，刺史实际上发挥了监督和打压地方王侯势力的作用，尤其重要的是，这切断了地方王侯和地方官员之间的勾连，避免了他们彼此拉抬或交换特权等。这一套督察制度的形成，有其明确的历史背景，那就是前面一再提到的“汉兴七十年”积累的庞大财富，以及在这段时间里被保存下来的秦朝峻法。

在汉武帝的时代，西汉要建构新的秩序，首先必须加强中央集权，其次必须以政治权力打压社会权力。因此，西汉一朝运用秦朝留下来的峻法，强势地管束因经济繁荣而逐渐变得失序的情况。

刺史和更广泛的酷吏，正是这种历史新动向的表现。酷吏不仅将秦朝的法律重整，更重要的是他们按照法令条文严格执行，而刺史是其中的关键人物。不过，值得注意的是，顺应新帝国的新方向，这些酷吏和刺史的严苛、残暴主要是针对王侯、高官以及地方豪强等的，因为这些人，才对皇帝和中央朝廷有威胁。

相对地，酷吏之“酷”非但很少施加在一般的百姓身上，还因为他们在执行上重视不得扰民，不得烦扰刻暴，不得侵渔百姓等，反而受到了一般百姓的欢迎。

而从王侯、官吏等的角度看，酷吏再恐怖不过，酷吏以各种近乎不人道的方式或监管，或迫害，或打压他们等。但从中央朝廷的角度看，这是在处理“汉兴七十年”长期无为后的、近乎失序的状态时不得不采取的措施。在这样的基础上，西汉朝廷才有办法避免汉帝国的分崩离析，也才有办法进一步创造出汉帝国下一阶段的正面成就。

第 三 讲

汉武帝的豪迈与哀愁

01

博士制度与人才选拔

汉武帝一朝为形成高度的中央集权的帝国体制，还有一项选拔、运用人才的举措，它对后世产生了重大而深远的影响。那就是博士制度。

博士起源于战国时期。统一六国之前，秦就已经在朝廷里设有正式的博士官。汉初继承秦朝的做法。秦始皇下“焚书令”时，曾特别声明，由博士官所保有、所管理的书籍，不在强制焚烧的范围内。也就是说，“焚书令”之后，博士官就成了历史典籍仅有的合法保存者。

汉承秦制，汉初博士官的主要作用是知识性的。尤其是在秦朝对周朝知识传统的强烈敌意和破坏之后，西汉更需要由博士官来保留王官与诸子之学的各种典籍和思想等。

但在汉武帝朝时，博士官发生了重大的变化，即从博士官变成了五经博士。原来，朝廷上有各式各样的博士官，皇帝也会新立或废除不同的博士官。比如，如果皇帝觉得《老子》不够受重视，那就会立个博士官，以专门负责《老子》；或者如果皇帝的身边有人对《尚书》读得特别深入，那就会任命他为主管《尚书》的博士官。博士官的设立范围没有限制，博士官掌管的知识很杂、很广，而且不断地在变动。

董仲舒在《举贤良对策》中，提出了对博士官制度的改革。立五经博士意味着博士的身份和作用，被调整成了官方正统知识的守卫者。博士所掌管的，就不再是所有值得被保留的知识，而是一套朝廷相信，并且想提倡的“正确”答案。

从五花八门的博士官收束到只有儒家的五经才能立博士后，这样的专门博士又扩张增添了博士弟子员的设置，即博士可以收学生和教学生。博士弟子员促使博士的作用进一步演化，即博士从单纯知识性的作用，转成了既具有知识性，又具有实质官僚人才训练的作用。

博士弟子员的管理办法中规定，博士弟子员“通一经以上”就可以除吏。也就是说，在博士的指导下好好学，弄懂了五经中的任何一经，博士弟子员就取得了进入朝廷官僚体系里工作的资格。博士所掌管的正统知识，这时也成了晋升官僚的训练内容。通过这样的程序，逐渐地，受五经教育的人，在官僚体制中越来越多，也越来越重要。于是，整个政治系统里就会有越来越统一的思想和价值模式等。

02

人才选拔的一系列制度

在汉武帝朝，中央朝廷一方面用博士制度训练、拔擢人才，另一方面则想办法将各地方的人才向中央集中。这一来可以充实、提升朝廷的人力资源，二来有助于防范好的人才被留在地方，免得地方的势力坐大。

当时，对地方的人才，朝廷有察举制度。在汉武帝之前就有察举，但它并未被严格地制度化。通常是皇帝或朝廷觉得缺乏什么样的人才后，就制定明确的项目，要求地方将具有这种能力的人举送上来。另外，有的时候是皇帝或朝廷需要彰显什么样的人格特征，就借由察举所制定的项目，周告地方。

在汉武帝朝，不仅察举越来越重要，而且察举的实行越来越制度化。让察举变得重要的方式很简单，即汉武帝直接下诏，强调要检验地方送上来的察举人才，如果发现他们的能力倾向不对，或质量不够好，那么地方官就要受到惩罚。再结合我们前面已提过的，酷吏、刺史等对官吏越来越严厉的监管等，地方官当然不敢轻视察举了。

当时，察举的项目逐渐固定为每年都会要求举孝廉。“孝”是孝顺，“廉”是廉洁，这是它在人格行为上刻意突显的价值特性。孝廉之外，有茂才。茂才指的是有格外突出的专长技能的人，其中的技能，依朝廷的需要会有不同的焦点。比如，有一段时间，“明法”是茂才科中最常被要求举荐的特长，这直接反映了法在汉武帝统治中的重要性，也解释了所有的这些酷吏的来源。

孝廉、茂才之外，另有至孝。至孝更加强调“孝”的重要性，即要找的不仅是一般符合孝廉标准的人，而且是在非常的情况下有非常行为的孝子。他们非同寻常的孝行故事，为朝廷提供了宣扬孝行重要性的机会和材料。还有有道，这是在孝之外，有非常的德行表现的人；敦厚，是特别厚道包容、不与人争的人；尤异，是无法用一般正常的标准来衡量其特殊才能的人。

如此，察举制度和博士制度形成了互补，博士制度负责培养具有儒家经书知识的人才，察举制度就不那么重视知识，更不会以明经为荐举的标准。博士弟子员的训练重点放在知识上，察举的重点就放在行为上。

另外，汉武帝又将征召予以制度化。察举制度是地方寻找和考核符合人才需求标准的人，并将之送到中央；征召制度则是朝廷直接下令，让地方将某个特定的人护送到中央。

征召制度相当于中央越过地方，直接拔擢地方上的秀异人才。这种做法，有两个附带作用。其中，一个是对地方显示，中央有不同的渠道了解地方的人才状况，“别以为你们可以垄断地方的人才”。另一个是威吓地方官，“有好的人才，你们却迟迟没有察举上来，这显然有失职之嫌”。这两个作用都有助于在选拔、运用人才上，拉大中央和地方的差距，增加中央对地方的控制。

实际上，征召制度和察举制度互为表里，彼此增强：有了地方察举而来的人才，中央就能通过他们更多地了解地方的情况，而不必过度地依赖地方官；不时下令征召又给了地方官压力，这使他们在进行察举时必须尽心尽力，以防遗漏真正的人才。

在此之外，还有“公车上书”，这相当于地方人才向中央自我举荐的渠道，中央朝廷会派特使到各地巡行，搜罗上书或意见等。顺应当时的潮流，巡行中最常搜集到的，是各地的祥瑞或灾异信息等。比如，在哪里出了灵芝，或哪里发生了地震等，大家不仅纷纷提供报告，而且往往同时提供解释。解释当然就牵涉地方官的施政得失，因为这件事做对了所以有祥瑞，而那件事做坏了所以有灾异等。如此一来，公车上书带有访察民情，且更进一步监察地方政治的作用。

公车上书还可以举荐地方的秀异人才，更重要的是，如果它遇到特别好的意见或看法，朝廷就会下令进行征召。它也是朝廷到地方调查人才状态的重要机制。

这一系列制度的整体效果就是人才向中央集中，中央的实力越来越强，相对地，地方的实力就越来越弱。这样的人才分配情形，也就成了后来中国历史上的、人才分配的常态。我们可以将之称为人才上的“中央统筹分配制”。好的人才先聚集到中央，然后由中央统筹决定如何分配到地方上。地方人才从此就不是主流人才，他们一定要经过中央，才算真正的人才，留在自己的出生地做贡献的，反而就成了稀有的特例。如此一来，地方也就失去了对当地人才的主控权，也就少了能够自主和中央对抗的重要筹码。

西汉时，人们就已经清楚地觉察到这个重大的变化了。《汉书·公孙弘卜式儿宽传》的赞语说：“上方欲用文武，求之如弗及，始以蒲轮迎枚生。见主父而叹息。群士慕向，异人并出。”

意思是，汉武帝积极求才，他还用了一些非常的手段。比如，征召枚乘时，因为枚乘年纪大了，所以，他特别下令，将负责接枚乘的车子的轮子，绑上层层的蒲草，用来避震，以让枚乘坐得舒服。看到了主父偃，他感慨相见太晚。于是，多元的人才齐聚到汉武帝的身边。

比如，卜式、桑弘羊、卫青、金日磾，这几个在汉武帝朝有大成就，且升到极高地位的人，各有来历。即“卜式拔于刍牧，弘羊擢于贾竖，卫青奋于奴仆，日磾出于降虏，斯亦曩时版筑饭牛之朋已。”意思是，他们的出身都相对卑下，换在别的时代，他们很可能一辈子就留在社会的底层，翻不了身，但因为汉武帝积极求才的做法，所以他们从社会的不同角落涌入朝廷，且做出了非常的贡献。

赞语又说：“汉之得人，于兹为盛。”然后，它就分类罗列了汉武帝朝的名人：

一、儒雅，即博学的，有公孙弘、董仲舒、儿宽等；二、笃行，即做事特别牢靠的，有石建、石庆等；三、质直，即为人正直，且敢于直言的，有汲黯、卜式等；四、推贤，即愿意去找来更多的人才的，有韩安国、郑当时等；五、定令，即负责制定法令的，有赵禹、张汤等；六、文章，即在文字上表现得格外杰出的，有司马迁、司马相如等；七、滑稽，即懂得用幽默的方式提供娱乐的，却又寓智慧于娱乐中的，有东方朔、枚皋等；八、应对，即很会说话、很会交际的，有严助、朱买臣等；九、历数，即专精于天文、数学的，有唐都、洛下闳等；十、协律，即深度理解音乐的，有李延年等；十一、运筹，即精于拨算盘的，有桑弘羊等；十二、奉使，即远赴外国的，有张骞、苏武等；十三、将率，即善于带领军队打仗的，有卫青、霍去病等；十四、受遗，也就是在汉武帝去世前，能够接受遗命辅佐汉昭帝（公元前 87- 前 74 年在位）的，有霍光、金日磾等。

这还只是举其荦荦大端而已。虽然它已经有这么多不同的项目，这么多响亮的名号，但“其余不可胜纪。是以兴造功业，制度遗文，后世莫及”。

班固的这段赞文内容，当然是站在西汉一朝的立场上，颂赞汉朝了不起的历史成就的，然而，这还真不是夸张的虚文。这不仅在于汉武帝朝真的出了这么多人，留下了这么多非常的成就，更重要的在于，班固提供了关键的历史判断——这是人才向中央集中的开端。也就是说，皇帝找到了方法，以让地方人才都聚集到中央朝廷，这产生了突出的、惊人的效果。

03

皇权集中与巫蛊案

汉武帝在位的五十四年间，西汉从一个松散的帝国，变身为具有紧密的结构，拥有严整的运作机制的集权帝国。帝国的权力不仅在向中央朝廷集中，而且更进一步在向皇帝一人集中。

促成如此长远变化的，有一股力量来自汉武帝的个性，尤其是他经常陷入的不安全感。不管拥有多大的权力，汉武帝仍然不时会爆发出怀疑和焦虑，他害怕有自己控制不了的因素在起负面的作用。这催逼他去取得更大的权力，以能够更全面、更彻底地控制。

汉武帝的不安全感每爆发一次，就给自己带来更大的权力，这也使他越发无法和他人分享权力，从而造成了他和周围人之间的、越来越大的隔阂。作为一个皇帝，汉武帝越来越孤独，与此同时，他所建立的这个皇帝地位，也越来越孤独。

出于不安全感，他残酷地整肃了宗亲封国；同样出于不安全感，他也残酷地对待了自己所立的太子。

汉武帝于公元前141年即位，他即位之初，窦太皇太后仍然具有很大的影响力，她以其崇信的黄老之学的旧派立场，压抑了想要有所作为的年轻皇帝，及其身边的跃跃欲试想推动改革的新派人士。公元前135年，窦太皇太后去世，汉武帝身上的一副枷锁消失了，他开始按照自己的方式来统治这个王朝。

到公元前130年时，汉武帝进一步在宫中摆脱了旧派的势力，取得了更大的自由。前面已提过，在汉景帝的诸子中，排行很靠后的刘彻之所以能脱颖而出，被选为太子，主要靠的是长公主的协助。长公主将女儿嫁给了刘彻，长公主的女儿就是后来的陈皇后。有这样一层亲族及权力上的渊源，很自然地，陈皇后所生的大儿子，应该就是皇位接班人的首选。

不幸的是，陈皇后还没有生下儿子，汉武帝身边的卫夫人就先生了儿子。卫夫人是第一个为汉武帝生了儿子的嫔妃，因此她大受汉武帝的宠信。前回所引的《汉书·公孙弘卜式儿宽传》的赞文中说“卫青奋于奴仆”，卫青能够从原本毫不起眼的出身，最终升到真正的一人之下，万人之上的大将军位子，其实主要靠的是他的姐姐卫夫人的关系。

公元前130年，陈皇后案，或称巫蛊案发生了。这是由在皇宫里查出的陈皇后以巫蛊诅咒、降害于卫夫人的迹象，而引发的案子。这个案子牵涉后宫的争斗，然而，其影响绝对不限于后宫。

汉武帝大怒，他不断地将案子扩大，并最终处理了三百多人，这三百多人中的大部分都是和陈皇后有关的，也就是和先前的窦太皇太后、长公主有关的人。虽然陈皇后案起于后宫的私怨，但它产生的具体作用，相当于对旧派人士的一次大清理。之后，旧派人士死的死，流放的流放。也就是说，窦太皇太后去世五年后，汉武帝身边已没有任何旧派的势力，可以牵制他，更遑论反对他了。汉初的黄老政治的意识形态，到此也全面终结了。

没有了陈皇后，原来的卫夫人就升格成了卫皇后，卫皇后的儿子刘据也被立为太子。之后，不仅卫皇后得宠，而且卫家的家人都连带地得到汉武帝的特别待遇。卫皇后的弟弟卫青进了朝廷，开始了他不寻常的政治生涯；卫皇后的姐姐君孺也连带身价大涨，她嫁给了后来成为丞相的公孙贺。

君孺生了儿子公孙敬声，这个儿子因与汉武帝的女儿阳石公主私通而被告发。更严重的是，从他们的私通罪行中，又牵扯出两人密谋在汉武帝经过的甘泉宫驰道下埋人偶的事情。因此，公孙贺、公孙敬声、阳石公主以及另外一位诸邑公主都被处死了。

案发之后，宫中大乱，风声鹤唳，且一下子传出了好多关系到巫蛊的阴谋。我们可以想见，这一方面是恐慌的集体心理在作祟，人们受到事件的强烈影响，都抱着疑神疑鬼的心态，走到哪里看到的，都像是和巫蛊相关的东西。另一方面，则不能排除有人浑水摸鱼，趁此乱以密告巫蛊行为来对付仇敌或实行报复等。

这演变成典型的集体歇斯底里，它类似于17世纪发生在美国萨勒姆地区的猎巫狂热。汉武帝此时在位已近五十年，他正处于接近老年的阶段。然而，他非但没有因为长期在位，而有足够平息骚动的安全感与智慧，反而因对老病的担忧，而过度反应，这使这种情况更加恶化。

汉武帝找了他心目中最忠心、又最能干的人，来调查巫蛊案。这个人叫江充。在这样的环境中，能被汉武帝特别信任的，一定是个酷吏。江充在大搜宫中后，宣称在太子的宫中找出了一个看来与巫蛊有关的桐木人。按照当时的氛围，一旦被认定牵涉巫蛊，太子不仅地位必然不保，恐怕连性命也留不住了。

恐惧之下，太子和卫皇后商量后，铤而走险。他们不仅矫诏发兵，即假造汉武帝的诏书，发兵捕杀了江充，还攻入了丞相府。当时的丞相刘屈氂逃出来，他逃入汉武帝所在的甘泉宫进行汇报。汉武帝便派刘屈氂领兵攻打太子，这构成了父子兵戎相见的悲剧。

结果，太子兵败，逃了一阵后，他终究被杀了，卫皇后也随而自杀。但事还没有完。汉武帝下令继续大搜，几万人因此被牵连，这酿成了一桩空前的大案。

04

巫蛊案的思想背景

巫蛊案之所以闹得这么大，有两个背景，即一个是皇帝的权力膨胀所带来的问题，另一个则是西汉越来越强烈的感应观念。

感应观念源自阴阳五行，它们认为这个表面上看来众相纷纭的世界，背后应该有统一的系统逻辑。其中，阴阳是一种系统逻辑的假定，五行是另外的一种。在战国时期，这两种原本不同的系统逻辑交杂在一起，而让阴阳和五行连接起来的，就是感应。

五行将整个世界的所有事物分成金、木、水、火、土五大类，其中，属于同类的，就会互相吸引，聚在一起；不属于同类的，则按照循环的相生或相克产生关系。换句话说，在五行的系统逻辑里，所有的东西彼此都有关系，甚至一个物体之内的不同部分等，也都依循这五大类的不同性质进行互动。不管是物以类聚，还是物物相生相克，在五行的架构中，它们就都是靠着感应来进行的。

感应是一种远距离的变化原则，其思维模式至今仍然留在我们的民俗传统中。比如，相信吃脑补脑、吃肾补肾，这就是一种同类互相作用的广义的感应思想。再比如，刻板印象中的诅咒之术，即扎个小人，并在小人身上扎针，针扎在哪儿，小人所代表的那个真人身体的哪个地方，就会相应地疼痛或生病等。

即使是在独尊儒术之后，主宰西汉基本世界观的，也仍然是感应原则。甚至很吊诡地，独尊儒术非但没有压抑感应，还助长、普遍化了感应的效力。这源自董仲舒一手确立的“天人感应”的政治哲学。董仲舒及当时的儒生，建构了一个高于皇帝的终极政治权威，因为要高于皇帝，所以这个权威就绝对不可能是具体的、现世的。这个权威叫作天，只有天才能监察、评断，甚至改变皇帝的作为。

这个天不是神，它不会直接干预人事，而是依循感应的逻辑，显示对人事是非好坏的评判。如果人间之事合理有序，那么这样的正面情况所产生的感应，就会使大自然风调雨顺，甚至如果人间有超乎寻常的好，那么感应相应就会在自然中刺激产生非常的祥瑞。反过来，如果人间之事混乱失序，那么感应下的自然也就会出现夏凉冬暖的现象，或干旱水涝的灾祸等。如果人间有伤天害理的事，感应到天，那么天就会降下不寻常的灾异等。

董仲舒的“天人感应”在价值本源上，是儒家的。意思是，他所主张天会嘉许的、会惩罚的统治行为标准，基本上是依循孔子、孟子的理想的。而且，以天压在皇帝之上，避免皇帝个人的独断专擅，这种做法很早就见于周人的王官学传统，特别是其中关于天命的概念。

但董仲舒所突显的中介机制——感应，绝对不是儒家的，而是从阴阳家那里借鉴的。这并不是说董仲舒就属于阴阳家或有阴阳家的背景，而是他受到当时社会风气的影响，很自然地视感应为真理。然后，他又在将感应运用在最高层次的政治讨论过程中，巩固、提高了感应在社会上的地位。

因此，大家都相信感应，都觉得感应是贯通人与天的共同主宰力量，那么，宫廷里有绘声绘色的巫蛊传言，以致有巫蛊的做法，这也就不令人意外了。

05

“天人感应”与政治策略

在淮南王刘安被整肃的过程中，有一项关键的因素。它既不是被记录在《汉书·武帝纪》中，也不见于刘安的传里，而是出现在《汉书·五行志》中。

《汉书·五行志》记载，汉武帝朝接连有两位皇帝的祖庙失火。这种事如果发生在今天，那首先是要调查起火的原因，尤其是要确定它究竟是意外的还是人为的；是疏忽的，还是蓄意的。但在那个时代的观念中，如此重要而且具有象征意义的地方失火，那就必然排除了意外的可能性。就算没有人刻意纵火，就算百分之百地确定失火是日晒高温造成的，那都不是意外。对西汉的人来说，祖庙失火现象中重要的不是其原因，而是其所代表的意义。

那一定是灾异，也就是天借感应传来的信息。所以，他们对此进行探究时，是看人事上出了什么问题，以致感应酿造了这样的灾异。

董仲舒提供了他的解释。他首先引用了《春秋公羊传》里的说法："天皆燔其不当立者以示鲁，欲其去乱臣而用圣人也。"也就是说，董仲舒对皇帝表示，这项灾异是在警告朝廷，说它没有依循圣人的训诲，用人不当。

进而，董仲舒就延伸推论，他模仿天的口吻说："当今之世，虽敝而重难，非以太平至公，不能治也。视亲戚贵属在诸侯远正最甚者，忍而诛之，如吾燔辽东高庙乃可。"

意思是，皇帝必须以"太平至公"来对待天已经传降警告的变乱社会。而天的警告之所以用烧祖庙的方式表达，这就明确地指出，皇帝必须处理汉高祖传下来的那些"亲戚贵属在诸侯"者，并从他们当中找出行为最离谱、最不像话的（"远正最甚者"），不留情地予以诛杀，以回应天所传递的信息。

董仲舒给汉武帝的这个解释，汉武帝无法马上接受，他就找了其他专精感应学说的人，要他们评估董仲舒的说法。其中的一个专家是董仲舒的弟子吕步舒。吕步舒不知道那是老师的说法，他响应以很严厉的批判，指摘那说法的前提显然是认为高庙被烧是对的，有道理的。因此，董仲舒被劾为"大不敬"，差点丧命。

后来，董仲舒获得特赦，汉武帝也接受了董仲舒的建议，他决定"视亲戚贵属在诸侯远正最甚者，忍而诛之"。于是，西汉随后就有了淮南王刘安的案子，它不仅处理的过程残酷，而且被刻意地扩大张扬，这意味着除了整肃诸王的地方势力的动机之外，相信感应的汉武帝还要借此向天交代，表示自己听从了天的指示，做了对的事。

由这件事，我们一方面看到感应观念的影响力量有多大，另一方面则看到以感应来解释世界，必然有其高度的主观任意性。比如，即使同样都是感应方面的专家，甚至还是系出同门的师生，弟子吕步舒的看法，竟然和老师董仲舒的相反，他还差点因此害死老师。

06

绝对皇权的后遗症

汉武帝朝形成的权力结构，将帝国太平时期的绝对权力集中于皇帝一人的身上。这使在朝中，不仅没有任何人和皇帝地位平等，而且没有任何人处于可以和皇帝制度性地分享权力的位子。在当时的西汉，皇帝成了真正的 one of a kind（独一无二），即和其他人都决然不同的人。

这实际上产生的作用，是将皇帝和整个外在的世界疏离隔绝了。所以，皇帝没有同侪，当然也没有平等的朋友，甚至还没有了家人。同时，一切人际关系都被编入权力的结构中，没有任何例外。而在这套集中的权力结构里，所有人都和皇帝隔着无法越过的绝对距离。

之后，在很长一段时间中，这样的权力结构就成了中国皇权制度的规范性原型。即权力与财富从地方向中央集中，又在中央向皇帝一人集中。这产生的后遗症，第一是地方缺钱、缺人才，一旦遇到变化，比如天然的灾难或人为的动乱等，地方往往就无法及时处理，只能等待中央；且往往在等待中错失了解决问题的机会，反而使问题的解决变得更困难。第二是在中央，皇帝选才的眼光，就变得格外重要，而且他的选才过程，又埋下了近乎无法解决的矛盾。

因为皇帝可以越过其他制度上的任何规定或限制等，将进入中朝的权力，即真正关键的统治权力交给任何人。也就是说，不管这个人原先在外朝的组织里地位多低，皇帝都可以给他加官。而在他的官职上多加一个“中”字后，这个人就进入了中朝，直接服务于皇帝，也就一下子超过了外朝的所有高官，丞相也不例外。皇帝的任用选择，不受任何制度的约束，因而皇帝如果用对了人，那么事情就对了；如果用错了人，那么事情就糟了。

而在中朝、外朝的划分下，通常皇帝优先看上的，都是懂得如何服侍最高权力者的。只有他们才能经常和皇帝相处，而不触犯禁忌或不惹皇帝不快。但这种懂得如何察言观色的，如何应对皇帝脾气的人，通常也就不可能怀抱公心，即不可能习惯于从公共原则或宏观的角度实行政务等。

如果皇帝选了十个人，其中有一两个不完全唯命是从，甚至还会批评或顶撞皇帝，那么在中国的皇朝历史上，这就成了美谈佳话。比如，汉文帝身边有爰盎，唐太宗身边有魏征等。让我们试着维持一点比例原则观念，想想：即使如此，在这样的皇帝身边，到底还是有至少百分之八十的人，是绝对不会反对、违逆他的；而且，一个皇帝和不反对、不违逆他的臣子的相处时间，绝对超过他和那些会给他忠言劝诫的臣子的相处时间。

汉武帝虽然创造了这样的一套政治架构，掌握了这么大的权力，但他无法阻止源自家人——他一度最宠爱的卫夫人，以及他自己立的太子——的悲剧。这有一部分与汉武帝自身的性格有关，然而不容忽略的，还有一部分其实是由这样的权力安排所决定的。汉武帝不过就是最早的一个案例而已，这让我们看到了权力集中给皇帝所带来的孤独。

而且，后世的每一个皇帝都要面对这个问题。他从儿子当中选立一个太子，这就意味着他让这个儿子跨出了一大步，成为全国最接近皇帝权力的人。做皇帝的，当然不会挑自己不喜欢的儿子做太子，然而他喜爱的儿子一旦被立为太子，就立即变成了对他的绝对权力的最大的，乃至唯一的威胁。

因为太子不是单独的一个人。谁当上太子，也就基本意味着他是未来的皇帝，他必然会吸引一群人聚集在自己的身边，以为将来的位子和影响力打基础。因而，皇帝就会想办法管控太子身边的人，比如，为他选择太子太傅等。太子太傅不单纯是太子的老师，更重要的是，他是皇帝信得过的人，是被派去筛选太子所受的教育以及所接触的人的人。同样地，皇帝选的太子有可能变化，皇帝选的太子太傅如何保证一定是站在皇帝这边的呢？

此外，皇帝拥有的权力越大、越绝对，他能够信任的人，相对就越少。从汉武帝朝开始，皇帝就被塑造成一个近乎不现实的角色，他的身上聚集了超过个人所能承载的权力。要运用和行使这些权力，他必然需要帮手。可是，这套制度在执行的过程中就是以排除有效的权力分享者或协助者等，将权力集中于皇帝一人的身上为目的的。

于是，悲剧性的吊诡产生了：基本上有能力又有资格帮助皇帝的，都被视为皇帝独占权力的威胁，而被排除在外；只有能力较差的，或身份有问题的人，才能够安全地进入皇帝的私人权力圈里。

而后来产生的外戚问题、宦官问题，追根究底，还是跟这种根本的权力集中结构密切关联的。因为如此打造出来的皇权制度，有许多严重的局限，这结构性地决定了有些混乱、争斗、败德等的现象会在这个体系中反复爆发。

07

游牧和农耕之间的冲突

和权力高度集中的制度呼应发展的，是汉武帝朝和匈奴之间的争斗。这个问题，让我们从游牧和农耕之间的冲突开始谈起。

在欧亚大陆上有一条重要的分界线，那就是草原游牧民族和农耕民族的交界线。这条线和现代的中国国界不一样，以致过去在以国家为单位的历史、地理教育中，它很容易被忽略。如果暂时撇开国界的概念，纯粹从地理上看，即从中国北方向北向西延伸，我们就会看到在内蒙古自治区、蒙古、中亚诸国和西伯利亚南部中，存在着一片连绵不断的大草原，这几乎是世界上最广大的一片游牧民族的活动区域。

这一大片草原因气候的关系，主要是缺乏足够的降雨，而无法发展农业。在这里生活的人，以游牧为生，他们赶着畜养的牲口逐水草而居。在他们的牲口将这个地区的水草吃完后，他们就必须迁移到下一个有水草的地区。

游牧民族有许多部落，他们进行着各种不同方向的移动，从历史上看，公元前 8000 年左右，他们的生活有了重大的变化，那就是他们成功地驯服了马。大约在今天阿富汗的北部地区，最早被驯服的供人使用的马出现了。一段时间后，他们除了学会骑马之外，还进一步能够在奔跑的马上射箭。

发明和掌握了骑射技术，这就决定性地改变了游牧民族和农耕民族之间的关系，也使他们所代表的两种彻底不同的生活方式，开始有了很不稳定的关系。过去，一方面由于地理上的障碍，另一方面由于彼此生活的区域相距遥远，游牧民族和农耕民族鲜有接触。在适合发展农业的土地上，农耕民族定居生活，且逐渐发展出范围越来越广、规模越来越大的社会组织。相应地，受到自然环境的限制，游牧民族就长期维持着相对比较小、高度机动性的部落形式。

农耕民族在经济生产上占有优势，这就使他们能够得到较稳定的收获，也有余力支持较大型的社会组织。从酋邦等再到国家的出现，这样的社会组织又反过来提高了农耕民族的生产力。相对地，自从游牧民族取得了骑射的能力后，他们在军事的力量上就有了更加明显的优势。

同时，逐水草而居的游牧民族没有明确的疆界概念。从生存条件上看，他们需要庞大的空间才能养活自己和牲口等；从现实的地理条件上看，广大的中亚草原提供了简直不会遭遇其他部落，追论互相争夺地盘的空间。所以，他们基本上不会有“这里是我的，那里是你的”这种想法。

日本电视台曾经制作过“寻找全世界眼力最好的人”的系列节目。他们找了许久，最后眼力最好的人在哪里？在蒙古草原上。节目制作单位将一只羊放进一群羊里，让这只羊的主人在两百米外辨认。他立刻就看出来了。制作单位继续加大距离，三百米，五百米，八百米……这样的距离，在我们看来，渐渐让人简直连羊群在哪儿都找不到了，这个蒙古人还是可以清清楚楚地指出自己的羊在哪里。

这样的节目内容清清楚楚地显示了，游牧民族的空间感、距离感和我们的很不一样，因为他们的地理尺度比我们的大得多。他们的眼睛，主要是用来拉近距离，辨识空旷中出现的少数事物的，而不像我们的眼睛，主要是用来察知小空间中的拥挤和复杂的现象的。

因为游牧民族没有疆域观念，因而我们很难预测他们的迁移动向。而我们所建立起的明确的方向、方位意识，往往就是源自疆界划分的需要。此外，由于草原植物极其敏感，气候上的些微变化，就可能对其生长造成很大的影响。因而，游牧民族活下去的本能，使他们一遇到气候变化，就朝较有利的地区迁移。他们的迁移不是以“向东走，向西走”的空间观主导的，而是由降雨、植物生长的地区主导的。

所以，什么时候游牧民族会有大量而广泛的迁徙行动？当气候出现了剧烈的变化时。比如，连续几年有一个地区格外干旱。于是，原本在这个地区活动的游牧部落，就不得不迁到另一个他们原本不熟悉的地区，这就和长期运用那个地区的水草资源的其他游牧部落有了接触、冲突。而游牧民族间的冲突，不会斗得你死我活，稍微形成了胜负的态势后，输的一方就会离开，迁到别的地区。

如此就产生了连环的移居效应。也就是说，如果甲地干旱，那么，原本生活在甲地的甲族，就不得不移入乙地，并因而和在那里的乙族发生冲突。冲突后，如果甲族输了，那他们就会继续移动，进入丙族所在的丙地；如果甲族战胜了乙族，那就换乙族出走，进入丙族的势力范围，然后是下一轮的冲突及冲突后的迁徙……如此连环变化。

这种连环变化的结果，使在一个地区中能留下来的，都是相对比较强悍一点的部落，弱一些的就被迫远徙。而且，被迫迁走的部落很难回头向最早发生干旱的地区走。因为那个地区如果还是干旱，那么就不能回去；如果不再干旱，那么就会被相对比较强悍，有本事将其他部落赶走的势力占据了。这样的迁徙现象，也就形成了有方向性的。于是，弱势者或败者连环向一个方向迁徙，他们后来就碰到了农耕民族。

自从具有了骑射技术之后，再弱的游牧民族，凭借其机动性与战斗力，和当时的农耕民族相比，在武力上都还是占上风的。游牧民族一般不会刻意侵扰农耕民族，然而气候变化带来的长期连环的迁徙，使他们一步步地接近了农耕民族所在的地区。

08

匈奴的崛起

北方游牧民族，尤其是匈奴开始成为中国的问题，大约是在战国的中期。为了避免他们的侵扰，当时的北方诸国纷纷修筑城墙，予以防堵。这些城墙，后来被秦始皇有规划地连接起来，而成了万里长城。

这些城墙的存在，说明在公元前3世纪左右，匈奴已经对中国产生了较大的压力。而之前的匈奴向东向南的迁移，既不是一时半刻的事情，也不是出于匈奴部族的主观选择，而是中亚草原游牧民族的连环迁徙，这可能是经历了上百年的过程。意思是说，要探索匈奴出现在中国边界上的原因，仅是考察公元前3世纪河套、蒙古戈壁沙漠这一带的草原气候变化，恐怕是不够的。其中的原因，还有可能更在此处的几百公里之外，且在此时的几十或上百年之前。

放眼整个中亚草原的周边，中国算是相对较晚才感受到游牧民族的压力的。自从公元前 8000 年左右发明骑射之后，在很长的一段时间内，游牧民族都拥有明显高于农耕民族的武力，他们对草原周边分界线附近的农耕民族都形成了高度的威胁。由于戈壁沙漠构成了跨越的阻碍，所以相对而言，中国受到游牧民族的冲击的时间没那么早。

虽然《史记》《汉书》里都有“匈奴列传”，但农耕民族的文字记载，很难真正地捕捉到游牧民族的来历和变化等。从中，我们勉强能得到的信息是，匈奴之所以坐大，进而取得了足够的实力跨越戈壁沙漠，这主要源自他们形成了与之前不一样的政治组织。一般来讲，游牧民族的政治组织是以部落为单位的，个别部落的人口必然不多，力量必然不大。而匈奴建立的新的政治组织，就是将越来越多的部落连成越来越庞大的联盟组织。

这样的发展可能需要几百年的时间，在中国历史的秦汉之际，匈奴有效地成长为拥有“控弦之士三十余万”的部落联合体。也就是说，他们具有“三十余万”能够弯弓射箭的军事力量。三十余万当然是中原王朝的夸大之词，以强调匈奴威胁的严重程度。但可以确定的是，在组织规模上，匈奴是过去中亚草原仅见的庞然大物。

靠结盟部落提供的集中资源，匈奴跨过了戈壁沙漠，接触到了南方最主要的农耕区域之一。于是，在原来的游牧生产形态之上，他们就增加了一项经济来源，那就是以武力劫掠农产。两千多年前的农业生产虽然还很简单，许多农业技术也尚未被开发出来，但和游牧生产形态相比，农业生产形态毕竟稳定多了，农耕民族在生计上对天时、气候的依赖，远低于游牧民族的。

最重要的是，农业生产拥有规律性的生产周期，比如，春耕、夏耘、秋收、冬藏等，且年复一年均如此循环，很少有例外。这样的生产形态也就给了游牧民族现成的策略和简单的时间表，他们只需要在夏末开始进行部落联盟动员，初秋出发，就会刚好在农业收成时进入农耕地带，也就能带走许多农产。

一段时间之后，匈奴的经济结构微妙地改变了。夏天之前逐水草而居，四处游牧，照顾牲口，这仍然是他们的主要活动。但从夏末开始，他们的注意力就转为向农耕民族进行劫掠，以劫掠所得来补充、增益游牧资源。如此，他们就形成了半游牧半掠夺的混合经济。

秦汉之际，匈奴对中国的劫掠问题越来越严重，其结构性的因素就是匈奴的二元混合经济形态已经形成，他们对每年秋季的劫掠所得也有了一定程度的依赖。也就是说，他们不可能停止劫掠，也越来越难离开中国北方的边境了。

09

西汉初期对匈奴无可奈何

汉高祖刘邦在收拾异姓诸王的过程中，就直接遭遇了长期留居在中国北方边境附近的匈奴。比如，陈豨就曾试图投靠匈奴，他最后被西汉人所杀；韩王信则真的和匈奴联系上，且引匈奴军力对抗西汉一朝，还在事败后随匈奴亡命北方。这可以明显地看出，匈奴所在的位置距中国有多近，以及他们进出中国的次数又有多频繁了。

经过吕后主政时期的政治混乱后，汉帝国差点从刘姓的帝国变成吕姓的帝国。吕后死后，稳定局面最重要的措施，就是找了原本的代王刘恒到长安当皇帝，是为汉文帝。代地在中国的最北边，也是距离匈奴的主要势力最近的守卫重镇。

公元前 200 年，因为韩王信投靠匈奴，公开与汉帝国为敌，所以刘邦决定亲征。对此，大臣刘敬持强烈的反对意见，他认为“匈奴不可击”，因为西汉尚未具有能够和匈奴直接对抗的军事条件。刘邦不听，还将刘敬关了起来。

刘邦出兵到平城后，匈奴大军来袭。匈奴轻易地便将汉军围困住了。后来，汉军不得不用了史书上都不好意思明确直书的办法，即去贿赂匈奴单于的夫人，才让刘邦脱身。这太丢脸了，虽然我们无法知道过程的细节，但从此之后，大家都记得这是“平城之辱”。

作为一个领袖，刘邦的最大优点是他有现实感，且能屈能伸。经历平城之辱回到长安后，他立即将刘敬放了出来，这相当于承认自己的判断错误。之后，刘敬就成了对匈奴政策的主要制定者，他建立的政策原则就是和亲。

所谓和亲，就是想办法和匈奴亲近。通过结婚姻关系，西汉将汉人女子以皇帝女儿的名义送到匈奴那里去，还以婚礼的名义致赠匈奴厚礼。

匈奴单于贪图厚礼接受了，他就变成了西汉一朝皇帝的女婿，也会大幅降低对汉人的敌意；同时，匈奴就相当于对汉帝国开放，也有机会受到汉文化的影响。还有，时间久了之后，如果这任单于死了，继位当单于的，说不定还是有汉人血统的子孙，那匈奴与汉帝国的关系就更亲近了。

皇帝的女儿只是个表面的说法。其实，嫁过去的从来都不是真正的公主。比如，吕后就只有一个女儿，他当然不愿“弃之匈奴”。一直到汉元帝（公元前 49—前 32 年在位）时，和亲还在进行。当时，前往匈奴和亲的就有王昭君。如果王昭君是公主，那就不会有她为画师所欺的事了。

匈奴也没有真正将这些女子看作公主，他们看到的和在意的，主要是和亲婚姻所附带的重金酬贿。这实际是，西汉主动提供大量的货物，以让匈奴不必犯边劫掠就可以得到好处。

因此，和亲代替了惯常的、固定的劫掠，它一方面为匈奴提供了所需的资源补充，另一方面提高了单于对部落联盟的控制，因为和亲的厚礼都是由单于来分配的。这样的好处，对单于很有吸引力。于是在西汉初期，和亲就成了汉帝国和匈奴的基本外交关系。匈奴有所求、有所欲时，就来请求和亲，以和汉帝国就和亲条件讨价还价。

他们谈判的重点怎么会是要嫁娶哪位公主呢？其实，在和亲中，公主相对地是最不重要的。重要的是，汉帝国是否接受请求再送一次厚礼，匈奴是否满意汉帝国以和亲的名义提供的厚礼等。

而且，这种谈判的背后常常都有军事威胁。请求和亲之时，匈奴就理所当然地派大批人马靠近中国的边境，而他们的谈判代表随时可以翻脸，并使之变成进犯的部队。对此，西汉一朝不能不小心应对。

长期频繁的和亲，从人的流动上看，是汉人单向地流入匈奴。去和亲的“公主”可不是像戏里演的王昭君那样，抱着琵琶骑上马，自己一个人就去了。她的身边会有很多随行的人，其中更多的是护送押解重礼的人。他们中有些人，就长期留在匈奴了。

留居在匈奴的汉人，当然会对匈奴产生汉化的作用。他们也会受到高度的“匈奴化”的压力。尤其是在身份认同上，在长期不能回到汉帝国的情况下，他们不可能每个人都从头到尾维持对西汉帝国的效忠。

借由这些人，我们看到和亲之后，匈奴对汉帝国的情况有了越来越清楚的了解。其中最重要的是，西汉一朝的兵力到底能否和匈奴相抗，又能对匈奴入侵产生多大的阻挡作用等。

10

和亲策略

汉惠帝三年（公元前 192 年），对汉帝国的状况有了更清楚的了解之后，匈奴的冒顿单于利用和亲的名义，送给西汉朝廷一封挑衅的国书。

国书是署名写给吕后的："孤偾之君，生于沮泽之中，长于平野牛马之域，数至边境，愿游中国。陛下独立，孤偾独居，两主不乐，无以自虞，愿以所有，易其所无。"意思是："我出生在蛮荒地区，曾经多次到中国的边境，很向往能去中国。我知道你的丈夫死了，我也没有妻子，我们两人都'独'，都没有人陪伴取乐，不如干脆你就嫁给我吧！"

匈奴会送给西汉这样的一封国书，显然不是匈奴单于能想得出来的。这要么是投降的汉人，要么是和亲跟过去的仆从给匈奴单于的建议。他们知道汉高祖刘邦去世了，他们知道西汉的实际大权被握在吕后的手里，他们也知道这样的一封国书对西汉是莫大的耻辱，他们还知道激怒了西汉对匈奴没有坏处。因为汉帝国的武备状况还不足以出征匈奴，即使出征，也不会对匈奴产生重大的伤害。

匈奴算好了，这样的一封国书于己无伤，却能给西汉带来巨大的考验。受到这样一封公开侮辱“国母”的国书，鸿门宴中曾经无惧面对项羽的樊哙，立刻主张：“愿得十万众，横行匈奴中！”意思是：“让我带领十万军队，去杀得匈奴落花流水！”

但樊哙的豪语发完后，季布立刻就泼了他一大桶冷水。季布直接对吕后建议：虽然樊哙是身居高位的老臣，但按照他刚刚说的那句话，他应该被拖出去斩了。为什么？因为当年平城之辱时，这位樊将军人也在。那时候，他高居上将军之位，带领了三十二万的军队。结果呢？别说打败匈奴了，甚至差点连汉高祖都救不回来。

一提到八年前的平城之辱，就没有人再敢扬言打匈奴了。八年前和八年后相比，大家心知肚明，少了汉高祖这个能够亲征的皇帝，汉帝国的军队只会变弱，不可能变强。那怎么办呢？季布的建议是：找一个会写文章的人，好好地写一封国书回复给冒顿单于。季布是刘敬之后，西汉最主要的对匈奴政策的制定者，他也延续了刘敬的基本态度。季布找来张泽，让他写了一封客气的回复国书。

回复国书说：“单于不忘敝邑，赐之以书，敝邑恐惧。退而自图，年老气衰，发齿堕落，行步失度，单于过听，不足以自污。”这封国书的姿态和口气低到不能再低了：“谢谢你竟然对中国念念不忘，还送国书过来，这让我们很惶恐。看了你的提议，回头想想，我都多大岁数了，已经是个老太婆了，怎么还会跟婚姻扯上什么关系呢？这应该是你得到的消息错误吧。你不会真的要委屈自己跟我结婚的。”

这简直是卑屈到了极点。西汉用这种方式回复匈奴的国书，其实要传达的就是一个明确的信息：“我们汉帝国不跟你们匈奴打仗，绝对不打，就算你们用这种方式挑衅，我们都还是维持不打仗的和平策略。让我们继续维持和亲的状态吧！既然单于说要找妻子，那我们会挑一个年轻漂亮的公主，再加上一堆布匹金玉等送过去。”

11

汉文帝时期的汉匈关系与李广

在汉文帝的时候，那位羞辱吕后的冒顿单于死了，继其位的是老上单于。冒顿单于死前不久，西汉才刚刚送去一批厚礼。不料，匈奴又换了新的单于，西汉就需再派一个代表团，再送一个“公主”和另外一批厚礼过去。

有一个叫中行说的宦官，被选在了代表团里，他激烈反对，说自己不愿意去，甚至不惜威胁：“朝廷如果真的让我去，那我到匈奴后就出卖汉朝！”大概朝廷没有将他的威胁当一回事吧，最后还是强迫他去了。

到了匈奴那里，中行说就真的因怀恨而背叛了西汉。他劝谏新的单于：

首先，你们别那么看重西汉送的布匹金玉等。这些东西有害，它们会使你们游牧民族耽于享受，丧失原有的生活方式，进而变得依赖农耕民族。同时，你们不习惯于吃谷类，却过着越来越固定不动的生活。长此以往，你们的战斗力就会大大地降低，你们也就会失去对付汉帝国的本钱。所以，你们应该坚守传统的强悍游牧风习。

其次，只要你们有足够的战斗力，那就应该持续地对西汉一朝施压，这不是偶尔写封国书羞辱他们，而是年年挑衅他们，逼他们出兵。也就是说，和亲要照常进行，厚礼要照常收，但劫掠也要照常做。你们一方面可以借此保持勇武的能力，另一方面可以不让西汉躲在和亲的后面高枕无忧，也可以刺激他们出兵。因为只有他们出兵打败仗，才是匈奴最大的利益所在。

在中行说的怂恿和参与下，匈奴对汉帝国采取了越来越强硬的态度。从汉文帝十一年（公元前 169 年）开始，匈奴连续四年送给西汉措辞强硬的国书。

中行说还让匈奴的国书在外表上，都要比西汉通用的要大而且豪华。他知道中国政治讲究这些，所以让匈奴在每个方面都要压过西汉，以逼得他们喘不过气来，让他们觉得不打仗不行。

对西汉，匈奴在文的方面送傲慢的国书，在武的方面则同步南下进犯，且年年进犯。最严重时，他们的前锋都已经到都畿的边上了。汉文帝十四年（公元前 166 年），他们还将回中宫烧掉了。

这一年也是李广的从军之年。在《史记》里，和匈奴有关的史实记录，太史公做了很特别的安排，它们先是“李将军列传第四十九”，接着才是“匈奴列传第五十”，后面是“卫将军骠骑列传第五十一”，也就是卫青和霍去病的传。这样的顺序饶富意义，展现了太史公的史识，以及其独到的历史解释。按照他给我们的提示，即从李广一家的遭遇切入，来看汉武帝一朝的对外征伐或扩张，我们会得到更丰富、更深入的体会。

第四讲

李广难封

01

司马迁笔下的李广

《史记·李将军列传》的开头介绍，李将军就是李广，他是陇西成纪人。他的先祖李信，在秦的时候就是将军，也是秦攻打燕国时抓到了燕太子丹的人。燕太子丹曾主使荆轲去暗杀秦王，可以说是秦王最恨的人。

李广出身于军事世家，李家每一代的男子都要受骑马射箭的训练，而李广在历史上登场的契机就是“孝文帝十四年，匈奴大入萧关，而广以良家子从军击胡”。“良家子”意味着他不是因为受罚或被征召所以从军的，而是自愿的。从军之后，他凭借高超的骑射技术，“杀首虏多”，这里的“虏”指的就是匈奴。靠着和匈奴对战的军功，李广被赐爵为汉郎中。当时的西汉还是郡国并行制，汉郎中表示他接受的是中央朝廷的爵位。

他的叔伯兄弟李蔡，后来在汉武帝朝当到了丞相。这时候，李蔡担任武骑常侍的职位，他们一样是“秩八百石”出身，即都是从八百石的职位开始他们的官场生涯的。

李广曾经伴随汉文帝出行，汉文帝看自己身边的这些护卫的武装训练时，注意到表现格外突出的李广后，还曾感慨地为他觉得可惜，说：“如令子当高帝时，万户侯岂足道哉！”意思是：“你生错时代了，凭这一身的功夫，如果你生在汉高祖的时代，那么一定能够得到封侯的高位。”

李广勇武多能，只是汉文帝这一朝的最大特色，就是不打仗。所以，看起来他的本事白费了。汉文帝死后，汉景帝即位，李广先被调任陇西都尉，再被迁为骑郎将。然后，他发挥的机会来了。以吴王刘濞为首的七国之乱发生时，李广随周亚夫出兵，立下了功名。

后来，当时的梁王听说了李广的才能，要请他到梁国当将军。李广没有接受，他选择继续效忠于中央朝廷。在中央与地方封国的关系越来越紧张的情况下，朝廷特别嘉许了李广的决定，且因而调整了他的职位，让他去做上谷太守，这是二千石的高位。李广还很年轻，就顺利地当上太守了。看来虽然没有生在汉高祖的时代，但他还是有机会朝着万户侯的地位攀升的。

到了上谷这个汉帝国北方和匈奴邻接的地带，李广经常和匈奴接战，这可把当地的文臣——典属国（负责属国的官员）公孙昆邪吓坏了。他跑到汉景帝的面前告状说：“李广才气，天下无双，自负其能。”意思是：“李广靠着自己的本事与勇气，总是挑衅匈奴，真不知道他会闹出什么事来！”

于是，汉景帝就将李广从上谷调到上郡，后来又调到陇西、北地、雁门、代郡、云中等这几个边境地区。而李广不管被调到哪里，他“皆以力战为名”，不改其性。他不怕和匈奴对战，而且真能战，还能打胜仗。

这是西汉仍然以和亲为主要的对匈奴政策原则的时代，只是李广是个绝对不愿屈服于匈奴武力之下的人，他是那个环境中的异数，也预示了汉帝国在对匈奴的态度上即将产生巨大的变化。

02

李广与匈奴交手

《史记·李将军列传》接着记录了这样的一个故事："匈奴大入上郡，天子使中贵人从广勒习兵击匈奴。"意思是，匈奴不时举兵大规模地侵入汉境，这个问题越来越严重，也使汉景帝觉得不妙，恐怕西汉和匈奴终将一战。于是，他就未雨绸缪，派了一位近臣（"中贵人"）来向李广学习如何与匈奴作战。

那么，中贵人向李广学到了多少呢？

"中贵人将骑数十纵，见匈奴三人，与战。三人还射，伤中贵人，杀其骑且尽。中贵人走广，广曰：'是必射雕者也。'"这段文字显示，中贵人带着几十个人出去后，遇到了三个匈奴人。大概中贵人他们觉得可以倚多取胜，所以就和对方打起来了。结果却完全不是那么回事。他们非但没有讨到便宜，还大败。三个匈奴人射箭反击后，汉人的几十人马死伤殆尽，中贵人也中了箭，他仓皇地逃回来找李广。李广一听，就知道匈奴的三个人，根本就不是匈奴的士兵，而只是出来打猎射雕的。

这真是不堪啊！对方只是三个打猎射雕的，还是中贵人他们先攻击对方的，最后他们却是一败涂地。李广觉得自己有责任对中贵人有所交代，也必须为西汉将这口气争回来，“乃遂从百骑往驰三人”。意思是，李广带了百骑去追那三个匈奴人。

那三个匈奴人在和中贵人冲突时失去了马，只能步行。所以，李广他们走了几十里后，就追上对方了。一看对方连马都没有，李广根本就不需要动用百骑，“身自射彼三人者，杀其二人，生得一人”。意思是，李广一人对三人，他射杀了其中的两个，活捉了一个。后来一问，“果匈奴射雕者也”。意思是，对方还真的只是出来打猎射雕的。

李广能打匈奴，这是因为他真正了解匈奴。所以，没看到匈奴人，仅听中贵人的描述，他就知道那三个人只是“射雕者”。事实上，也正是因为他了解匈奴，所以才会带百骑随他出来。要对付那三个人，当然用不到百骑，然而李广自有其道理。果然，一解决了“射雕者”，真正的匈奴部队就来了，且将李广他们团团围住了。

这简直像是美国西部大片的画面，“匈奴有数千骑……上山陈”。意思是，匈奴来了几千人马，他们站在高处，看起来密密麻麻又连绵不断。“广之百骑皆大恐，欲驰还走。广曰：‘吾去大军数十里，今如此以百骑走，匈奴追射我立尽。今我留，匈奴必以我为大军诱，必不敢击我。'”

意思是，众寡悬殊时，李广带来的人一看就急着想逃回去，却被李广制止了。他的制止理由正是众寡悬殊。李广说：“我们人这么少，又已经远离大军几十里。如果逃，我们能有机会逃回去？匈奴追过来，我们一定都会死。要活命，我们反而不能逃，就留在这里。匈奴看我们竟然不逃，会以为我们是特别来当诱饵的，而我们的大军可能就埋伏在附近，在等他们攻击我们。这样，他们反而不敢动手。”

于是，李广布局，他要让匈奴看不懂他们的行动。他们非但不逃也不退，还索性靠近匈奴数千骑的布阵所在之处。一直到距离匈奴大军只有两里处，匈奴可以看得清清楚楚时，他们才停下来不再靠近了。李广又下令：“皆下马解鞍！”意思是，大家通通下马，人马一起休息。

这是何等的大胆！李广的百骑部属当然抗议：“我们距离匈奴这么近，还要连马鞍都解下来让人马休息。万一匈奴来袭，我们恐怕连马鞍都绑不上，匈奴就到了。”李广却说：“彼虏以我为走，今皆解鞍以示不走，用坚其意。”

即李广的说法是：“匈奴都认定我们会逃，我们逃了他们就会追。现在我们不逃，他们反而不知道该怎么办。所以，他们才没有行动。下马解鞍就是要表现我们的确不想逃，他们搞不清楚我们在干吗，反而是最安全的。”结果，“胡骑遂不敢击”，意思是，匈奴大军还真的就在狐疑中没有攻过来。

在双方僵持中，匈奴阵中出现了骑白马的人，他显然是军中的重要人物，且在绕着部队巡视。李广以迅雷不及掩耳的惊人速度，带着十几个人备鞍、上马、冲向前、放冷箭，直接将骑白马的人射倒了。然后，他们立即返回原来的地方，下马、卸鞍，继续休息。

匈奴更是搞不清楚李广他们在干吗了，更不敢轻举妄动。到了晚上，匈奴部队显然越想越不安，他们觉得汉军应该是要趁黑偷袭。为了避免损失，他们决定退走自保。于是，第二天的早上，李广带着百骑顺利地回到大军中。

因为李广带百骑出去时没有交代，也没有报告，别人都不知道他们去了哪里。所以，他们整夜没有回来，别人也无从找他们。这显示了他的带兵风格，以及对抗匈奴的本事。

03

汉武帝准备对付匈奴

这是汉景帝时候的事情。几年后，汉景帝去世了，汉武帝即位。汉武帝在即位之初，就清楚地感受到“汉兴七十年”以来积累的诸多问题，已经到了不能不有所改变、有所解决的时候了。汉武帝即位本身，就带着强烈的时代交替氛围。

汉武帝不能不解决的问题，就包括匈奴的威胁。在内政上，受限于笃信无为的窦太皇太后，汉武帝及其周围的改革者还无法有大的作为；但在窦太皇太后不熟悉的外交上，变化更早地发生了。

在即位的第四年，即公元前138年，汉武帝委派张骞出使月氏。月氏在帕米尔高原的北方，也就是匈奴领域的西方。这是因为只有出使月氏，进而联络西域诸国，建立起和这个地方的关系，并着眼于掌握匈奴的后路，才能更有效地对付匈奴。而且几十年的和亲模式，已经不再适用于汉武帝要开创的新时代了。

这时，汉武帝身边就有人推荐了李广，说他是善于对付匈奴的名将。于是，汉武帝就将李广从原来的上郡太守调任为未央卫尉，同时将另外一位名将，也就是程不识调任为长乐卫尉。“未央”和“长乐”都是长安的宫名，表面上，这是让他们来负责长安城内的护卫工作，但实际上，汉武帝看重的是他们拥有与匈奴对战的丰富经验，想让他们在长安训练出足以战胜匈奴的、新一代的帝国军队。

早在汉文帝时，有名的洛阳天才少年贾谊，就曾针对西汉当时的情况，写了见识惊人的《治安策》，其中就有他对匈奴侵犯汉帝国问题的再三关注。《治安策》说：“今匈奴嫚娒侵掠，至不敬也，为天下患，至亡已也，而汉岁金絮采缯以奉之……今西边北边之郡，虽有长爵不轻得复，五尺（合一米多）以上不轻得息，斥候望烽燧不得卧，将吏被介胄而睡……可为流涕者此也。”

贾谊形象化地描述了匈奴入侵汉帝国给边界军民带来的困扰。西汉每年都送给匈奴厚礼，希望平息匈奴入侵之患。然而，西汉越是送礼，匈奴就越是知道汉帝国无力抵抗，就越是肆无忌惮地轻易来去，以致在汉帝国和匈奴相邻的这些地区，人们疲惫不堪。因为他们必须随时保持警戒，每天二十四小时都要有哨兵监视传信，且守边的官员连睡觉都不敢脱下盔甲等。这些地区高强度的警戒防卫工作，使人们负担沉重的服役责任，基本无法得到“复”，也就是减免为朝廷、或为国家服役的时间。

虽然看到了这样的问题，但其实贾谊也提不出有效的解决方案，他的具体建议是请汉文帝“以臣为属国之官以主匈奴”，也就是，他相信自己可以靠外交手腕让匈奴改变做法。汉文帝当然没有接受这个建议。

在汉景帝朝，晁错对戍边政策进行了重要的变革。

旧的戍边政策是三个月一戍，也就是，去戍边的都是一般的服役百姓；他们一次服役三个月，三个月后就可以回家，而在那里戍边的人，顶多留一年。可想而知，人们频繁地来来去去，这是不可能落实戍边工作的。

于是，晁错将戍边政策改为屯戍，也就是，使服役的人在边界上长期地住下来，并给予他们土地。这样，他们可以一边戍边一边耕田。因此，他们不仅能更熟悉并更投入卫戍工作，而且有更高的动机阻止匈奴入侵，以免自己的屯田被破坏。

因此，戍边军队的结构也改变了。朝廷以给予土地和赐爵等方法招徕人们，希望他们自愿到边界上去，并让他们在那里获得土地等；在他们有了新的生产基础后，再将他们组织起来，形成对抗匈奴的军队。这样，汉帝国也就有了可以发挥的治军空间，而且，好的将领可以在和固定的军队成员的长期相处中，培养出士气和技能等。

李广和程不识就是在这种新的戍边政策中崛起的名将。在汉武帝的新思想中，他的布局首先是从西域牵制匈奴，然后则是训练出能够反守为攻，出征匈奴的军事力量。所以，他就将这个关键的任务，交付给拥有丰富的与匈奴对战经验的李广和程不识。

《史记·李将军列传》接着对比了李广和程不识两人的治军风

格。“程不识故与李广俱以边太守将军屯。及出击胡，而广行无部伍行陈，就善水草屯，舍止，人人自便，不击刁斗以自卫，莫府省约文书籍事，然亦远斥候，未尝遇害。”

意思是，两人都以太守的身份负责带领屯戍的军队，但李广的军队看起来就很散漫，他们出兵时没有整齐的行列；该休息了，就靠近有水有草的适当地点休息，以使人人都感到方便；也没有设置正式的警戒系统，也不保存完整的文书记录，却设置了哨兵；所以也从来不曾在行动中遭受过重大的损失。

那程不识呢？他“正部曲行伍营陈，击刁斗，士吏治军簿至明，军不得休息，然亦未尝遇害。不识曰：‘李广军极简易，然虏卒犯之，无以禁也；而其士卒亦佚乐，咸乐为之死。我军虽烦扰，然虏亦不得犯我。’”

意思是，程不识带兵极其严格，他使军队的一切都井然有序，也讲究纪律，且明文规定，明文记录。所以，他们也不曾遭受过重大的损失。关于二人完全相反的做法，当然还是严谨的程不识有说法。他解释：“李广带兵方式的问题是，如果遇到匈奴的奇袭，那他们就会因为缺乏有制度的准备，而无法迅速地反应。但这种作风相对的好处是，他和士兵们交心，他们过得快乐，感激他，就都愿意为他效命。”

“是时汉边郡李广、程不识皆为名将，然匈奴畏李广之略，士卒亦多乐从李广而苦程不识。程不识孝景时以数直谏为太中大夫。为人廉，谨于文法。”

意思是，当时在汉帝国的边界上，两个人都很有名，但显然李广还是略胜程不识一筹。李广了解匈奴，头脑灵活，会运用各种意想不到的策略等，匈奴吃过他的苦头，都怕他；士兵们也喜欢跟着他过轻松的日子，不愿意被程不识管理。程不识是以直谏起家的，他的专长在于了解并谨守制度规范，他的背景和专长，显然都和李广的大相径庭。

04

马邑之诱前后

建元六年（公元前 135 年），也就是汉武帝即位的第七年，窦太皇太后去世的那一年，匈奴又来要求和亲，汉武帝不能不答应，就送给他们一位宗室女子和厚礼。第二年，也就是元光元年（公元前 134 年），汉武帝将待在长安已经四年的李广和程不识，再次调到边界上。李广升为骁骑将军，驻在云中；程不识被升为车骑将军，驻在雁门。显然，新的强硬政策已经蓄势待发了。

就在这时，在马邑出现了一个机会。马邑属于雁门郡。一个叫聂壹的马邑人来献策，说他愿意冒险去骗匈奴，就说当地人与西汉派来的太守起了冲突，他们将太守杀了想要投靠匈奴，希望匈奴出兵接应。汉军先埋伏好，等匈奴派兵来时，可以杀他个落花流水。

对这个提议，西汉有正反两方面的态度，比如，御史大夫韩安国就抱持强烈的反对态度，但其中的关键在于汉武帝的态度。汉武帝早已做好了和匈奴翻脸的准备，就接受了这个提议。元光二年（公元前133年），汉帝国调动了三十万大军到马邑。按照计划，聂壹前往匈奴帐中，表示马邑愿意打开城门，投降匈奴。看匈奴心动了，聂壹就回到马邑，杀了个死囚，并用他的头假装被杀的西汉朝廷所派太守的。

汉军的计策是，汉军在匈奴进军路上的一个山谷中，放大量的牛羊，并埋伏在此山谷之外。汉军预计匈奴会贪求牛羊而进入山谷之内，如果是这样，那匈奴就会落入汉军的包围圈。但汉军这样的预期显然低估了匈奴的智慧。匈奴单于在带领了十万骑进了武州塞，看到大量的无主牲口后，立时觉得不对劲，并马上选择了退兵。于是，远道而来的三十万汉军，就完全没有用武之地。

马邑之诱，是汉帝国和匈奴关系的转折点。借此，汉武帝表明了西汉不再依循和亲政策的决心；匈奴也察觉到汉帝国的敌意，知道自己不能再用原来的方式，且信任地与汉帝国打交道了。

双方关系进入新的阶段后，他们各有盘算，也各自需要时间调整或准备。四年之后，即公元前129年，西汉对匈奴发动了正面的远征攻击。即公孙贺出云中，公孙敖出代郡，李广出雁门，卫青出上谷，也就是四支大军分别由四个将军带领，从四条不同的路线全面攻入匈奴境内。

但在这次攻击中，和在马邑之诱中一样，汉军犯了同样的错误——低估了匈奴。汉军自己费了四年的时间准备，就忽视了匈奴也有同样的四年。在马邑之诱中，匈奴已经获得了足够的警示，他们知道汉军可能会有大型的军事行动。所以他们不能不有所提防或准备。结果，四路的汉军中，只有卫青打了胜仗，其他的都没有讨到好处。

其中，李广最惨，他不仅兵败，还以将军之身份，被匈奴活捉了。这显然还是由他仍然保持的身先士卒的，而不是躲在后面指挥的习惯所致的。《史记·李将军列传》如此描述："匈奴兵多，破败广军，生得广。单于素闻广贤，令曰：'得李广必生致之。'胡骑得广，广时伤病，置广两马间，络而盛卧广。行十余里，广佯死，睨其旁有一胡儿骑善马，广暂腾而上胡儿马，因推堕儿，取其弓，鞭马南驰数十里，复得其余军，因引而入塞。匈奴捕者骑数百追之，广行取胡儿弓，射杀追骑，以故得脱。"

这好像精彩的电影画面啊！李广的军队寡不敌众，战败了。他的名号在匈奴早已被传扬，匈奴单于特别下令不能杀他，要活捉他。李广受了伤，真的被抓了。匈奴把李广放在两匹马中间挂着的绳编的网兜上，押着他走。

李广装死，这让押他的匈奴降低了防范，然后凭借经验，他偷偷地观察，以找出能快跑的好马。找到马后，他就趁那匹马经过自己的身边时，突然起身跳到那匹马上。骑马的匈奴少年完全没有防备，一下子被他从马上推了下去。且在这几秒的变化中，李广竟然还能准确地将那个匈奴少年佩带的弓箭夺下来。

李广骑好马狂奔几十里后，找到了残余的汉军队，并带领他们进入塞内。几百名匈奴一路在后面追，李广就用那个匈奴少年的弓箭向后射，这使李广他们得以逃回汉界内。

05

李广的个性

李广逃回来之后，面对的第一件事就是被追究责任。在西汉酷吏横行的环境中，当官是很辛苦的。酷吏认定，李广战败，又失去了许多士兵，还曾被匈奴活捉，这按律“当斩”，不过，他可以有一条生路，即按照二十爵制，可以用自己多年积累的爵位来赎死罪。于是，李广虽得以不死，却丧失了所有的爵位，即他在地位上退回成最底层的庶人。

元光六年（公元前 129 年）的这一役，除了是西汉，或者确切地说是汉武帝朝第一次正式的，出兵攻击匈奴的战役之外，也是卫青的成名之役。虽然各种因素错综复杂，但毕竟最终西汉的四路军队中，只有卫青带领的战胜了匈奴。从此，卫青便成了汉武帝最信任的武将，甚至后来一度成为西汉朝廷中汉武帝最信任的一个人。

卫青平步青云时，李广褪去了身上的所有光环，变成了平民。李广因为熟悉颍阴侯的孙子灌强，所以可以常常在蓝田的南山上打猎。

有一次，李广带随从和友人们喝酒闲聊到很晚。回家时，李广他们经过霸陵亭，守着亭检查来往人士的霸陵尉将李广他们叫住了，问李广是谁。这个霸陵尉也喝了酒，还喝得醉醺醺的，且叫住李广他们的语气很不好。李广的随从说："他是以前的李将军。"霸陵尉一听，很不爽，回他们："就算是现在的将军，夜里都不能从这里通行，何况什么以前的李将军！"就这样，霸陵尉硬是让李广他们在亭下过了一夜。

不过，李广当"以前的李将军"没有当很久。公元前128年，也就是西汉出征匈奴失败的第二年，匈奴发动报复了。匈奴军队入侵后，杀了辽东太守，打败了韩安国带领的军队。汉武帝命令韩安国将军队带到右北平郡驻守，然后将李广调来，让他去当右北平郡太守，以协助韩安国。

上任前，李广有一个特殊要求，即要那个曾经羞辱他的霸陵尉跟他一起去右北平郡。到了右北平郡，李广正式当上了太守后，就立刻斩了那个倒霉的霸陵尉。这就是李广的个性，他没有办法吞下这口气，"以前的李将军"不算数，"现在的右北平郡太守"也可以杀了你！也是凭借着这种个性，他才会具有和匈奴周旋争斗的高度勇气和韧性等。

李广又回到直接面对匈奴的边界上，这让匈奴很头痛。鉴于过去和李广交手的经验，他们给李广起了一个特别的外号——“汉之飞将军”，意思是，他神乎其神，是匈奴不管怎么样都抓不住的一个人。因而，李广在右北平郡时，匈奴就避开这个地方，不来侵犯。

李广在右北平郡时，匈奴不敢来，所以李广就有时间去猎虎。《史记》顺便说了一段他的传奇：“广出猎，见草中石，以为虎而射之，中石没镞，视之石也。因复更射之，终不能复入石矣。广所居郡闻有虎，尝自射之。及居右北平射虎，虎腾伤广，广亦竟射杀之。”

意思是，李广带弓箭打猎时，看到草里面好像有老虎。他一箭射出去后，才发现那不是老虎，而是一块石头，然而他发箭的力道之猛，竟然猛到将箭射进石头里了。不过，他也就只有这样的一箭。后来，他试着射了几次，却都因为没有那种认为遇到老虎的紧张状态，而怎么也射不进石头里了。从此之后，李广就对猎虎特别有兴趣。在他驻守的各郡，一听说有老虎，他就亲自去射杀。在右北平郡时，他真的遇到了老虎。老虎跳过来，伤了李广，但也被李广射死了。

《史记·李将军列传》接着说明李广带兵用兵的特殊之处。“广廉，得赏赐辄分其麾下，饮食与士共之。终广之身，为二千石四十余年，家无余财，终不言家产事。”意思是，李广不贪财，而且为人慷慨，他得到赏赐后绝不会自己留着，一定会分给部下。他也没有架子，部下们吃什么喝什么，他都跟他们一样。虽然李广年纪轻轻就出道，且早早地就升到二千石的高位，也领了四十多年二千石的俸禄，但他的家里始终没有积蓄，他平常也完全不在意家产等。

李广在骑射上格外有天分，他的身材高大，更重要的是其手臂比别人的长。他的儿孙或其他人跟他学骑射，怎么学也学不到他的本领。他不太会说话，也不爱说话。跟大家在一起时，他的唯一的娱乐方式就是在地上画箭靶，比谁射得比较准，并以此赌输赢喝酒。一直到死，他都只以射箭为乐。

在北方的大漠地区带兵时，李广他们经常会遇到缺水绝粮的情况。找到水后，部下们没有喝够，李广就根本不会靠近水。吃饭也一样，一定是在部下都吃饱了后，他才去吃。他对部下还很宽厚。所以，大家都乐于接受他的领导。

与匈奴对战时，李广有着绝对的冷静和自信，即便匈奴急速地冲锋过来，他都一定是在匈奴迫近到只有几十步的距离时，且确定其在准确的射击范围内时，才会拉弓射箭。只要箭一从他的弓上射出去，必然就会有匈奴应声倒地。就是这种常常让匈奴靠得太近的习惯，导致他曾经被活捉。打猎时，他也曾因被猛兽近身跃扑而伤，这就是他能射死老虎，同时被老虎所伤的原因。

这就是李广的个性。这样的个性，与接下来《史记》要叙述的他的遭遇密切相关。

06

新一波攻势

一段时间后，汉武帝下令让李广代替刚去世的石建担任郎中令；元朔六年（公元前 123 年），李广又升任将军了。这次，他跟随大将军卫青从定襄出发，开始新一波对匈奴的进攻。卫青带领着大军从云中沿黄河北岸，到高阙，走了一条很长的进军路线。

几年前的元朔二年（公元前 127 年），卫青就曾担负任务，出兵确保河南地，也就是黄河河套的这个区域。因为西汉在这里设立了朔方和五原两个郡，正式将这个区域纳入了统治的疆域中。稳固河南地的意义，在于保护关中，并在这个区域有效地阻挡匈奴南下，防止他们骚扰关中。过去，西汉不得不以和亲政策讨好匈奴，其中，一部分原因也就在于关中距匈奴太近，一旦有事，匈奴就会长驱直入，西汉却很难防御。

稳固了河南地，进一步保障了关中的安全后，汉武帝就可以再进一步，追求下一个战略目标。即他要将匈奴从河西地，也就是河套西方的这个区域赶走。匈奴如果无法在河西地立足，那他们就会向北迁徙，而北方是戈壁沙漠，其自然条件比河西地的差得多。如此，匈奴的经济与军事实力就必将大幅削弱。

刚好在这段时间中，西汉的军官苏建和赵信在和匈奴的冲突中，投降了匈奴。凭借对西汉战略的了解，赵信劝匈奴单于将其王庭所在，向北搬到戈壁沙漠去。这是顺应西汉入据河南地的调整。西汉在河南地设郡，而有了驻军的基地后，也就反过来取得了可以不时出兵攻击匈奴的条件。此时，换作匈奴必须考虑，西汉军队一从河南地出来，就可能冲杀到匈奴单于王庭所在的威胁。

匈奴单于接受了赵信的建议，将王庭所在向北迁移。如此一来，整个匈奴组织的重心也随之北移，匈奴对河西地的控制也就随之松懈了。西汉军队在元朔六年出征，走了很远的路，其中的关键就在于汉军要强行进入河西地。

在这场战事中，汉军大胜，好多人都立下了战功，他们回来后都得到了丰厚的赏赐，甚至有封侯者。其中最重要的英雄，是年纪最轻的霍去病，他当年才十八岁。霍去病带领的先锋队，像箭头般快速地深入匈奴的地盘，这让匈奴来不及防备而大获全胜。霍去病就因这个成就，而获得了汉武帝的赏识与信赖等，他甚至动摇了卫青在汉武帝眼中的地位。

李广在这场战事中，担任的是后将军，他并没有取得什么了不起的成就。虽然论军功，在整个汉武帝朝和匈奴的争战中，李广的重要性远远比不上卫青和霍去病的。但在《史记》中，太史公给予李广更大的篇幅，因为在太史公的眼里，在西汉和匈奴的对峙冲突的过程中，李广才是最重要的人物。因为历史不仅要记录发生了什么事，更应该教我们认识人物，并从人物的身上体会人格的价值。

在《史记·太史公自序》中，太史公如此说明："勇于当敌，仁爱士卒，号令不烦，师徒乡之，作李将军列传。"也就是说，李广的成就，在于他做到了别人带兵时做不到的事情。这绝对不在于他杀了多少匈奴，也不在于他获得了多少功名利禄，还不在于他为西汉多攻占了多大的江山。在这些方面，不仅卫青、霍去病的成就比李广的高，随便数数都还有至少十个人排在李广的前面。无论如何，李广竟然能在生死战场中赢得部下真正的爱戴，并且始终具有鲜明的个性，这才是真正了不起的。

卫青和霍去病的军功再高，从历史的角度看，他们也都是附随在汉武帝的野心与规划下，没有自我独立的意义。李广和他们最大的差别，就在于他从头到尾都是他自己，不是汉武帝的附属品。他们乖乖地听话，执行汉武帝和朝廷交付的任务，有成功，也有失败。李广和他们一起打仗，却总是为了部下而战，为了自己而战，且有他自己的战法，有他自己的坚持。突显李广，将"李将军列传"放在叙述与匈奴相关的诸传之首，这清楚地展现出太史公的史识。

07

再度出征

元朔六年，少年霍去病在对匈奴的战场上崛起；两年后，也就是在元狩二年（公元前121年），霍去病再度带兵出征。这次，他带领的是主军。他们从陇西出关，过焉支山，走到皋兰山时遭遇匈奴。霍去病的军队再度大获全胜，他们杀了两个匈奴的王，俘虏了一个王子和一个相国，以及数不清的都尉，带回来近九千个匈奴的首级，还带回来匈奴祭天用的两尊金人等。

在这次的军事行动中，李广和张骞负责攻击匈奴的左贤王。其中，李广带四千人，张骞带一万人，各自前往。李广的军队走了几百里后，先遇到了匈奴的军队，它由左贤王带领，有四万人之多。

众寡悬殊之下，李广的部下当然害怕不安。为了安定军心，鼓舞士气，李广就让自己的儿子李敢只带了几十个人，冲出去突袭。他们直接从匈奴的军阵中贯穿，再分绕两边回来。回来后，李敢明确地宣告：“匈奴也没有什么了不起嘛！”于是，军中的人心大为安定。

但在现实中，匈奴当然没有那么容易对付。李广先让部下围成圆形，人人向外。匈奴很快发动了射箭攻击，他们的箭像是天上下了箭雨一般。这使李广的部下死伤惨重，而且很快地，他们带来的箭都快用光了。于是，李广下令，所有的人拉满弓戒备，防止匈奴冲过来，但不要随便射箭。他自己用可以远射的大弓，瞄准了匈奴的军官，连着射倒了好几个。这使匈奴的军阵松动了一些。

天黑后，在李广的军队里，人人的面色凝重如土灰，唯独李广意气自如，他仍然积极地来回指挥布阵，大家都对他的勇气佩服得五体投地。第二天，李广的军队又鼓起士气与匈奴再战，并终于坚持到张骞的一万人赶到时。而匈奴一看情况不利，就退走了，但汉军也无力追击。如此折腾下来，李广的军队没剩几个人活着回来了。

回来后，朝廷对他们论究责任，张骞因军队“留迟后期”，即没有按时到达，依法应当被判死刑，但他用自己的爵位来赎，也和李广之前一样，“赎为庶人”。从中，我们就明白了二十爵制的关键作用，虽然西汉的法令极严，死罪很多，但是真正被处死的人数相对有限，这就是因为罪可以用爵位来赎，如此也缓和了峻法的严苛。尤其是军人，有军功可以升爵；犯了错，可以用爵赎罪，留得性命，以备有机会再被起用。

李广因功过相较，彼此两平，所以他没有受赏，也没有受罚。对李广至此所得的待遇，太史公发了一段感慨。因为汉文帝时，李广和他的堂弟李蔡都以同样高的地位，一同开始为朝廷服务；在汉景帝时，李蔡升到了二千石。在汉武帝时，李蔡担任代相，实质是负责代国的政务。元朔五年（公元前 124 年），李蔡随卫青一起出征去攻打匈奴的右贤王时，他的职位是轻车将军，回来之后就因功封侯，而成了乐安侯。元狩二年，李蔡接替公孙弘为丞相，他的官职升到了顶点。

虽然李广比李蔡升到二千石的时间要早，然而李广停留在二千石的层级近四十年之久。其中更重要的差别是"蔡为人在下中，名声出广下甚远，然广不得爵邑，官不过九卿，而蔡为列侯，位至三公。诸广之军吏及士卒或取封侯"。

也就是说，以太史公看人的标准来说，李蔡的等级不过是"下中"，即九品等级中的倒数第二等，他的名声也远远不及李广的，但李广从来不曾被封侯，且他的最高官职不过到九卿的等级，也没有办法再向上升到三公的等级，竟然和李蔡的官职差了一大截。就连李广带过的军吏或士卒都有人后来因军功被封侯的，就是他的待遇特别不好。

看历史，解释历史，太史公强调这要"究天人之际"，也就是分辨什么是"人"造成的，什么是超越人的，不在人的控制范围内的"天"造成的。

所以，《史记·李将军列传》接着说了这么一段故事："广尝与望气王朔燕语，曰：‘自汉击匈奴而广未尝不在其中，而诸部校尉以下，才能不及中人，然以击胡军功取侯者数十人，而广不为后人，然无尺寸之功以得封邑者，何也？岂吾相不当侯邪？且固命也？’”

意思是，有一次，李广遇到一位“望气者”，他就是能看到非人间的神鬼事迹的王朔。李广好奇地问王朔：“自从汉朝攻打匈奴开始，我就没有一次战役不参加，不用算高位的人，仅是看军队里校尉以下的人，本来他们的地位比我的低很多，而且才能不怎么样，连中等都还算不上，却也有几十个人凭借着对匈奴的战事而崛起且被封侯。论打仗的能力和行动等，我绝对不在他们之后，为什么我就得不到一点功劳可以被封侯呢？这难道是我没有被封侯的面相？还是这真的是命中注定的呢？”

王朔给他的回答是：“将军自念，岂尝有所恨乎？”意思是：“将军您自己想想，生平中有什么特别感到遗憾的事吗？”李广真的想了，他的心中的确有这么一回事：“吾尝为陇西守，羌尝反，吾诱而降，降者八百余人，吾诈而同日杀之。至今大恨独此耳。”意思是：“我在担任陇西太守时，羌人作乱，我诱惑他们投降，他们有八百多人投降，但他们被我骗了，投降后一天之内都被我下令杀了。这应该就是至今，我唯一感到遗憾的事了。”

王朔就顺着李广的话，说：“祸莫大于杀已降，此乃将军所以不得侯者也。”意思是：“最大的祸患，莫过于杀投降的人，这就是将军您无法被封侯的根本原因啊！”

从这一段故事中，我们可以看到西汉时的人对“命”的观念。

李广的不得志，并不都是因为“天”，其中有他自己作为“人”应该负责的地方。不过，如果只是要得到这样的结论，太史公就不需要特别突显李广了，毕竟打匈奴的军功比他的高的还有那么多人，不是吗？

从“究天人之际”的角度看，太史公借李广要说的言外之意，是太史公对汉武帝朝的批判。汉武帝在位的时代，基本上是个直率正直的人出不了头，庸才却可以靠着真实成就以外的条件横行的时代。也就是说，李广的遭遇并不是因为李广的“命”该如此，也不完全是因为“天”，而是因为其中还有“人”的部分，那就是汉武帝的统治风格所造成的是非扭曲。这样的看法，曾经被汉武帝下狱的太史公不能明说，而只能将之放在《史记·李将军列传》中隐晦地表达。

08

李广之死

两年后，也就是元狩四年（公元前119年），汉武帝对匈奴的军事行动又升级了。这次由卫青和霍去病联合领军，他们带了数十万大军，再加上空前的后勤补给。西汉军队从定襄和代郡出发，他们要穿过戈壁，直捣匈奴所在的沙漠。

李广仍然不愿错过这次行动，他好几次向汉武帝请求也派给他任务。汉武帝觉得李广老了，就没有答应他，很久之后也才勉强同意，让他当前将军。

此时，河南地和河西地都在西汉的控制之下，所以汉帝国就有了出征戈壁沙漠的地理条件。出塞之后，汉军从捕获的匈奴俘虏的口中，知道了匈奴单于的所在之处。于是，卫青就安排他自己带着少数的精兵快速地进攻；将李广原来率领的前军并入右军，且让他们从东边走。而右军走的东边这条路，不仅路途较远，而且因为这条路上没那么多水草可以提供粮食，以及休息之地，所以他们必须分兵前进。

这样的安排让李广很难接受。他本来应该是走在最前面的，现在大将军自己带兵冲到最前面去了，他的军队却连随着大军走直线穿过戈壁沙漠都不行，还要被并入最迂回、最慢的东路右军。

他向卫青哀求并抗议，说："我从十几岁就参与打匈奴，这么久才等到这个机会，现在终于可以真正地面对匈奴单于，还是让我在前面吧！我愿意承担最危险的任务，这样即使我死了也甘心。"然而，汉武帝在大军出发前就跟卫青交代过了，汉武帝认定李广已经老了，他完成不了任务，不让他带兵直接和匈奴单于对战。

很不幸的是，这次汉军出征的形势，与李广几十年前参与打匈奴的形势已经大不相同了。当时，汉军明显居于上风，也有相当的把握能打胜仗。于是，将领们想的，就都是如何抢到最好的立功机会。和卫青很有交情的公孙敖，之前因过被夺爵，他特别期待利用这次出征，将爵位赢回来。卫青要帮公孙敖，带着他一起攻击匈奴单于，就更是非将李广换掉不可。

李广知道这个情况后，更不服气，他在卫青的面前力争，怎么也不肯去东路右军。最后，卫青不跟他争论了，直接让人将书面的命令写好，丢给李广，以表示没有商量的余地。李广很生气，他不顾礼节，怒气冲冲地起身就走了，并非常不情愿地带着军队转去东路右军。

结果，东路右军不仅行进艰难，还迷了路，当然更没有如期地在前方支持大将军。卫青带领的精兵和单于对战，虽然卫青他们打了胜仗，但是因为其军队的人力不够，无法“逐北”，而只好任由匈奴单于带领残兵逃走。

大将军的部队越过戈壁沙漠回来时，才遇到了李广和右将军带领的东路右军。李广去见卫青，卫青没有多说什么。李广回到自己的军队后，卫青才命令长使表面上客客气气地带着东西来慰劳李广，也客客气气地问：“前将军在路上到底发生了什么事？大将军要写报告，需要知道情况。”李广心知肚明，这其实就是要追究东路右军的责任，就没有回复。于是，卫青也火了：“李广你敬酒不吃吃罚酒！”他就命令将李广带过来，进行政治质问。

李广将所有的责任一肩承担，他表示迷路都是他一个人造成的，和其他的部下无关，自己会将报告写好送来。

回到军队里，李广留下了人生最后的感叹。他对部下说：“自成年以来，我和匈奴前前后后大大小小对战了七十多次。一直到这次时，我才有机会直接地对战匈奴单于，但大将军把我调到东路右军，让我走远路，走着走着我们还迷路了。唉，莫非这真的是天意？我老了，都六十多岁了，没力气，也没办法再去面对那些刀笔之吏了。”说完，李广便拔刀自刎，终结了他的传奇一生。

09

李广的郁闷

《史记》所记录的李广自杀前的感言，有两个关键。其中，第一个是刀笔之吏，这些人是汉武帝朝最可怕的一群人。

李广知道，因为迷路晚到的事，他又要到这批只认法令，不懂也不在乎任何其他事情，以及其他原则的人的面前接受他们的审问。在这些人的眼里，只有法令规定的责任与惩罚。他们不可能理解一个终身和匈奴对战的人，被迫绕远路，却急着想赶到面对匈奴单于的前线的心情。他们不会知道，像李广这种人在边界曾经遭遇与承受过的一切。

接受他们的审问，是李广最大的耻辱，他们不承认他成就过的任何事，他们否定他整个人及其整个人生的价值，且反复要他交代犯了什么错。正是因为李广有过之前面对刀笔之吏的经验，所以他宁死也不愿再受这样的屈辱了。死了，至少留下了未被刀笔之吏侮辱的自尊。

另一个关键，又是“天”。李广自问：“莫非这真的是天意？”但太史公的写法，让我们读下来便彻底地明白，这不是“天”，而是“人”。李广是汉武帝朝政治的牺牲者，他一辈子专注，他只想也只会打匈奴，然而在汉武帝领导的朝廷上，匈奴是很复杂的政治问题，牵涉许多李广不懂，也无从理解的权力运作：从卫青和汉武帝的关系，到卫青对公孙敖的私心，再到以刀笔之吏治国的风格……正是这种种的因素害死了李广，而不是“天”。

所以，太史公这样写：“（广）遂引刀自刭。广军士大夫一军皆哭。百姓闻之，知与不知，无老壮皆为垂涕。而右将军独下吏，当死，赎为庶人。”也就是说，李广自杀后，不仅是他的部下为他痛哭，就连一般百姓，不管是认识，还是不认识他的，听说了他的遭遇后，老的少的都流下泪来。此话有深刻的言外之意，即表示知道事情经过的人，都同情李广，大家都明白他受到了怎样的不公平待遇。

同样有深刻言外之意的，还有那么简单的交代。李广死了，东路右军就只有右将军赵食其被送去审问，被判应死后，他也用爵位“赎为庶人”。也就是说，李广是对的，如果他没有死，那他必定同样又要被下吏，一旦下吏，就不会有好的结果，未审都知道结果。刀笔之吏的任务本来就不是发现真相，公平执法，而是严苛地认定违法，严苛地施予处罚。

回头看，《史记·李将军列传》的前面特别记录了李广和霸陵尉的恩怨，这显然有特殊的用意。李广遇到霸陵尉时，正是他被赎为庶人之时，也就是他刚面对完刀笔之吏，被刀笔之吏以其刀笔一笔抹杀了多年军功，同时在被审问的过程中受尽了屈辱之后。性格刚烈、自尊心极强的李广，怎么可能忘掉这样的经历？

那个霸陵尉倒霉，他成了李广发泄对刀笔之吏愤恨的对象。因为他采取了和刀笔之吏同样的轻蔑态度。即在听到李广的随从说李广是“故将军”时，他嗤之以鼻，表示“将军”这种身份没有任何价值。而且，霸陵尉明确地表示，他只认法令规定，不能过就是不能过，他不认什么将军身份。

刀笔之吏正是如此，他们一方面承袭秦朝的苛法，另一方面接受汉武帝的酷吏养成，他们的眼中没有任何人的尊严，更不承认任何人的其他经历和情感。在审讯和判决的过程中，他们无情地践踏了其他人借以活着的种种人生价值与成就等。

李广无法报复这些刀笔之吏，因为他们如此嚣张，有直接源自皇帝给予的权力。他只能拿霸陵尉发泄。为了那样一点儿小事，就一定要杀霸陵尉，原先看来李广真有点过分，但如果明白了太史公要呈现的时代氛围与悲剧，那我们就会有不一样、更复杂的感受与判断。

10

李敢和李陵

《史记·李将军列传》并没有结束于李广自杀。它的后面说李广有三个儿子——李当户、李椒、李敢。

前面我们已经看到，人如其名的、勇敢的三子李敢，在和父亲一起被匈奴包围时，闯入匈奴阵中又回来，这有效地鼓舞了士气。李敢后来继承父亲的职位担任郎中令，但他心里始终不平，怨恨卫青对待父亲的方式。后来，他一时冲动，竟然动手伤了大将军卫青，卫青的第一反应，是原谅李敢，还为他隐瞒了动手伤人的事情。然而一段时间后，李敢在陪汉武帝去甘泉宫打猎时，竟然被同样在场的霍去病射杀了。

霍去病和卫青交情甚笃，更重要的是，霍去病是汉武帝面前的大红人，比卫青更受宠。明知是霍去病杀了李敢，汉武帝非但没有追究，还让大家都对外说，李敢是在打猎的过程中意外地被鹿冲撞死的。李敢之死，显然是卫青的报复。在这样的安排下，卫青既达成了目的，又不必负担任何的风险。

一年多以后，年纪轻轻的霍去病突然因病死了。后来，李敢的女儿入宫受到太子的宠爱，连带地李敢的儿子李禹也受惠。不过，李禹就和父亲、祖父不一样了，他热衷于追求个人的利益。于是，李家的名声与地位就逐渐下降了。

李广的二儿子李椒死得早，而李广的大儿子李当户也死得早，李当户只留下一个遗腹子，他就是李陵。李陵长大后也跟匈奴有复杂的牵扯。

在元狩四年西汉的远征中，卫青差点捉到匈奴单于，匈奴被迫向更北的地方远遁后，对西汉几乎无法构成任何威胁了。两年后，当时才二十三岁的霍去病去世，西汉军事史上的一颗彗星陨灭了。元封五年（公元前 106 年），卫青去世，这正式结束了这个历史阶段。在这段时间里，匈奴和西汉相距甚远，双方基本上相安无事。

然而，卫青死后两年，即从公元前 104 年开始，草原的变化促使匈奴又逐步南下，这启动了又一波的战争。这时候，汉武帝的年纪也大了，原本第一代对抗匈奴的人物也都凋零了，西汉的局势也大不同于以前的了。

这波与匈奴的冲突，留下了两件最主要的事迹。其中，第一件是苏武被派去出使匈奴，他一去就被留在北方长达十九年。苏武牧羊的故事就发生在此时。第二件是公元前 99 年，李陵投降匈奴。再到后来，公元前 90 年，官位更高的李广利也败降匈奴。

《史记》记载："李陵既壮，选为建章监……善射，爱士卒。天子以为李氏世将，而使将八百骑。尝深入匈奴二千余里，过居延视地形，无所见虏而还。"意思是，李陵长大后，任职于建彰宫的卫队。在精于骑射和善待部下这两件事上，他和祖父李广相似。汉武帝看他出身于武将世家，就给予他特别的任务，让他带着八百人马，深入匈奴地区进行秘密勘查。他一路上没有遭遇困难，未经战斗，平安回来。

李陵崛起的过程，有一个背景因素。即将李陵推荐给汉武帝的，不是别人，正是太史公司马迁，他最了解李氏世将，也在李陵的身上看到了李广的影子。

天汉二年（公元前 99 年），李陵带领五千人，在草原上遇到了匈奴大军，李陵他们一直战斗到军队伤亡过半，箭矢也都用尽之时。他们在战斗的过程中杀伤杀死万余匈奴人马，只是因寡不敌众，只好且战且走，期待能退回居延。但在回到居延之前，他们被匈奴堵住了后路。没水没食物，也等不到救兵，再加上匈奴的积极招降，李陵投降了。

这个消息传回西汉朝廷后，引起轩然大波。其中，首先倒霉的就是司马迁，因为他推荐过李陵。司马迁会推荐李陵，并不是出于私交，而是出于对李广的了解与肯定。站在这样的立场上，他进一步勇敢地为李陵辩护。

第一，李陵的运气不好（和他的祖父的一样），遇到匈奴大军时，他只带有五千人，他们却在战斗的过程中杀死杀伤了匈奴万余人马，这样的表现能说他不好、不称职吗！第二，李陵为什么投降？因为战败了，他就没有办法回来。回来会发生什么事？即和他的祖父一样，去面对刀笔之吏，受辱受罚。所以，他宁可投降匈奴，因为这样还留着一个希望，即可以潜伏在匈奴中，伺机立了功再逃回来。

司马迁的这番辩护，非但没有说服汉武帝，反而让汉武帝更加生气，也给自己惹了大祸。汉武帝没有办法处罚李陵，就以大不敬的罪名处罚司马迁，让他去面对可怕的刀笔之吏。这些是嗜血的家伙，又是汉武帝亲自下的令，他们当然就判了司马迁最重的罪，也给了他最重的处罚。司马迁不仅罪该当死，而且不能用爵位来赎。他要不想死，只有一条路，那就是接受宫刑“去势”。

司马迁做了和李广相反的决定——他必须为了将《史记》写出来的使命活下去。这是他的人生中最大的冲击和转折，是和李陵直接相关的。正是因为这样，《史记·李将军列传》对他当然有特殊的意义。

《史记·李将军列传》的最后一段是：“太史公曰：《传》曰：‘其身正，不令而行；其身不正，虽令不从。’其李将军之谓也？余睹李将军悛悛如鄙人，口不能道辞。及死之日，天下知与不知，皆为尽哀。彼其忠实心诚信于士大夫也？谚曰：‘桃李不言，下自成蹊。’此言虽小，可以谕大也。”

意思是，人行得正，靠他的人格示范，就能带领部下，而无须明确地下令管束，这就是李广的风格、李广的成就。太史公还曾亲眼见过李广，李广的外表看起来再普通不过，他没有光彩，也没有架子，而且不善言辞，但这样的一个人死的时候，却可以引来那么多不管是认识，还是不认识他的人，都真诚地为他哀哭。其中的关键就在于，他比一般有权有位的人都要真诚。

“桃李不言，下自成蹊”，意思是，桃树、李树不会说话，也从来不会叫人过来，但人会自动地靠过去，且因人多而能在树底下走出一条路来。桃花李花、桃李果实比话语更有影响力。这样的一个小小的比喻，应该可以给我们很重要的启发！

借由完整地阅读《史记·李将军列传》，我们不仅了解了汉武帝朝和匈奴关系的发展，同时能具体地感受太史公写历史的史识与态度，还认识了一篇千年以来仍然极有力道的好文章。

第五讲

太史公与中国史学精神

01

太史公是什么意思

《汉书》里有“司马迁传”，当然是因为司马迁是西汉历史上的重要人物。不过，《汉书·司马迁传》的内容很简单，简单到近乎草率，它的前面部分基本上照抄了《史记》第七十卷的“太史公自序”，后面部分则照抄了司马迁写的一封长信《报任安书》。

不过，在照抄的过程中，《汉书》所做的些微更动却特别值得探讨。比如，同样的内容在《史记》里称为“太史公自序”，在《汉书》里称为“司马迁传”；可是，自序内文中多次称太史公的地方，《汉书》又保留了，没有按照标题改为司马迁。司马迁传这个说法很容易理解，那太史公又是什么呢？司马迁为什么要在自序的前面放太史公三个字？

卫宏在《汉仪注》里留下的一条史料，对后人了解太史公产生了很大的困扰。卫宏是东汉人,《汉仪注》是一部整理西汉官制的书籍。在书中,他这样说:“太史公,武帝置,位在丞相上,天下计书,先上太史公。”这句话说了三件有争议的事:第一,这个官职是在汉武帝时设立的;第二,这个官职的地位很高,甚至高于丞相的;第三,从各地来的官方资料,都先集中由太史公进行登记。

这几件事,和其他史料记载的对不上。比如,其他史料中有太史令,但没有太史公这个官职。而且,太史令掌管西汉一朝的所有档案,虽然各地的文书资料在其处汇集,但太史令的地位怎么看都不高。

反复比对史料,我们大概弄明白了,不能用《汉仪注》的说法来解释司马迁和《史记》的记载,反而要用司马迁和《史记》的记载来解释卫宏所犯的错误。其实,在正式的官职上从来都只有太史令,司马迁担任的是太史令,司马迁的父亲司马谈担任的也是太史令。但明明是太史令,司马迁为什么总是称太史公呢?而且,司马迁笔下的太史公不仅是他对父亲的尊称,他连自称都用太史公。

《汉书》无法处理“太史公”三个字,所以它在标题上将太史公删去,却在内文里保留着;卫宏则认定司马迁会这样用,一定是汉武帝朝新立了这样的一个官职,而且这官职的地位一定很高,才会称“公”,所以他就把太史公放到类似三公的位阶上去了。

显然,卫宏弄错了。他的错误和《汉书》的混淆,有着共同的原因——他们都不了解司马迁用太史公这三个字所要彰显的价值。

02

读《史记·太史公自序》

仔细并同情地阅读《史记·太史公自序》，千载之后，我们有机会比班固或卫宏更精确地掌握什么是太史公，以及司马迁借由太史公三个字所要表达的深意。

《史记·太史公自序》一开头说："昔在颛顼，命南正重以司天，北正黎以司地。唐虞之际，绍重黎之后，使复典之，至于夏商，故重黎氏世序天地。其在周，程伯休甫其后也。当周宣王时，失其守而为司马氏。司马氏世典周史。"这叙述了司马氏的家世来历，其中最重要的就是"司马氏世典周史"，即远从周宣王以来，司马氏就是个掌管官方历史的世家，他们的家世源远流长。

在周惠王、周襄王的时代，即在春秋变局中，司马氏离开周王室，转到了晋国。从春秋到战国，司马氏的子孙繁衍，有在卫国的、赵国的和秦国的。曾在秦国为将为官的这支，经历由秦到汉的变化后，传到了司马谈，“谈为太史公”。

司马谈就是司马迁的父亲，也是第一位太史公。“太史公学天官于唐都，受易于杨何，习道论于黄子。”这说明司马谈的学问基础，在于“天官”、“易”和“道论”，也就是道家的思想。但显然他自己广泛地阅读，在经历秦火，书籍仍未大量流通的环境里，他已经掌握了足够的知识，且能够分辨战国流行的各家的立论。在自己所处的时代中，许多人对各家思想的错乱印象与误解，司马谈很不以为然，所以他特别写了一篇言简意赅的《论六家要旨》予以整理、说明。

接下来，司马迁抄录了《论六家要旨》的全文。司马谈对儒、墨、道、法、名、阴阳各家做了简要的说明。他在说明的同时还进行了优劣分析。比如说到儒家时，他先说：“儒者博而寡要，劳而少功，是以其事难尽从，然其序君臣父子之礼，列夫妇长幼之别，不可易也。”

意思是，儒家的内容丰富，但很难掌握重点，因而学儒家知识要花费很多力气，而且这么多，不可能都落实在行为上。不过，儒家当然也有优点，那就是在君臣父子、夫妇长幼的人伦关系上，它规定得清清楚楚，这是其他家赶不上的，也是无可取代的。

然后，他又提供了比较详细的说明：“夫儒者，以六艺为法。六艺经传以千万数，累世不能通其学，当年不能究其礼，故曰：‘博而寡要，劳而少功。’”意思是，儒家以六艺，也就是《诗》《书》《礼》《易》《乐》《春秋》为内容。经书再加上解释经书的传，有几十万乃至几百万甚至几千万字之多，花好几辈子都没有办法学得通，一生在世也弄不完所有的这些礼仪规矩。所以，他说儒家“博而寡要，劳而少功”。

他基本上都是用这种方式分析说明六家的。不过，在六家之中，关于道家，他说得特别多：“道家无为，又曰无不为，其实易行，其辞难知。”意思是，道家的主张，乍看下是矛盾的，即要无为，却又说“无不为”。虽然其中有让人不容易弄懂的这种吊诡的言辞，但实际上，道家的主张很容易实践。

“其术以虚无为本，以因循为用。无成势，无常形，故能究万物之情。不为物先，不为物后，故能为万物主。有法无法，因时为业；有度无度，因物兴舍。”

意思是，道家以“无”和“虚”为本，主张万物都来自“无”；而在应对现实上，其主张“因循”，即顺应自然的变化，尽量减少人为、刻意的变化。一切都在变化中，所以道家不相信任何固定不变的形或势，可以穷究了解万物的真相。道家认为，不勉强或不争先取得权力，反而能顺势主宰一切，所以人们要审度不同的时势来决定该遵循的原则，顺应不同的事物来决定该采用的尺度和眼光等。

和说明其他五家时不一样的是，司马谈说明道家时，对其内容都是肯定的，没有任何的批判。从中，我们可以清楚地看出司马谈的主观价值立场，他和当时的社会主流一样，是倾向于道家立场的。

03

司马迁子承父业

交代了父亲的思想之后，接着司马迁自己上场。“太史公既掌天官，不治民。有子曰迁。迁生龙门，耕牧河山之阳。年十岁则诵古文。”这说明，在司马谈那个时代，太史令最主要的工作，是“掌天官”，即负责天时历法的观察整理等。除了前面先说的司马谈“学天官于唐都”之外，这也说明了他采取道家立场的另一项原因，即他的主要职责就是观察天象和整理自然的变化规则。

司马谈的儿子就是司马迁，但司马迁的学问基础，从一开始就和父亲的有差异，他学的是新兴的“古文”。而对司马迁的成长影响更大的，是他二十岁之后就开始进行的壮游经历。

“二十而南游江、淮，上会稽，探禹穴，窥九疑，浮于沅、湘。北涉汶、泗，讲业齐、鲁之都，观孔子之遗风，乡射邹、峄；戹困鄱、薛、彭城，过梁楚以归。于是迁仕为郎中，奉使西征巴蜀以南，南略邛、笮、昆明，还报命。”这说明，他去了那么多的地方，还有了古今交错的丰富经验。其中，有来自个人兴趣冲动的旅程；也有任务驱策的旅程，他既接触到了历史的遗迹，也接受了现实的考验。这样一路走下来，他当然成长为很不一样的人，他的所见所思，也当然和其他没有这种经历的人大不相同了。

他从“巴蜀以南”回来后，遇到了人生的重大变局——父亲去世。“是岁，天子始建汉家之封，而太史公留滞周南，不得与从事，故发愤且卒。”意思是，那一年，汉武帝第一次到泰山进行封禅之礼，司马谈没能随行，这使他受到了极大的挫折，他在愤愤不平中生了重病。

司马迁回来时赶上了父亲临终交代遗命。“而子迁适反，见父于河洛之间。太史公执迁手而泣曰：‘余先，周室之太史也。自上世尝显功名于虞夏，典天官事。后世中衰，绝于予乎？汝复为太史，则续吾祖矣。今天子接千岁之统，封泰山，而余不得从行，是命也夫！命也夫！余死，汝必为太史；为太史，毋忘吾所欲论著矣。’”

意思是，司马谈拉着儿子的手，哭着说：“我们家从周朝开始就世代为太史。远在上古虞夏之世便显扬功名，掌天文之事。后来虽然一度没落，但我绝对不能坐视这样的家世传统在我的身上断绝。我死后，你必须继承家业去当太史。现在的皇帝接续断了千年的大礼，去泰山封禅，我竟然不能参与，这是命！这是命！我死了，你一定要去当太史，不要忘掉我来不及完成的论著。”

接着，司马谈又引用《孝经》说：“且夫孝，始于事亲，中于事君，终于立身。扬名于后世，以显父母，此孝之大也。夫天下称诵周公，言其能论歌文武之德，宣周召之风，达太王王季之思虑，爰及公刘，以尊后稷也。幽厉之后，王道缺，礼乐衰，孔子修旧起废，论诗书，作春秋，则学者至今则之。自获麟以来四百有余岁，而诸侯相兼，史记放绝。今汉兴，海内一统，明主贤君，忠臣死义之士，予为太史而弗论载，废天下之史文，余甚惧焉，汝其念哉！”

也就是说，他引用《孝经》告诫司马迁，真正的、最重要的“孝”是自己得到功名来显扬父母。周公之所以伟大，就在于靠着他的成就，不仅是其父亲周文王，乃至一直到后稷的周先祖，都因他奠定的朝代基础而被宣扬、被尊重。周幽王、周厉王以降，世道衰败，还好有孔子崛起，“修旧起废”，建立起学问的根基与模范。

而且，孔子绝笔之后到现在已经“四百有余岁”[1]。但乱局中再也没有像《春秋》那样的史笔，将其间发生的事记录下来。最后说：“如今，汉朝兴盛，四境统一，又出现了很多人，又发生了很多事，作为太史，我却来不及记录，这使他们的事迹湮没，使修史的传统断了。我深感未尽到责任的恐慌，你一定要记得！”

于是，司马迁在父亲临终的病榻前接下了遗命，并郑重承诺：“小子不敏，请悉论先人所次旧闻，弗敢阙。”意思是：“虽然我的能力有限，但我一定尽全力将先人所传下来的事迹毫无遗漏地记录下来。”

---

[1] 公元前481年获麟，公元前110年司马谈去世，这中间不到四百年。——编者注

04

司马迁的志愿

这就是司马迁写作《史记》的源头，其中包含深刻的父子感情，还有强烈的家世传统给予他的使命感。

作为太史，司马谈的核心工作就是将国家大事和朝廷的典章制度记录下来。汉武帝一朝最重要的大事，也可以说是汉朝建立以来最重要的大事，如果从典礼象征西汉一朝接续周朝的意义看，甚至是千年以来最重要的事，那就是汉武帝到泰山进行封禅之礼。

而身为太史的人竟然不能亲历，这是司马谈无法释怀的大挫败，他将这样的情绪传达给儿子，转化为要求儿子不仅要继续担任太史，而且要将太史的传统职责发挥到极致，也就是将古往今来的大事都详细地、明确地记载下来，以追模《春秋》的精神。

“卒三岁，而迁为太史令，紬史记石室金匮之书。五年而当太初元年，十一月甲子朔旦冬至，天历始改，建于明堂，诸神受纪。”意思是，司马谈死了三年后，司马迁继任为太史令。西汉有世袭的侯王，却没有世袭的官职，司马谈死了，他的儿子就接着当太史令，这并不是必然。这是父亲的遗命，是司马迁靠努力与坚持才实现的。

当上太史令，就可以读到朝廷里收藏的各种文献资料。在这个时候，朝廷的资料和外面流传的、能看到的还有很大的差距。因为秦朝焚书时，一般流传的书很快就被大批地毁损，但是朝廷里的书不受影响，被完整地保留下来了。

汉武帝改元为太初，就是因为这一年建立了新的历法，即太初历，这好像四季天时都重新开始了，也相应地给人一种新天新地的普遍刺激。

在这样的气氛下，司马迁立下了明确的志愿：“太史公曰：先人有言：‘自周公卒，五百岁而有孔子，孔子卒后，至于今五百岁，有能绍明世，正易传，继春秋，本诗书礼乐之际。’意在斯乎！意在斯乎！小子何敢攘焉！”

司马迁的志愿核心就表现在太史公这三个字上。他的自我认知，不是朝廷给他的官职太史令，而是一个更高的历史与文化的角色太史公，他立意要做对得起这个名号的事。他引用父亲的话说：“周公死后约五百年而有孔子，孔子死后到现在又差不多是五百年，该要有人继承这个传统并予以弘扬光大了。怎么做呢？以《诗》《书》《礼》《乐》为基础，继承《春秋》记载，并将《易》好好整理和解释。”最后，他再次确认：“就是这样！就是这样！这就是我决心承担的使命！”

司马迁引用的“先人有言”那几句话的意思是，要全面继承并发扬光大传统的王官学和儒学。但其中有一个问题：司马谈在《论六家要旨》中，不是明确地批判儒家的知识太过庞杂，“博而寡要”，会使人耗费太多的时间和心力吗？他不是清楚地倾向于赞同道家“以虚无为本，以因循为用”的原则吗？

如果这话真的是司马谈说的，那么他的重点应该是放在“正《易》传”和“继《春秋》”上吧？因为前者符合他“受易于杨何”的学问背景，后者则直接关系到太史的职掌。事实上，他的儿子司马迁注意的焦点，更集中在“继《春秋》”这件事上。

05

“继《春秋》”！

接着，司马迁以一段和大夫壶遂的对话，更清楚地表明了自己对“继《春秋》”这件事的思考。

上大夫壶遂曰：“昔孔子何为而作《春秋》哉？”太史公曰：“余闻董生曰：‘周道衰废，孔子为鲁司寇，诸侯害之，大夫壅之。孔子知言之不用，道之不行也，是非二百四十二年之中，以为天下仪表，贬天子，退诸侯，讨大夫，以达王事而已矣。’”

意思是，壶遂问：“孔子为什么要作《春秋》？”司马迁引用董仲舒的话说：“孔子明白，自己无法在当时的现实环境中实现他的政治理想，所以他就将理想的主要原则写在《春秋》里，以流传给后世。他的理想有三个重点：贬天子，退诸侯，讨大夫，并以此还原基于天道人伦的根本政治秩序（‘王事’）。”

这清楚地表明，当时从天子、诸侯到大夫，一层一层都违背了应有的秩序。孔子要谴责天子，因为天子没有天子的样子，没有承担天命，没有承担起给予天下太平安乐的责任；也要取消诸侯自行僭越的地位，把他们拉回其原本在封建制度中应有的位子；还要明确地讨伐那些野心勃勃地争取权力与利益的大夫。

那么，孔子为什么要以《春秋》来流传理想？“子曰：‘我欲载之空言，不如见之于行事之深切著明也。’夫《春秋》，上明三王之道，下辨人事之纪，别嫌疑，明是非，定犹豫，善善恶恶，贤贤贱不肖，存亡国，继绝世，补敝起废，王道之大者也。”

意思是，孔子说，因为《春秋》写的是具体的“行事”，而不是抽象的道理。《春秋》用实际发生的事来彰显高超的古老政治原则，辨别人与人互动规矩的细节；排除暧昧疑惑，明确判定是非，论定犹豫不决的事；肯定善，谴责恶，抬高贤能，贬抑无能；使被灭掉的国家在这里存在下去，现实上断了的宗法传承因此能够接续；补救坏了的，振起衰微的。总之，《春秋》在建立及护持王道上的作用是再大不过的。

接着，司马迁说：“《易》著天地阴阳，四时五行，故长于变；《礼》经纪人伦，故长于行；《书》记先王之事，故长于政；《诗》记山川溪谷，禽兽草木，牝牡雌雄，故长于风；《乐》乐所以立，故长于和；《春秋》辨是非，故长于治人。是故《礼》以节人，《乐》以发和，《书》以道事，《诗》以达意，《易》以道化，《春秋》以道义。拨乱世，反之正，莫近于《春秋》。”

意思是，六经皆有其特色与特长：《易》记录自然现象，长处在于彰显变化的法则;《礼》整理人伦规矩，长处在于教人如何行为;《书》保存古老先王的事迹，长处在于提供政治上的智慧;《诗》中有各种地理与动植物的描述，长处在于了解风土人情;《乐》探索人终极快乐的来源，长处是创造平和的氛围;《春秋》的重点则是分辨人事作为上的是非对错，长处是可以有效地管理人。

司马谈写了《论六家要旨》，司马迁在这里则相应地表现了一种同等简要却有力的“论六经要旨”。

司马迁认为，不同的知识用不同的方式发挥作用；当乱世之时，要将混乱失序的局面导正，最需要的就是《春秋》。因为“《春秋》文成数万，其指数千。万物之散聚，皆在《春秋》。《春秋》之中，弑君三十六，亡国五十二，诸侯奔走，不得保其社稷者，不可胜数。察其所以，皆失其本已。故《易》曰：‘失之毫厘，差以千里。’故曰：‘臣弑君，子弑父，非一旦一夕之故也，其渐久矣。’”

这也说明了为什么会有《春秋》，以及孔子为什么要在已有的经书之外，再作《春秋》？按照司马迁的理解，孔子这是为了以具体的人事显示，什么是普遍的、恒常的、应有的政治秩序与法则，即“王事”。“以达王事”则意味着传达这样的秩序与法则。要达到这样的目的，《春秋》采取的手段是“贬天子，退诸侯，讨大夫”，因为在他所处、所记录的时代中，从天子、诸侯到大夫，他们通通都不按照“王事”的道理进行作为。他们得到的结果呢？是一连串的灾难！

《春秋》仔细地罗列了这些灾难，并且用最为简要却严谨的方式，在几万字的篇幅中包纳了几千个教训。如此展现了如何让既有组织不致散乱瓦解的法则。在“万物之散聚”中，更重要的在于“散”，而且《春秋》主要处理的是“万物”中的人。近三百年间，君王有三十六人被杀，诸侯国有五十二个被灭，原本存在的封建组织以如此惊人的速度瓦解了，为什么？因为“失本”，即人不再遵循“王事”的根本道理了。

“故有国者，不可以不知《春秋》，前有谗而弗见，后有贼而不知。为人臣者不可以不知《春秋》，守经事而不知其宜，遭变事而不知其权。为人君父而不通于《春秋》之义者，必蒙首恶之名。为人臣子而不通于《春秋》之义者，必陷篡弑之诛，死罪之名。其实皆以为善，为之不知其义，被之空言而不敢辞。”

也就是说，正因为《春秋》的很大一部分，是呈现错误的示范，以警惕所有牵涉在政事里的人。所以当统治者的，不懂《春秋》的话，就会看不到别人面对他时别有用意的谄媚，也警觉不了别人在其背后的算计。当臣子的，不懂《春秋》的话，就很容易死守着标准的作业程序，却无法自己思考或弄懂对错的原则，一旦遇到了不一样的情况，就不会有权衡变通的能力或智慧。

同时，因为《春秋》记录的错误示范历历在目，所以当人君的不了解这些道理，就会落得罪魁祸首的恶名；当人臣的不了解这些道理，就会犯下不可弥补的错误，即因阴谋篡位和杀害君父而给自己招来杀身之祸，落得死罪之名。其实，他们都以为自己在做好事，只是不知道该怎么做，所以受到毫无根据的批评也不敢反驳而已。

为什么会这样呢？司马迁接着说："夫不通礼义之旨，至于君不君，臣不臣，父不父，子不子。夫君不君则犯，臣不臣则诛，父不父则无道，子不子则不孝。此四行者，天下之大过也。以天下之大过予之，则受而弗敢辞。故《春秋》者，礼义之大宗也。夫礼禁未然之前，法施已然之后，法之所为用者易见，而礼之所为禁者难知。"

意思是，《春秋》最主要的内容，就是彰显礼义有多重要，并教人礼义的法则。君臣父子都有其规范的礼义，内化了礼义，人就不会做不该做的事，也就不可能触犯法律，这样才能创造出一个和平安定的秩序。在这方面，礼义的作用，比法的重要得多了。可惜，很多人都只看得到法表面的、明显的作用，相对看不到，也不了解礼义潜藏的、更巨大的作用。

06

如何才能“继《春秋》”

太史公说清楚了自己对《春秋》的看法之后，壶遂提出了关键的质疑：“壶遂曰：‘孔子之时，上无明君，下不得任用，故作《春秋》。垂空文以断礼义，当一王之法。今夫子上遇明天子，下得守职，万事既具，咸各序其宜，夫子所论，欲以何明？’”

也就是，壶遂质疑说：“《春秋》是孔子为应对乱世，要为乱世提供警戒，要拨乱反正而作的。你现在要继《春秋》，那你的意思是我们这个时代也是同样的乱世，所以你觉得应该效法孔子作《春秋》的精神来写历史？我提醒你，这样的看法有问题！我们现在，上面有英明的皇帝，下面有能干称职的臣子，样样事物都井然有序，如此，你想说明什么呢？”

这真是个尖锐的问题啊！壶遂实际上是在提醒太史公：“你用

这种方式看待《春秋》，却又要在今天继承《春秋》的精神，这要得罪多少人！上至皇帝，下到众臣，相当于一并都被你否定了！你真的觉得还要采取这样的态度与立场？”

太史公用六个字回答了壶遂的这个关键且带挑衅意味的问题：“唯唯！否否！不然！”这样的回答恐怕要翻译成英语，反而会更明确、更传神，因为现代英语里有很类似的表达：Yes and no. Rather more no than yes（你说得对，但也不对，道理不应该这样说。）

太史公说：“余闻之先人曰：‘伏羲至纯厚，作《易》八卦。尧舜之盛，《尚书》载之，《礼》《乐》作焉。汤武之隆，诗人歌之。《春秋》采善贬恶，推三代之德，褒周室，非独刺讥而已也。’”

因为六经各有来历，也产生于不同的时代。所以司马迁说，他听先人说过，《易》出现的时间最早，它来自伏羲；《尚书》出现的时间比《易》的晚一点，它记录尧舜以来的盛世，在这时也开始有了《礼》和《乐》的内容；到商与周时，又有《诗》保留了当时的情况。

《春秋》出现的时间最晚，所以它就能够立足于过往的三代（夏、商、周）的基础上，整理出其之所以为盛世的道理，分辨善恶，因而它不单单是批判、讽刺而已。换个角度说，《春秋》之所以如此批判、讽刺，采取的就是三代以来，保存在周王室的普遍标准，宣扬这标准，和批判、讽刺同等重要，甚至更加重要。

然后，司马迁写了一段最难读的文字：“汉兴以来，至明天子，获符瑞，建封禅，改正朔，易服色，受命于穆清。泽流罔极，海外殊俗，重译款塞，请来献见者，不可胜道。臣下百官，力诵圣德，犹不能宣尽其意。且士贤能而不用，有国者之耻；主上明圣而德不布闻，有司之过也。且余尝掌其官，废明圣盛德不载，灭功臣世家贤大夫之业不述，堕先人所言，罪莫大焉。余所谓述故事，整齐其世传，非所谓作也。而君比之于《春秋》，谬矣！”

这一段之所以最难读，不是文义的问题，因为字面上的意思很清楚，它是对当时西汉一朝的一连串赞颂，如称赞皇帝的成就，宣扬对外的功绩等。然后说，所有当臣下的都有责任布闻“主上明圣”，更何况当太史的。自己要做的，是“述故事，整齐其世传”，而不是写像《春秋》那样的著作。

难读的是作者的用意。他是要这样写作吗？他明明前面特别提到了父亲的遗命，即要他“继《春秋》”，这才有壶遂之问，然后他们进行了一大串关于《春秋》的讨论。说了这么多后，结论却是：“啊，我所做的事，和《春秋》无关。”如果真的和《春秋》无关，那这一大段根本就不必放到自序里了。

稍微察看一下《史记》的内容，就很容易判断出这段话与事实明显不符。太史公所记录的汉武帝朝绝对不是以“获符瑞，建封禅，改正朔，易服色，受命于穆清”为基调的。其中，与封禅有关的内容写在“封禅书”里，且除了封禅本身之外，“封禅书”还记录了汉武帝的很多求神弄鬼以致被骗的事。

而关于汉武帝朝的“名臣”，《史记》中让人留下最深刻印象的，首推“酷吏列传”里的那些酷吏。就连对在外开疆拓土，打败匈奴和使西域臣服的过程中的人物，《史记》先写的，都是我们上一章提到的“李将军列传”。这部分内容读来一点都不让人振奋，反而让人充满了悲哀。

单纯从文章上看，司马迁在自序的前面写父亲的临终之言，说的是：“今汉兴，海内一统，明主贤君，忠臣死义之士，余为太史而弗论载，废天下之史文，余甚惧焉，汝其念哉！”

如果从这个地方，直接接到“余尝掌其官，废明圣盛德不载，灭功臣世家贤大夫之业不述，堕先人所言，罪莫大焉”，那么岂不是更顺理成章？也就是，父亲吩咐他要将西汉一朝的功业记录下来，他果然遵循了父亲的遗命，写了《史记》来记录西汉一朝的功业。既然如此，那他为什么还要在这两段话的中间，插入这么长的内容？

这样做的关键就在于，讨论《春秋》，彰显《春秋》。司马迁先肯定《春秋》，再否定自己做的事和《春秋》有关，这是他不得已的隐晦表志。他自认继承的父亲遗命，重点不在于前面说的论载明主贤君，而在于后面说的“先人有言”的“继《春秋》”。也就是说，孔子之后约五百年，他要继承《春秋》的精神，用他的《史记》同样来“贬天子，退诸侯，讨大夫”，以具体的历史事迹彰显“王事”的终极道理。

以这个终极道理为标准来衡量，汉武帝怎么会是“明主贤君”呢？但太史公又怎么能在汉武帝朝明确地表示，自己要以“王事”的标准来“贬天子”呢？所以，他只好用迂回的形式表志，即一方面张扬《春秋》的大义，一方面明确地否认自己和《春秋》精神间的关系。

07

司马迁的信念

司马迁这段回答壶遂的质疑，进而对汉武帝歌功颂德的话，是出于他“掌其官”的立场的。因为司马迁担任的官职是太史令。但他真正用来写《史记》的身份，却是太史公。这就是为什么他在书中从头到尾坚持以太史公自称。

卫宏关于太史公的记录当然是错的。因为西汉没有一个正式的官职叫太史公，这个头衔是司马迁尊称他的父亲的，以突显他们司马家和历史之间的关系的出现时间，远早过当前的西汉的。更重要的是，这是他的自我认知与自我期许，即他要做的和他所做的事，可追溯到更高的史官理想，也就是，勇敢地承担从孔子之后约五百年间近乎消失了的《春秋》精神。

《史记·太史公自序》的结尾，也是《史记》全书的结尾处有一句话："凡百三十篇，五十二万六千五百字，为太史公书。"这句话绝对是司马迁最终写出来的，他连全书定稿的总字数都算好了，且一定要强调此书"为太史公书"。也就是强调写这部书的人，不单纯是那个活在汉武帝朝的司马迁；而这部书也是司马迁以太史公的身份与理想，超越了个人有限的现实生命条件，追溯并继承了千年的智慧所完成的。

写下"为太史公书"这几个字时，司马迁已经不是太史令了。被李陵投降匈奴的事件拖累，他被下狱，受宫刑，成了内官。驱使他接受宫刑苟活下去的力量，就是为了完成《史记》。《史记》大过且高过他自己的生命。而经历了这一切之后，他就不再是那个接受皇帝命令担任太史令的人，而是怀抱着历史使命，不得不忍辱负重的太史公。

他的这段艰苦且备受折磨的心路历程，被记载在另外一篇重要的文献《报任安书》中。在给任安的这封回信里，太史公明确地说："文史星历，近乎卜祝之间，固主上所戏弄，倡优畜之，流俗之所轻也。"意思是，他说："太史令是什么了不起的官吗？不，在西汉，太史令管天文和历法，其地位和宫中看相算命的差不多，皇帝只是将之当倡优畜养，并没有看在眼里，一般人也不觉得其有什么重要。"

其实，他的父亲司马谈担任的，也就是这样无足轻重的官职。但司马迁为自己，也为历史文明新塑了一个完全不一样的角色——太史公。这个头衔及其使命都是他发明的，他自己也承担了，还将这样崇高的文化梦想投射到父亲的身上，以抬高父亲，显扬父亲。

我们很习惯地认定，中华民族是一个历史悠久的民族，历史对中国人和中国文化来说，是再重要不过的。然而，中国人和历史之间的这种亲密关系，并不是天上掉下来的，是有来历的，有发展过程的。

周朝的封建制度是其中关键的催化因素，封建建立在长远且复杂的亲族关系的记忆上，而有了强调保存过去经验的态度。周文化开启了一种向后看，即看历史过程的习惯。然而，这样的习惯在太史公司马迁这里，就有了重要的变化。

在《史记》之前，除《春秋》之外，《战国策》保留了许多战国时代的故事，然而在性质上，《战国策》不是历史书，而是训练纵横家用的教科书。《韩非子》或《吕氏春秋》中也有很多的历史故事，但前者是以历史故事来示范法家的道理，后者是以历史故事来证明一种整合的世界观。这些书中的历史故事并没有独立存在的意义。

太史公司马迁最大的成就就在于，他建立了历史的目的性，即历史不再是其他知识理论的附庸手段。他清楚地知道，用这种方式对待历史，写历史，在他所处的时代环境中，非但不讨好，而且会带来危险，但他坚持如此追求，因为这是他的深刻信念。

这是一种什么样的信念，又何以如此强烈？那就要继续读《报任安书》。

08

司马迁《报任安书》坦陈真实的心迹

《汉书·司马迁传》在抄完了《史记·太史公自序》后，接着抄《报任安书》之前，只加了一段简短的说明。

即“迁既被刑之后，为中书令，尊宠任职。故人益州刺史任安予迁书，责以古贤臣之义。”意思是，司马迁受了宫刑后，因不能再留在外朝当太史令，而被调入中朝，担任中书令。中书令的主要工作就是跟在皇帝的身边，帮皇帝整理相关的文书资料。当中书令时，司马迁很受汉武帝的宠信，成了皇帝身边的红人。于是，过去的老友任安写了一封信给他，信的内容是“以古贤臣之义”指责他的。

任安指责他什么？为什么说是“责以古贤臣之义”？任安给他的信，写于太始四年（公元前93年），它的主要内容是提醒司马迁："你现在有很大的影响力，也就有责任给皇帝好的建议，尤其是在用人方面，皇帝的身边老是围着那些没能力或品格有问题的人，相对地，你知道、你认识的有能力、有操守的人，却并没有因为你的得宠而被皇帝重用，这显然是你没有尽到推荐的责任。"

所以在回信中，司马迁一开始就针对任安的提醒说："曩者辱赐书，教以慎于接物，推贤进士为务。意气勤勤恳恳，若望仆不相师，而用流俗人之言。仆非敢如此也。仆虽罢驽，亦尝侧闻长者之遗风矣。顾自以为身残处秽，动而见尤，欲益反损，是以抑郁而无谁语！"

意思是："你叫我努力推贤进士，语气诚恳，好像觉得我不懂这些道理，沉沦到与流俗为伍一样。我绝对没有你想象的那么糟糕，再怎么笨，再怎么无能，我总是听过、看过那么多长者的风范。之所以被你误会，实在是我已经是刑余之身，做的是别人不愿做、看不起的内官工作。我向皇帝推荐谁，非但不会有帮助，说不定反而会害了那个人。你们在外面看到的'尊宠任职'，和我在里面真正经历的，有很大的差距。我的这种痛苦能跟谁说，谁会理解？"

司马迁接着说："……书辞宜答，会东从上来，又迫贱事，相见日浅，卒卒无须臾之闲，得竭指意。今少卿抱不测之罪，涉旬月，迫季冬，仆又薄从上上雍，恐卒然不可讳。是仆终已不得舒愤懑以晓左右，则长逝者魂魄私恨无穷。请略陈固陋。阙然不报，幸勿过。"

司马迁给任安的这封回信，写于征和二年（公元前91年），此时距任安给他写信已有两年之久。所以，他必须解释这么久没有回信的理由，除了忙之外，另外本来想见面好好说的，因为信上说不清楚。那为什么这时又写了回信呢？因为很不幸，他恐怕自己再也见不到任安了。

这一年，发生了戾太子案，任安被牵连。太子和宰相兵戎相见，当时担任益州刺史的任安，没有在第一时间发兵帮助宰相，事后就被清算了。

汉武帝痛骂任安说："是老吏也，见兵事起，欲坐观成败，见胜者欲合从之，有两心。安有当死之罪甚众，吾常活之，今怀诈，有不忠之心。"意思是，汉武帝认为任安是个油滑的老官僚，看到两边打仗，任安故意按兵不动，先观望哪边赢再投靠过去，根本不是真正忠心地向着皇帝。他过去就已经有不良记录了，汉武帝都没有追究，这次不能再饶他了。

任安被判了死罪。冬天快到了，司马迁又必须跟随汉武帝去上雍，如此一来，等回到长安，很可能任安已经永远不在了。如果那样，那老友就永远不能理解司马迁的愤恨之情，至死都以为他就是这样一个不堪的人。所以，司马迁不能不写这封信，以在任安死前坦白自己的心情。

另一件事，他也要解释清楚，那就是李陵案。

司马迁之所以为李陵求情，以致惹来汉武帝的大怒，是因为他所了解到的李陵的遭遇是："李陵提步卒不满五千，深践戎马之地，足历王庭，垂饵虎口，横挑强胡，印亿万之师，与单于连战十余日，所杀过当。虏救死扶伤不给，旃裘之君长咸震怖，乃悉征左右贤王，举引弓之民，一国共攻而围之。转斗千里，矢尽道穷，救兵不至，士卒死伤如积。然李陵一呼劳军，士无不起，躬流涕，沬血饮泣，张空弮，冒白刃，北首争死敌。”

这一段是中国文学史上的经典，它描述了李陵的遭遇。他带着不到五千人的兵力，深入匈奴之境，直到单于势力中心的所在之处，这简直像是一块送到老虎面前的肉饵一样。李陵的祖父李广只身遭遇老虎都不怕，李陵也毫不顾忌自身兵力的微弱，带领汉军和单于大军缠斗十几天，他们造成匈奴的死伤，超过汉军所能承受的。

李陵的领军行动引得匈奴震撼，匈奴集结大军来对付他们。李陵带领士兵一路转战，他们在箭用完了，能利用的道路也都走完了后，却仍然等不到救兵。虽然士兵死伤惨重，但只要李陵一声令下，残剩的士兵都仍然勉力奋起。因为李陵和他的祖父一样，永远和士兵共同战斗。

09

司马迁为李陵辩护而招辱

这样的人，在这样的绝境中战败投降，是情有可原的。所以在朝廷上，司马迁要为李陵求情。司马迁对汉武帝说的，也不过就是在信里说给任安听的这些理由，这却惹得汉武帝大怒，司马迁只有忍受最不堪的宫刑才能苟活下来。

他用极其悲痛的方式表达自己受宫刑的痛苦："太上不辱先，其次不辱身，其次不辱理色，其次不辱辞令，其次诎体受辱，其次易服受辱，其次关木索、被箠楚受辱，其次剔毛发、婴金铁受辱，其次毁肌肤、断肢体受辱，最下腐刑，极矣。"

意思是，什么是"受辱"？受辱有高下等级之分，第一等是不辱祖先，光耀门楣；第二等是至少不要让自己受辱；第三等是不要受到别人的脸色侮辱；第四等是不要受到别人的言语侮辱……从被降爵位，被打，被加诸永久的印记在身上，被砍手脚等，这样一直排下来，最后、最糟糕的刑罚，才是第十等的宫刑。

司马迁要在任安死前，辩驳一个他绝对无法忍受的误解，那就是任安在信中所说的“尊宠任职”。他是怎么活下来的？他是接受了比死还要痛苦的屈辱活下来的，而施以他这种极端痛苦的不是别人，正是汉武帝，而且这是在司马迁自认有理，即他只不过为李陵说了几句公道话的情况下，就被汉武帝施以这样的非人待遇的。

他的真实遭遇如此，却被别人看作他因为受了宫刑，能够进入中朝接近皇帝，所以得了好大的权力，占了好大的便宜！任安还进而“以古贤臣之义”责怪他，这对司马迁来说，情何以堪！

任安的第一个错误，是他以为司马迁得志了。司马迁以那样的身份，服侍那样的皇帝，是件多可怕、多痛苦的事，怎么可能得志？任安不了解汉武帝是怎样的一个人吗？而且，司马迁只不过为李陵说了几句话，就付出了那么惨重的代价，他还能如何像任安期待的那样向皇帝推荐人才呢？

司马迁所理解的李陵，以及他和李陵的关系，他在信中做了清楚的交代：“然仆观其为人，自守奇士，事亲孝，与士信，临财廉，取予义。分别有让，恭俭下人，常思奋不顾身，以殉国家之急。其素所蓄积也，仆以为有国士之风。夫人臣出万死不顾一生之计，赴公家之难，斯已奇矣！今举事一不当，而全躯保妻子之臣，随而媒孽其短，仆诚私心痛之。”

意思是，司马迁认为，李陵是个奇才，他难得地将孝、信、廉、义四大优点集于一身。他对部下好，对朝廷又有强烈的责任感。他的人格质量是国士等级的。遇到了状况，他也立即无私地承担起使命，够了不起了！这么好的人才，结果呢？因为他无法控制的恶劣情况而未能得到好的成就，朝中所有人品远远不如他的人，完全不曾承担任何危险的人，竟然都争先恐后地诋毁他，这让司马迁看不下去。

这些人是什么模样呢？"陵未没时，使有来报，汉公卿王侯皆奉觞上寿。后数日，陵败书闻，主上为之食不甘味，听朝不怡。大臣忧惧，不知所出。"意思是，李陵还在拼死奋战时，消息传回来，这些人举杯向皇帝恭喜，极尽谄媚之能事。李陵战败投降的消息传回来后，皇帝气得吃不下饭，朝廷里的氛围凝重，他们就又担心又害怕，不知道该怎么办了。

"仆窃不自料其卑贱，见主上惨凄怛悼，诚欲效其款款之愚，以为李陵素与士大夫绝甘分少，能得人之死力，虽古之名将，不能过也。身虽陷败，彼观其意，且欲得其当而报于汉。事已无可奈何。其所摧败，功亦足以暴于天下矣。"

也就是说，司马迁清楚地知道自己和这些人不一样。他看到了李陵的正面价值，想安慰皇帝不需要那么难过。李陵已经做到了自古以来的名将都不见得做得到的程度，而且按照他的人格与个性，就算投降匈奴，心中一定还是在找机会继续报效朝廷的。虽然对李陵投降的结果无可奈何，但朝廷仍然可以表扬他一路奋战的成绩，使之广为天下所知。

"仆怀欲陈之，而未有路，适会召问，即以此指，推言陵之功，欲以广主上之意，塞睚眦之辞。未能尽明，明主不深晓，以为仆沮贰师，而为李陵游说，遂下于理。拳拳之忠，终不能自列。因为诬上，卒从吏议。家贫，货赂不足以自赎，交游莫救，左右亲近，不为一言。”

意思是，司马迁想对汉武帝表达这样的意见，但他的地位、身份远不如那些大臣的，他根本接近不了汉武帝。还是刚好被汉武帝召见，他才趁机说明了自己对李陵投降的看法，期待这能让汉武帝看得广一点，也能阻挡一些恶意诽谤的说法。但这没有用，汉武帝不仅听不进去，还认为司马迁的说法是在为李陵开脱，还会打击士气，便下令将司马迁下狱，让他面对那些酷吏。

司马迁忠心一片，却换来这样的结果，即不仅被扣上“大不敬”的罪名，还不得不听从酷吏的判决。因为他的家里没有足够的钱来赎罪，而平常交游的朋友和“左右亲近”，也没有人愿意帮忙说话。

这里的“左右亲近”，恐怕也包括任安吧？司马迁为李陵说话而获罪，也就没有人再敢为李陵说话了。谁敢冒触怒皇帝的危险，说出真正的是非道理呢？

10

司马迁的苦衷和贡献

汉武帝以酷吏对付朝臣的做法，违背了历史所提供的政治原则与智慧。

“传曰：‘刑不上大夫。’此言士节不可不勉厉也。猛虎在深山，百兽震恐，及在槛穽之中，摇尾而求食，积威约之渐也。故士有画地为牢，势不入；削木为吏，议不对，定计于鲜也。”

意思是，过去规定“刑不上大夫”，就是为了保护并激励士大夫的自尊。在山里威风凛凛的老虎，别的动物都怕它，但它一旦被关进笼子里，就变得对人摇尾巴讨食物了，这就是失去自尊的结果。因而，过去的制度，就算只是象征性地画几条线围起来当作监牢，士大夫基于自尊都不愿走进去；象征性地放个木头人当作吏来问罪，士大夫基于自尊都是不回应的，免得习惯了就不再自重了。

司马迁是了解并看重士节的人，却忍受了最没有尊严的第十级的至极侮辱活下来。他要让任安知道，这对他来说是多么残忍的决定。他要任安站在他的立场想想，为什么他要活下来？可能只是因为怕死吗？可能是为了求取皇帝的原谅，得以“尊宠任职”吗？

当然不是。苟活，就是为了《史记》，为了一个更高的、继承《春秋》以历史来彰显内在的深刻人间道理的使命。虽然他在自序中口口声声称这是父亲的遗命，但我们越读越明白，他认定的使命其实已远远超过司马谈所想象、所交付的了。那是他自己衷心地打造出来的终极的生命意义和关怀。遭李陵之难前，他就已经认定这项使命高于任何现实的追求。

司马迁说：“仆窃不逊，近自托于无能之辞，网罗天下放失旧闻，略考其行事，综其始终，稽其成败兴坏之纪。上计轩辕，下至于兹。为十表，本纪十二，书八章，世家三十，列传七十，凡百三十篇，亦欲以究天人之际，通古今之变，成一家之言。草创未就，会遭此祸，惜其不成，是以就极刑而无愠色。仆诚已著此书，藏之名山，传之其人，通邑大都，则仆偿前辱之责，虽万被戮，岂有悔哉！然此可为智者道，难为俗人言也。”

意思是，他要写的，是从有记录的历史开端，一直写到当代，罗列许多人不知道或遗忘了的材料，借由人的具体行为归纳成败兴坏的规则。全书的结构井然，一共有五大类，共一百三十篇。就是因为这本书还没有写完，所以他才坦然地面对最屈辱的宫刑，而没有呼天抢地。发生李陵案时，如果书已经写完了，已经确保一定会流传下去，那他就没有遗憾了，一定会选择就死。

但这样的道理，能说给谁听？一般人谁听得懂，谁能了解？他们一定只看到一个贪生怕死，宁可受最严重侮辱也要赖活的人。所以，这些话他无法跟一般人说。

这是何等雄伟的人格！他对自己为什么而活再清楚不过。他给自己设定了一个超越现实，超越当下时代的梦想，并且愿意付出智慧、劳力乃至屈辱的代价去实现。即便经历了不可思议的非常变局，他都还是忠于自己的理想，硬撑着完成了这本书。更惊人的是，他还在书中确切地达成了自己设定的至高目标——以历史来“究天人之际，通古今之变，成一家之言”。

这三句话，由太史公司马迁提出，在他完成的《史记》中得以实现，两千年多来，它们成了中国史学最重要的精神核心，也是中国史学极难达成的、无法超越的伟大标准。

第六讲

昂扬精神的文字表达

01

究天人之际，通古今之变，成一家之言

太史公自述，他写《史记》的目的是要“究天人之际，通古今之变，成一家之言”，如果没有如此崇高的理想，那他就不会忍辱苟活。那他的这几句话，到底意味着什么？

什么是“究天人之际”？这牵涉什么是天等。在自序中，太史公表达得很明确，虽然他的父亲司马谈在思想上倾向于道家，但他自己的根本信仰，尤其是和历史有关的部分，绝对来自儒家，来自《春秋》。所以，他所说的天，不会是神秘奇怪的存在，也不会是干预人世的超越意志的神。

《史记·六国年表》中有一段话：“秦始小国僻远，诸夏宾之，比于戎翟，至献公之后常雄诸侯。论秦之德义不如鲁卫之暴戾者，量秦之兵不如三晋之强也，然卒并天下，非必险固便形势利也，盖若天所助焉。”

因为“六国年表”列出了战国时期的主要大事，而其中最明显的变化，是秦的兴起。所以太史公说，秦原本地处边陲，是个其他中原诸国不太看得起的小国，它甚至比野蛮的戎狄没好到哪里，但从秦献公之后，秦经常凌驾在东方诸国之上。从“德义”的标准看，秦和鲁、卫这些古国差太远太远了；从军力的标准看，秦也没有比韩、赵、魏这种新兴的国家强。秦最终得以兼并天下，似乎不是地理或其他形势条件能说明的，只能说是“若天所助”。

这是《史记》中典型的对“天”的解释——无法用人事的道理来完整解释的，那是天。太史公用天来解释秦的崛起，有意思的是，他也用“岂非天哉”来解释汉高祖刘邦的成功。此中有深意。在成王败寇的观念下，西汉人创造出了许多关于汉高祖的神话，这些神话几乎成了西汉的基本常识，但太史公写历史，不会随便陷入这种习惯中。他不接受成功者一定是好人或者一定是英雄的前提，坚持要在历史书写中弄清楚，他们是什么样的人，以及是为何、如何成功的等。

当他用“岂非天哉”评论汉高祖时，也就意味着，他认为在汉高祖的成功中有不是人事所能解释的，也就是其中有许多运气的成分。什么是人的努力与成就，什么是来自天的不可测的运气，正是历史应当认真追究的。

另外，《史记·伯夷列传》中有一段话：“或曰：‘天道无亲，常与善人。’若伯夷、叔齐，可谓善人者非邪？积仁洁行如此而饿死！且七十子之徒，仲尼独荐颜渊为好学。然回也屡空，糟糠不厌，而卒蚤夭。天之报施善人，其何如哉？盗跖日杀不辜，肝人之肉，暴戾恣睢，聚党数千人横行天下，竟以寿终。”

也就是说，那究竟什么是天？通俗的信念认为，天会帮助好人，站在好人好事这边，但这样的信念是经不起推敲的，伯夷、叔齐是其中最好的例子。历史上很难再找到比他们的气节更高的人了，但他们得到的待遇是什么？是被饿死在首阳山上，天并没有照顾他们。

类似的还有颜渊，他是孔子弟子中德行最高、最杰出的，却一生穷困，而且刚刚活到四十岁就死了。相反地，历史上有名的大盗杀了很多无辜的人，干尽了抢劫的坏事，还聚众扰乱社会，这样的人却寿终正寝。

天可能公平吗？

写历史，一定要“究天人之际”，即分辨清楚什么是天决定的，什么是“人”决定的。颜渊死得早，这是天而不是人决定的，也是超越人力控制的偶然，我们无法从这样的事情中获得关于人的行为因果的教训或启发。相对地，《春秋》中所记载的“弑君三十六，亡国五十二”，绝大部分是因为“人”，即因人的错误行为而导致这样的祸害。《春秋》借由记录“弑君三十六，亡国五十二”教人如何认知人伦与政治上的基本原则，并提醒和示范如果违背了这些基本原则，会带来怎样的连锁反应等。

历史的重点，在于彰显人，尤其是彰显管理者的行为的法则。但要达成这样的目的，就必须首先知道在人之外，有天，即有非人所能控制的偶然因素。所以，我们必须将“天”和“人”区分开，不然对人的法则的整理就无法合理了。

一般人不懂“天人之际”，看到颜渊死得早，盗跖寿终，很自然的推论就是：“那干吗当好人呢，还是当坏人比较有利吧！”只有将天和人区别开，确切地了解人能为自己决定，也就是能为自己负责的是什么，历史教训才有意义，也才有分量。如果杂混着天和人，看起来没有任何规律可言，人所做的事和所得到的结果可以都不一样，那整理历史、呈现历史又有何意义？

02

太史公的独特设计

“究天人之际”原则的贯通，让太史公写出了很不一样的历史，这就是他“成一家之言”的条件。后世有了正史的固定观念后，又将《史记》置于正史之首，这使太史公“成一家之言”的用意、精神被埋没、被忽略了。太史公绝对没有想写一本正史，他写《史记》就是要摆脱当时流行的历史书写方式，而写出贯穿着独立、独特原则的“一家之言”。

太史公解释《史记》的结构：“罔罗天下放失旧闻，王迹所兴，原始察终，见盛观衰，论考之行事，略推三代，录秦汉，上记轩辕，下至于兹，著十二本纪，既科条之矣。并时异世，年差不明，作十表。礼乐损益，律历改易，兵权山川鬼神，天人之际，承敝通变，作八书。二十八宿环北辰，三十辐共一毂，运行无穷，辅拂股肱之臣配焉，忠信行道，以奉主上，作三十世家。扶义俶傥，不令己失时，立功名于天下，作七十列传。”

这种后来被称为纪传体的结构，是太史公发明的，为什么要有本纪、表、书、世家、列传，太史公也说得清清楚楚。换句话说，这样的结构是和他对历史的功能及目的的认识紧密关联的，也是他为了达到自己所认识的历史的功能和目的特别设计的。

《汉书》就沿用了纪传体。正史的传统形成后，纪传体又成了正史的基本体例。同为纪传体，《史记》和后来的其他正史之间，存在着很大的差异，那就是《史记》有“成一家之言”的用意和精神。对太史公来说，纪传体的设计与运用，是实践其“成一家之言”的有机组成部分，他用了过去没有人用过的、复杂的、彼此相连的形式记录历史，以便让读者能够从阅读中掌握“天人之际”和“古今之变”的分析和智慧等。

其中，本纪记载的是最高当政者的作为，同时发挥对大事提纲挈领的作用。然而就连在排比帝王的世系上，太史公按照其原则形成的史识，都有不同于当时且不同于后世的安排。最特别的，是他列了“项羽本纪”。这不完全是为了抬高项羽在历史上的地位，更重要的是，他借这样的一篇本纪说明秦末的真实局势。

在从秦实质灭亡，到汉高祖统一全局的这段时期中，项羽是真正的统治者，虽然他挂的头衔是“西楚霸王”，但现实上，所有的王，当然包括刘邦的汉王都是他封的，名义上地位比他高的义帝（怀王熊心）也被他杀了。

刘邦建立的新朝代，不是打败秦而有的，而是在攻灭了项羽后形成的。虽然西汉在建立初期，依五行相生相克的说法，将自己定为水德，表示自己是承秦朝的水德而来的（汉武帝时改为土德），但太史公从历史解释的角度，将项羽放进本纪中，加在秦汉之间，这突显了楚汉相争的重要性。

亡秦的，是项羽，不是刘邦。刘邦的功业，刘邦及其身边的功臣在历史上的主要功绩，是打败了项羽，而不是灭秦。这是太史公看到的，也是他在《史记》中如此有效地传达给我们的。

另外，在《史记·高祖本纪》之后，接的是“吕太后本纪”，而不是“惠帝本纪”，《史记》也没有“惠帝本纪”。《汉书》就做了不同的安排，它既有“惠帝本纪”，又有“高后本纪”，且一先一后。

《汉书》着眼的，是帝王继承的形式，汉高祖的帝位传给了汉惠帝，所以它要先有“惠帝本纪”。太史公要诉说的历史，实质比形式重要，所以，他没有写“惠帝本纪”，这明确地表示，在吕后的掌握下，汉惠帝从头到尾都不曾真正地行使过皇帝的权力，这段时期的统治功过，在吕后而不在汉惠帝的身上。

而且《史记》通称的吕后，《汉书》改成了高后。称“吕后”而不称“高后”，也有太史公的用意。在他“成一家之言”的历史判断中，吕后并不安于当汉高祖的皇后，她企图建立自己的吕姓王朝，只是没有成功而已。在吕后掌权的时间里，她要建立吕姓王朝的野心，是促成历史变动的主要力量。要了解“古今之变”，就不能不看到这个重点。

除了本纪之外，对世家，太史公也有特别的设计。他设有世家，是为了对应封建制度中的贵族身份。太史公将封建时代主要封国的历史，写在世家中，也将有特殊人格或经历表现的重要人物，写在世家中。

虽然孔子从来没有被封王，但太史公写的是“孔子世家”而不是“孔子列传”。如此自我破例，就突显了孔子的非常地位。孔子的成就，不是封建的身份、地位所能限制的，他所得到的尊崇，远远超过许多封建的贵族。破格将孔子写入世家，再加上“仲尼弟子列传”，这使孔子的历史意义得以标举出来。

《史记》另外还写了“陈涉世家”，它记录的是陈胜的事迹等。陈胜既未得周朝封建王侯的身份，也没有活到西汉，当然也就没有接受过汉高祖的封王，照理说，他不应该被放进世家里。太史公破例抬高他的地位，在某种意义上，这和将项羽列入本纪有同样的历史解释作用。因为秦末之乱，是由陈胜揭竿而起拉开序幕的，他是划时代大变化的明确启动者。要明白秦之所以亡，不能只看刘邦，也不能只看项羽，还要看陈胜在关键时刻所带来的震撼效果。

03

《史记·封禅书》与《史记·平准书》

在《史记》中，本纪以帝王为主，并借此将大事按照时间顺序排列出来，这使其本身带有编年史的功能。且在本纪中只列出纲要的事件，在世家和列传中会有通过人物呈现的具体细节。表，则将历史上变化最动荡、最复杂的时代，分项罗列，以让人一眼就能掌握在各个不同的领域中所发生的事件之间的时间关联等。

此外，还有一个结构是书。《史记》中，其他的结构都是以人为主的，相对而言，书则是以事为主的叙述。以事为主，就能突显制度、社会组织和人情风习等力量在历史上产生的作用，并屏除看历史时以为一切都在人的意志控制之中的误解。构成历史和决定历史走向的，有很多是集体性和结构性的因素，而它们不在任何人的主观控制之中。

在《史记》的八篇书之中，“封禅书”尤其具有“成一家之言”的特殊意义。“封禅书”的开头，表面上先说明为什么在历史中会有这么一段特殊的记录，然后罗列了过去封禅的种种状况。但仔细读就会发现，封禅明确地以秦始皇为分界，在秦始皇之前，与在秦始皇之后相比，封禅的概念和做法，大不相同。

如果从秦始皇这边看，那么封禅的来历其实很可疑。封禅不是来自古老三皇五帝的传统，而是源自秦“坐西址”的祭祀。而这又是秦受到西戎的影响而有的习俗。换句话说，封禅非但不是像有些人宣称的，是古代礼乐制度的至高仪式，反而是东周礼崩乐坏时，秦套用边陲地区的西戎的习俗而来的。

还不仅如此。在秦始皇的手里，封禅又加上了当时流行的方士求仙的观念。这是来自东方另外一种在礼乐崩坏后崛起的不经之谈。藏在《史记·封禅书》字里行间的历史考据的结果是，封禅事实上是与古代圣王无关的，而是由一西一东两个非中原的迷信系统经过古怪的结合而形成的。因而，秦始皇进行封禅，就惹出了种种荒谬的事情。

《史记·封禅书》说完秦始皇的封禅后，就开始说西汉的封禅情况。它先简短地提了一下汉文帝和汉景帝与封禅的故事，然后详细地描述了汉武帝时的封禅情况。关于汉文帝，太史公主要记录了新垣平如何天花乱坠地提倡封禅，但被汉文帝看穿是诈。于是，汉文帝“怠于改正朔服色神明之事”，即从此对这些相关的事都没有兴趣了。汉景帝，则“命祠官各以岁时祠如故，无有所兴”，也就是说，原来有什么仪式就照着做，没有进行任何改动。

相对地，汉武帝就不一样了。“今天子初即位，尤敬鬼神之祀。”太史公以这个句子开头，在《史记·封禅书》的后半部分，都在说汉武帝朝发生的封禅故事。

其中，有闻其言、不见其人的女子神君告诉汉武帝：“你们之所以看不到我，我之所以不会死，是因为我参与过封禅。”她将封禅和不死结合在一起，这引发了汉武帝的浓厚兴趣。然后又有李少君，他和女子神君一样，也号称自己不会死。不死的说法对汉武帝来说太有吸引力了，以致后来李少君明明死了，汉武帝都认为他是“化去不死”。

汉武帝如此相信并期待不死，当然就招来了许多招摇撞骗的人。其中一个是少翁，只听这个名字就猜得到，他看起来很年轻，却称自己已经很老了，所以他不仅不会死，还不会老。少翁受汉武帝的赏识，一度被封为文成将军。这个人使的诈术之一，是将写了字的纸条喂给牛吃，再假装从牛的肚子里找出了神谕。但这件事被拆穿了，汉武帝愤而将他杀了，但对他欺骗皇帝进而被处死的事情秘而不宣。

再来又有栾大，他骗得汉武帝给他地士将军等的官位，还封他“为乐通侯”，“赐列侯甲第，僮千人”。还有人将汉武帝带到海边，又去了蓬莱。还有齐人公孙卿等，这样的人，在《史记·封禅书》里列了一大串。

很明显地，“封禅书”仔细记录的汉武帝的这一面，是绝对不可能写在“今上本纪”（原文已逸，今作“孝武本纪”，其是后人截取“封禅书”等辑录而成的）里的更真实的一面。开头部分是太史公不得不用的障眼法，这看起来煞有介事，好像他自己也相信封禅似的。但读下去就知道，他非但不相信，而且瞪着大眼惊讶地记录：这么荒唐的骗局，竟然都有人信，还信到这种程度！

信的人是谁？前有秦始皇，后有汉武帝。在这件事上，汉武帝是秦始皇的真正传人。后世历史习惯将秦皇、汉武并列，但要记得，在太史公的时代，将“今上”和秦始皇摆在一起，是严重犯忌讳的。前面解释过，“汉兴七十年”间，最大的思想课题，就是将秦朝视为错误的示范，并追问：“秦到底错在哪里，以致十五年就灭亡了？”秦始皇的种种做法，在西汉人的眼中都是错误的，因而以封禅的史实来呈现汉武帝与秦始皇的相似之处，当然是带有高度的现实批判意味的。

此外，《史记》里有“平准书”，再加上一篇独特的集传“货殖列传”，司马迁就将汉武帝朝所面临的经济问题，精确有效地表达出来了。“平准书”是制度史，它记录了汉武帝朝大举建立的国营与专卖制度等，这些举措大幅地增加了朝廷的财政收入。“货殖列传”则记录了那些靠着买卖积累了大笔财富的人等，这让我们看到他们和社会一般人快速拉开的贫富差距等。

“平准书”的结尾，记录了一句当时流行的话，它说如果遇到了干旱，那么只要杀了桑弘羊，天就会下雨。桑弘羊就是这套国营与专卖制度的设计者兼执行者。用民间流传的话，太史公也明确地表达了他的“一家之言”，即他的历史评判。这套制度在经济上压榨人们，使大家痛苦不堪。再加上货殖发达所带来的贫富不均，汉武帝一朝的繁荣与对外征伐，实际上是建立在百姓的不幸之上的，是绝对不像表面上那么风光的。

04

太史公的历史学精神

因为这样的历史态度，尤其是对“今上”、对现实表现出的强烈的批判态度，所以太史公无法公开地书写、发表《史记》。如果不是任安遭祸即将离开人世，那他很可能也不会去写那封为自己辩解的信。在信中，他清楚地表达出撰写《史记》的关键意义，只是因为一方面，一般人无法理解这样的理想；另一方面，这样的理想也是冒犯当时政治权威的。

《汉书·司马迁传》在抄完了《报任安书》之后，就只加了一小段话：“迁既死后，其书稍出。……”这可以明显地看出他在世时，是无法让《史记》流传的。在汉宣帝（公元前91—前49年在位）时，司马迁的外孙才正式地公开《史记》的内容。

即便是正式公开了，《史记》流传的内容，仍然和太史公原本写的有些差别。按照颜师古的说法，一百三十篇中少了十篇，其中最可惜的，是他写的“今上本纪”不见了。

长期以来，有一部分人将《史记》视为太史公的泄愤之书，他们认为，他对汉武帝朝的记录因受到这种心理的影响，而是不可信的。这样的看法，一方面太小看了太史公，以及他那个必须忍辱苟活来实现的理想，另一方面也太轻视一般读者的判断能力了。

要判断《史记》是不是一本谤书，最简单的方式就是认真地阅读书中的内容，从其实际的记录中抽绎且理解太史公的根本价值信念，然后看他对待不同的时代、不同的人和不同的事，是否有双重甚至多重标准。看他在记录汉武帝及当时的人和事时，是否违背自己一贯的价值及信念标准，而采取了另外的或严苛的、不理性的否定态度。

还有，同时代的人和事，分散在《史记》的各个不同的篇章中，我们也可以采集比对，看其中是否有因强烈的情绪介入而产生的前后矛盾或不一之处。

此外，这些人和事，也还记录在其他的文献里，更可以一并对照，看太史公在《史记》中的说法，是否有远离事实之处。

太史公与《史记》在中国历史上，是再重要不过的。他所揭橥的历史精神，尽管在后世不断地遭到误解与扭曲，然而只要这本书存留着，只要太史公这个人的典型价值及信念标准还在，就总会有人从中得到启发，并学习用他主张的方式来记录历史、看待历史。所以从此之后，中国的历史理念，就在暧昧的“一家之言”与正史之间反复摆荡着。

正史所代表的，是由政治权力决定的单一标准答案，且它一旦定了就压过了其他的说法，甚至埋没了其他的说法。“一家之言”却相信，唯有经由特殊且明确的标准进行评断后，历史才有意义。历史学家的责任，不仅在于记录，还在于对记录进行评断，更重要的是，还必须说明评断的标准，并说服别人接受这样的标准。

因为有“一家之言”的存在，所以正史无法真正彻底地定于一尊，垄断历史的记录与解释的权力，这就促使正史都不得不回应太史公借“一家之言”所提出的森严挑战——任何的历史评断都必须有超越于现实好恶之外的更高、更普遍的标准。

后世能够受到尊重，真正取得权威地位的正史，基本上都通过了这样的考验，这种历史精神也得以传承下来。当正史达不到这样的要求时，正史的地位就下降沦夷了，相应地，私人著述的“一家之言”就在正史之外蓬勃地发展起来。

太史公的历史学精神，的确有一大部分来自《春秋》，承袭《春秋》。然而，《春秋》及其后续开展的一套春秋学，其实比较接近于历史哲学，它们重历史的教训与意义，相对轻历史的实质记录。太史公的巨大贡献，就在于他将这样的历史哲学，建立在坚实的历史记录的基础之上，将历史的事实面和意义面，进行了有机的结合。这使从此之后，中国历史学的追求，不能偏废其中的任何一面。

太史公从《春秋》继承来的主要信念，就是相信人类的活动是有一定的准则的，我们可以，也更需要从历史中整理出这些准则。

历史不是一堆杂乱活动的总和，在其表面的杂乱下，有着不可动摇的规律。而且这样的隐藏规律，不仅是单纯的因果律，即种了怎样的因就会得到怎样的果，而是带有强烈的道德是非意义。也就是说，历史会告诉我们，人之所以为人的集体道理中，什么事是可以做的，什么事是不能做的；还有什么事是应该做的，什么事是不应该做的。这中间有清楚的伦理与道德是非准则。

从历史中弄明白这样的是非准则，才是太史公所说的“通古今之变”，也因此，我们才会从理解历史中得到切身的体会，并进而影响、改变我们看待世界的方式和立身行事的选择等。

05

昂扬时代氛围的另一种表达

——汉赋

太史公对汉武帝朝有着尖锐的观察，含蓄却严厉的批判，不过从另一个角度来看，他自己的身上也带着浓厚的时代氛围和性格。

汉武帝朝最独特的性格，是外放、炫耀，是一种超越既有限制，测探并拓展边界的浪漫精神。太史公要做的，是过去和当时，别人没有做过的，将历史从最古老处一网打尽说到当时。他以这样的追求自我期许，因而给自己太史公的称号，这当然也是意气昂扬而夸张的。没有如此昂扬、夸张的意志，太史公绝对不可能跨过生死荣辱而完成《史记》。

掌握这种昂扬、夸张的时代氛围，有助于我们理解汉朝历史上的另外一项特殊的成就，那就是汉赋。

汉赋到底是什么？这还真不是个容易回答的问题。简化地整理中国文学史，我们习惯突显几个不同的朝代有不同的代表性文类。其中，最清楚、最为人熟知的，是唐诗、宋词、元曲。再向早一点看，六朝有骈文，汉朝则有赋。

大部分人都知道诗是什么，《全唐诗》收录了唐朝两千多位作者写的近五万首诗，这样的规模，毫无疑问地展现了诗在唐朝的重要地位。但相对地，有多少人真正地读过赋，甚至能够说得出几个重要的汉赋作家的名字呢？

一个很简单的事实是汉赋的作者有限：枚乘、司马相如、枚皋、王褒、东方朔、扬雄、冯衍、班固、崔骃、李尤、傅毅、张衡……这样，有作品流传下来的汉赋大家就差不多列完了。汉赋这种文学形式绝对不像唐诗那么流行。汉赋也从来不曾构成社会上的集体潮流，即便是有最多汉赋作品形成的时代，当时绝大多数的人也都没有意识到汉赋的存在，更不曾与汉赋有任何关系。

刘大杰在他的经典文学史专著《中国文学发展史》中，给了汉赋一章的篇幅，这章开头先有一段议论："中国文学进展到了汉朝，我们可以看出一个显明的现象。这现象便是文学同民众生活日益隔离，而那种贵族化、古典化的宫廷文学成为文坛的正统。作为宫廷文学的代表的，是那有名的汉赋。在现代人的眼光中看来，汉赋自然是一种僵化了的缺乏感情的死文字。"[1]

这样的论断，一方面反映了刘大杰的左翼文学立场，他主张来自民间的文学才有活力，民间的文学文人化之后，就会逐渐失去活

---

[1] 刘大杰《中国文学发展史》，第六章"汉赋的发展及其流变"，商务印书馆 2015 年。

力，进而凝固僵化，最终无以为继，只好再去民间寻找新的形式，这是文学史上最关键的变化因素；另一方面也反映了传统上对汉赋的态度，即相较于唐诗、宋词、元曲等，汉赋不再能与当下的读者对话，它只剩下历史遗物的意义，是死文学，而不是活文学。

但有意思的是，刘大杰接下来写的，竟然不是让我们将汉赋放到一边去，也不是跳过汉赋去讲述有着确切民间性的乐府诗，而是说："然而在当时，它却有活跃的生命与高尚的地位。在三四百年中，多少才人志士，在那上面费去了心血。狗监（宫中负责养狗的人）的朋友司马相如，倡优式的东方朔、王褒之流，我们不用说；即如司马迁、刘向、班固、张衡、祢衡们，无论从学问、思想、人品方面，都是值得我们景仰的，然而他们也都是有名的赋家。可知，赋是汉代文学中的主流。"

更值得一听的，是刘大杰接下来的这段话："近人因拘于抒情文学的范围，鄙弃汉赋，甚至于大胆地在文学史上，把汉赋的一页，完全弃去不谈，实在是犯了主观的偏见，同时又违反了文学发展的历史性。文学史与文学批评的不同，就建立在这一个重要的基点上。文学批评虽也不能违反客观的事实，你多少还能加入个人的主观见解。在文学史的叙述上，你必得抛弃自己的好恶偏见，依着已成的事实，加以说明。那些作家与作品，无论你如何厌恶，是如何僵化，他们在当时能那么兴隆地发展起来，自必有他发展的根源环境，存在的理由和价值。文学史的编著者，便要用冷静的客观的头脑，叙述这些环境理由和价值。若只凭个人的主观，任意舍弃割裂，这态度自然是非常恶劣的。"

虽然从民间本位的立场将汉赋明确地判定为贵族文学，但刘大杰强调并坚持一种历史的原则。当我们面对历史时，也必须有一份责任感，对从今天的角度看上去很陌生的现象，或以今天的标准看上去很不喜欢的人或事物，我们没有权利去选择要或不要记录，因为那就是历史的一部分。相反地，越让我们感到陌生，越让我们不喜欢的历史现象，我们越要虚心努力地去了解，因为那里面显然藏着古人环境、古人思想的最独特之处。

06

赋的起源

只有很少量的读者，很少量的作品，更少量的作者，汉赋凭什么成为汉朝的代表性文类？让我们试着从赋的起源来探究。

赋原本是《诗经》风格的一种，即“赋”“比”“兴”三种主要风格中的一种。“兴”是自由联想，即人以其主观感受将原本不相干的事物联系在一起。“比”则是有意识的比喻或比拟，它的基本形式是“什么像什么”，比如“人情像流水”，它以比拟来扩充我们的想象与感受等。那么，“赋”呢？“赋”就是直截了当、实实在在的描述。如果说“兴”和“比”都是扩张性的表现，那么“赋”就是相对内敛、收束性的文学手法。

战国后期，赋逐渐由诗的一种风格变成一种独立的文体。促成这种变化的一位重要人物是荀子。《汉书·艺文志》著录了十篇荀子所写的赋，到现在还有其中的五篇流传下来。从这五篇作品中看得出来，荀子的确已经将赋当作一种新兴的文类来看待和处理了。

荀子写的赋体文章，最有名的是《礼赋》。《礼赋》中说：“爰有大物，非丝非帛，文理成章；非日非月，为天下明。生者以寿，死者以葬。城郭以固，三军以强。粹而王，驳而伯，无一焉而亡。臣愚不识，敢请之王？”

意思是：“这里有一样大东西，它不是丝也不是帛，却有着和丝帛一般井然的秩序；它不是太阳也不是月亮，却和太阳、月亮一样具有照亮天下的功能。活着的人靠着它能活得更久，死去的人靠着它才能下葬。靠着它，城郭可以变得坚固，军队可以变得强大。如果掌握在手中的很纯粹，它就能使人统一天下；就算掌握在手中的有些杂质，它也都还能使人称霸一方；但如果人完全没有它，那其现有的国也就守不住了。这东西太神奇了，我不懂它是什么，特别要请教王为我解惑。”

这个问题不是真的问题，因而王也就不直接回答，而是先以一连串的反问句回应。“王曰：‘此夫文而不采者欤？简然易知，而致有理者欤？君子所敬，而小人所不者欤？性不得则若禽兽，性得之则甚雅似者欤？匹夫隆之则为圣人，诸侯隆之则一四海者欤？致明而约，甚顺而体，请归之礼。’”

意思是：“这样东西，有着细致的纹路却不耀眼吗？很容易了解，却又有深奥的道理吗？是君子敬畏，小人却轻忽的吗？失去了它，人就不成为人，而成了禽兽；得到了它，人就变得高雅了吗？

推崇、依循它，地位低下的人可以成为圣人；地位高的诸侯可以统一天下吗？这样东西，只有可能是礼吧！”

荀子的《礼赋》已经具有了后来由汉赋延续的两项元素。即第一，这是命题作文，礼赋就是要描述、形容礼是什么，即以各种方法，从不同角度展现礼这样东西。也就是说，赋中必然有一个明确的要以文章来进行说明和呈现的核心。第二，在呈现形式里，其中很有力的一种文体是问答体。在《礼赋》中，作者荀子就虚构了一个问者对王发问，由王来回答，而他们的问与答，都是为了形容、描述礼的场景。

07

贾谊的《鹏鸟赋》

此外，西汉初期也出现了另外几篇重要的赋体文章，其中一篇是贾谊的《鹏鸟赋》。

汉人迷信，鹏鸟，也就是形似于猫头鹰的一种鸟飞进屋子里，是非常不吉利的事。鹏鸟一般不亲近人，它竟然会飞进屋子里，这表示这个屋主对鸟失去了威胁，也就是他快要失去作为人的身份了。《鹏鸟赋》以此迷信开端，说“野鸟入室兮，主人将去”。而心中很不舒服的主人，于是便问那飞进屋里的鹏鸟：“你可以告诉我，我什么时候会离去，又会到哪里吗？”

鹏鸟不会说话，只会有“举首奋翼”的动作。于是，主人就从它的动作臆测出答案。鹏鸟给的答案是：“万物变化兮，固无休息。斡流而迁兮，或推而还。形气转续兮，变化而蟺。沕穆无穷兮，胡可胜言。祸兮福所倚，福兮祸所伏。忧喜聚门兮，吉凶同域。……”

意思是，万物无时无刻不在变化中，当下到下一刻就不再是那么回事了，从这样的流变中观看，怎么会有固定的吉凶祸福可言呢？福从祸中变化出来，祸随着福而来，固定不变地看待福或祸，是没有道理的。

“且夫天地为炉兮，造化为工。阴阳为炭兮，万物为铜。合散消息兮，安有常则？千变万化兮，未始有极！忽然为人兮，何足控抟。化为异物兮，又何足患！小智自私兮，贱彼贵我。达人大观兮，物无不可。贪夫殉财兮，烈士殉名。夸者死权兮，品庶每生。怵迫之徒兮，或趋西东。大人不曲兮，意变齐同。愚士系俗兮，窘若囚拘。至人遗物兮，独与道俱。众人惑惑兮，好恶积亿。真人恬漠兮，独与道息。释智遗形兮，超然自丧。寥廓忽荒兮，与道翱翔。乘流则逝兮，得坻则止。纵躯委命兮；不私与己。……”

意思是，一切都在不可预测的变化之中，哪有固定的“命”可言呢？人和其他万物一样，都处在天地变化规律的操控下，所以我们要学会当“达人”，将变化而来的种种现象一视同仁地看待，不要有所执着、坚持。小人坚持追求财富，因而送命了；有雄心的人坚持追求名声，因而送命了；高位者坚持追求更大的权力，因而送命了……为了追求而奔走匆忙，还常常因而保不住性命。

“达人”或“大人”不是如此，他们顺应变化，对一切都恬淡以对，连自己的智慧、形体都能遗忘，“道”把他们带到哪里就是哪里，他们随之漂流，无所不可。

《鹏鸟赋》比《礼赋》多了一层转折，它表面上描述鹏鸟，然而实际上鹏鸟只是个幌子，它的重点在于由此引发关于“道”、关于变化的议论。

08

枚乘的《七发》

对汉赋风格有更大影响的，还有枚乘的《七发》。在题目上，《七发》并未明确地标上“赋”字，但自从《七发》之后，“七”就成了汉赋中最常见，也最重要的数字。《七发》之后的《七激》《七兴》《七依》《七辩》等，都是用赋体写的文章。

刘大杰如此描述《七发》：“《七发》虽未以赋名，却纯粹是汉赋的体制。全篇是散文，用反复的问答体，演成为一故事的形式…… 它同《鹏鸟（赋）》比较起来，有两个和汉赋更相接近的特点。第一，它的文字语气不像《鹏鸟（赋）》那样平淡实在，已趋于辞藻的华美与形式的夸张了。其次，它不是说理的，完全是叙事写物的。……这篇文字的意义是没有的。两千多字的长篇是说明声色犬马之乐，不如圣贤之言的有益。要说到赋的讽喻的功用，大概就在这一点。”

刘大杰的意见很有代表性，尤其是那严厉的评断：“两千多字的长篇是说明声色犬马之乐，不如圣贤之言的有益。”不过，这样的意见，和《七发》的原文之间，存在着不小的差距。

《七发》一开头就说“楚太子有疾”，且病得很重。于是，一位从吴到楚的客人前往探望，问太子是怎么生病的。然后，客人就循序渐进地提出了各式各样的诱惑，问太子愿不愿意起来体验一下，太子听了，好几次都回答说：“我病得太重了，起不来。”一直到最后，客人要说圣贤方术之“要言妙道”时，太子才忍不住站了起来，而且瞬间出了一身大汗，身体就好了。

耐着性子仔细读《七发》，我们就能够了解作者枚乘为什么要将之写成两千多字的长文，尤其是为什么要设定文章的结构为七段，以及这样的七段结构为什么在那个时代引发了众多的模仿者等。

其中一段，客人以声音之美来诱惑太子，《七发》是这样写的：“客曰：‘龙门之桐，高百尺而无枝。中郁结之轮菌，根扶疏以分离。上有千仞之峰，下临百丈之溪。湍流溯波，又澹淡之。其根半死半生……朝则鹂黄、鳱鴠鸣焉，暮则羁雌、迷鸟宿焉。独鹄晨号乎其上，鹍鸡哀鸣翔乎其下。于是背秋涉冬，使琴挚斫斩以为琴，野茧之丝以为弦，孤子之钩以为隐，九寡之珥以为约。使师堂操《畅》，伯子牙为之歌。歌曰：“麦秀蔪兮雉朝飞，向虚壑兮背槁槐，依绝区兮临回溪。”飞鸟闻之，翕翼而不能去；野兽闻之，垂耳而不能行；蚑、蟜、蝼、蚁闻之，拄喙而不能前。此亦天下之至悲也，太子能强起听之乎？'”

意思是，客人设定了一个自然的场景，说龙门峡上的一棵老桐树极高，而且像一根大柱子般笔直竖立，中间没有其他的横枝。它的树干上贴着奇形怪状的轮菌，根部抒放蔓延，周围有高峰，有深谷，根部底下的河水恒常不断地冲刷。在这棵半生半死的桐树上，有着各种鸟，它们在不同的时间栖止鸣叫。

于是，人们将这棵在自然间饱听声响的桐树砍下来，造为琴，再配上野蚕生的野丝作为弦，还配有最精巧的其他机件配备。然后找来最会弹琴的师堂演奏，最会唱歌的伯子牙唱歌，唱的歌词就是描述这棵桐树原有的自然环境的。如此形成的音乐，是“神音”，鸟听了不愿飞走，野兽听了都被驯服而走不了，甚至连昆虫听了都入迷。“如果有这样的声音，太子愿意勉强起身听吗？”客人最后问。

这样的文字，事实上无法翻译为白话文，其中的关键在于它铺陈了夸张华丽的文句，描述了很难用文字形容的声音之美。换句话说，这样的一段文章的真正成就，不在于它说了什么，而在于它如何说。

文章分段描述了种种奇观，以及不可思议的终极华丽的感官享受，客人要用这些奇观来诱惑太子从病榻上起身。这种种奇观之所以为奇观，就必然超越了人的一般经验，也就对文字描述产生了巨大的挑战——不可能用平常的文句去形容奇观，描述奇观，即相应地要有非常的字、词、句等。一段段文章呈现奇观时，枚乘也以他的才能在制造文字上的奇观，并大幅地扩充了中国文字的表达能力。

09

《七发》的文字奇观

《七发》其实有着循序渐进的叙述策略，并不是单纯地将七段分列而已。客人形容了终极美好的声音后，太子简单地回复说：“我病得太重了，起不来。”

接着，客人就转而形容终极美好的味道，来诱惑太子：“犓牛之腴，菜以笋蒲。肥狗之和，冒以山肤。楚苗之食，安胡之飰，抟之不解，一啜而散。于是使伊尹煎熬，易牙调和。熊蹯之胹，芍药之酱。薄耆之炙，鲜鲤之鲙。秋黄之苏，白露之茹。兰英之酒，酌以涤口。山梁之餐，豢豹之胎。小飰大歠，如汤沃雪。此亦天下之至美也……”

在此，客人描述的是，最棒的厨师，用最好、最珍贵的材料做绝佳的神妙搭配，做出这样的梦幻美味。在这里，枚乘又铺排了另外一串华丽的文字，还运用“之”“以”等字塑造了特殊的音韵效果。

对美味的诱惑，太子的回答还是：“我病得太重了，起不来。”

于是在下一段，客人提出的新诱惑，就从听觉、嗅觉的静态享受，升级到动态的飚车了。“钟、岱之牡，齿至之车，前似飞鸟，后类距虚。穱麦服处，躁中烦外。羁坚辔，附易路。于是伯乐相其前后，王良、造父为之御，秦缺、楼季为之右。此两人者，马佚能止之，车覆能起之。于是使射千镒之重，争千里之逐。此亦天下之至骏也……”意思是，找来历史上最好的名马，搭配历史上最会骑马驾车的人，将马车驾驶得既快又安稳，这样的享受，太子要不要？

太子还是说：“我病得太重了，起不来。”

客人还是不放弃，再找来想象中最美的美景：“既登景夷之台，南望荆山，北望汝海，左江右湖，其乐无有。于是使博辩之士，原本山川，极命草木，比物属事，离辞连类。浮游览观，乃下置酒于虞怀之宫。连廊四注，台城层构，纷纭玄绿。辇道邪交，黄池纡曲。溷章、白鹭，孔鸟、鹎鹄，鹓雏、䴔䴖，翠鬣紫缨。螭龙、德牧，邕邕群鸣。阳鱼腾跃，奋翼振鳞。……”

客人在这里描述的不是单纯的游赏自然，而是多层次的复合式享受。其中，有自然美景，还有会写文章的人在一旁歌咏自然之美。自然之外，又有人造宫室的豪华气势相匹配，再加上充满了各种珍禽走兽的园林之景，有静有动。

还不仅如此，“列坐纵酒，荡乐娱心。景春佐酒，杜连理音。滋味杂陈，肴糅错该。练色娱目，流声悦耳。于是乃发《激楚》之结风，扬郑、卫之皓乐。使先施、征舒、阳文、段干、吴娃、闾娵、傅予之徒，杂裾垂髾，目窕心与。揄流波，杂杜若，蒙清尘，被兰泽，嬿服而御。此亦天下之靡丽、皓侈、广博之乐也……”意思是，在这么美的环境中，有美酒，一定不能没有美食；有美酒、美食，也一定不能没有好听的音乐；有美酒、美食、好听的音乐，还一定不能没有美女相伴，且美女的身上还有不可思议的美服……所有这些不同的美好元素构成天下至极的奢侈享受。太子愿意为这样的享受起床了吗？

太子还是说："我病得太重了，起不来。"

那还有什么比这更大的诱惑吗？有，要不要去打猎呢？"客曰：'将为太子驯骐骥之马，驾飞軨之舆，乘牡骏之乘。右夏服之劲箭，左乌号之雕弓。游涉乎云林，周驰乎兰泽，弭节乎江浔。掩青苹，游清风。陶阳气，荡春心。逐狡兽，集轻禽。于是极犬马之才，困野兽之足，穷相御之智巧。恐虎豹，慴鸷鸟。逐马鸣镳，鱼跨麋角。履游麕兔，蹈践麖鹿，汗流沫坠，冤伏陵窘，无创而死者，固足充后乘矣。此校猎之至壮也……'"

意思是，客人劝太子，打猎既有和飚车一样的高速刺激，也有山林当中的美景享受，还多了进一步的冒险与成就感。那就是在自然间和动物的竞争相斗，而且其最大的目标不是以箭将动物射死，反而是借由追逐使动物或疲惫不堪或掉落山崖，"无创而死"，这是多大的乐趣啊！

太子的回答，还是"卜病，未能也"。但这次，同样的回答带着不一样的表情，即“阳气见于眉宇之间，侵淫而上，几满大宅”。也就是说，太子听完客人描述的打猎情况后，他的脸上冒出的英武之气，几乎都可以充满整个房子了。

既然太子有了反应，客人就进一步形容打猎的后续：“冥火薄天，兵车雷运。旌旗偃蹇，羽毛肃纷，驰骋角逐，慕味争先。徼墨广博，观望之有圻。纯粹全牺，献之公门。”这就不仅是打猎了，而是刻意让打猎的情绪接近打仗的了。

太子受到了更强的刺激，有了不一样的反应：“这好啊！能再多说一点吗？”

客人就配合地表示：“本来就还没说完啊！”于是，他接着说：“于是榛林深泽，烟云闇莫，兕虎并作。毅武孔猛，袒裼身薄。白刃硙硙，矛戟交错。收获掌功，赏赐金帛。掩苹肆若，为牧人席。旨酒嘉肴，羞炰脍炙，以御宾客。涌触并起，动心惊耳。诚必不悔，决绝以诺。贞信之色，形于金石。高歌陈唱，万岁无斁……”这就是将猛兽当作敌人，且在对阵厮杀之后，庆祝凯旋的兴奋之情了。大家沉浸在胜利的欢乐中，大声唱歌，高呼“万岁！”

太子有不同的反应了，说：“我很愿意去啊，只是不好意思让这么多人陪我去。”

这就已经不是原本躺在床上病恹恹的那个太子了。于是，客人更进一步，以难得一见的自然奇景挑动他的心绪：“将以八月之望，与诸侯远方交游兄弟，并往观涛乎广陵之曲江……”这是对“观涛”，即看排山倒海而来的波涛巨浪的渲染。对此，客人形容的话说了一大段，太子好奇地追问：“那涛究竟是什么样的呢？”当然，客人就又对流涛之奇之美说了一大段。说完了，太子还是没有起来。

最后，客人说："将为太子奏方术之士有资略者，若庄周、魏牟、杨朱、墨翟、便蜎、詹何之伦。使之论天下之释微，理万物之是非。孔、老览观，孟子筹之，万不失一。此亦天下要言妙道也，太子岂欲闻之乎？"意思是："如果帮太子找和庄周、魏牟、杨朱、墨翟、便蜎、詹何有同样智慧和知识的人，来跟你说明天下万物的精微道理，说到至处，万无一失，你愿意听吗？"

这时，太子先站了起来才回答："我当然愿意听啊！"而且，他瞬间出了一身大汗，身体就痊愈了。

10

文辞的力量

刘大杰认为《七发》是一篇空洞、枯燥而单调的文章，是因为他没有读到文章中的关键机巧，更因为他不了解《七发》所呈现的汉赋的基本追求。

从表面上看，《七发》的结构是客人依序提出的种种感官的享受，都无法诱使太子愿意起身。最后一段，也是最短的一段，讲到的是“天下要言妙道”。此前对终极享受都被动以待的太子，这时竟然就有了截然不同的反应，他为之激动地起身，还因此“霍然病已”，这是多么拙劣的设计啊！圣人之言能比那些感官刺激更激动人心，能让身体为之痊愈，这是多么一厢情愿的想法！

回到文本上，这样的读法显然读错了。《七发》中，太子最后站起来说的话，原文是：“涣乎若一听圣人辩士之言！”这话不单纯是对“天下要言妙道”之诱的反应，更是对这整个过程的反应啊！究竟是什么力量治愈了太子？是客人一段一段分项所说的一切，这位客人就像庄周、魏牟等人般聪明，是来向太子“论天下之释微，理万物之是非”的。

《七发》的主旨，是夸张地示范、彰显语言文辞有多大的神力。好的文辞，尤其是华丽铺张的文辞，甚至是可以治病的。连一个生了重病瘫倒在床上的人，通过文辞的铺陈、刺激，以漫天罩地的诱惑挑逗，竟然可以从重病中站起来，且霍然而愈。文辞的力量不可谓不大。

就此，《七发》开启了汉赋特殊的自信与特殊的追求。人们发现文字这样的符号，藏着尚未全部被开发出来的神秘力量，而这足以对人产生各种奇特的影响。于是，一些少数在文字运用上具有高度天分的人，也就不断地开发、新创文字运用的效果，承担起时代的使命，持续不懈地创造出更多前人没有用过的字，以及前人没有用过的表达方式。这是汉赋最主要，也是最独特的精神。

第 七 讲

华丽而夸张的汉赋

01

司马相如的《子虚赋》和《上林赋》

汉赋的黄金时代，是汉武帝、汉昭帝和汉宣帝这三朝。这也是西汉国力最盛，相应也是政治与社会风气最昂扬、最浮夸的时代。

汉武帝朝最有名的汉赋作者，是司马相如。《汉书·司马相如传》说，司马相如写了一篇《子虚赋》，这篇文章记叙了一个叫子虚的人，他从楚国出使到齐国，见到齐王后，齐王问起楚国与楚王的情况，子虚便描述了一场楚王狩猎的盛况。即楚国境内有七座大湖，楚王到其中的一座，也就是云梦泽去打猎的情形。这篇文章极尽夸张华丽之能事地描述了云梦泽的诡奇环境，周围丰富的动植物，以及打猎过程中的刺激和趣味等。而齐国的乌有先生不服，他以齐国的大海名山等回应子虚的描述。

汉武帝读到了这篇《子虚赋》，大为羡慕文中所描写的狩猎场景。刚好服侍在一旁的狗监，赶紧对皇帝说：“写《子虚赋》的这个人，我认识啊！”于是，靠着狗监的牵线，司马相如得以见到汉武帝。见了汉武帝，司马相如显然是有备而来的，汉武帝提起《子虚赋》，司马相如立即自信地说：“《子虚赋》不算什么，那只是形容诸侯打猎的情形，天子打猎的情形当然比这还要盛大、豪华。”于是，他又写了《上林赋》。

《上林赋》的开头就说齐国的无是公，在听到子虚对楚王狩猎云梦泽的形容，以及乌有对齐国的描述后，说：“你们以为楚王这样打猎就很了不起了？那是因为你们没有见识过天子怎么打猎吧！”文章接着就借由他之口，述说了天子在上林打猎的雄奇过程。

有意思的是，当汉武帝读到《子虚赋》而受到吸引时，打动他的是什么？是向往能够去司马相如形容的地方，经历和楚王一样的打猎过程吗？如果是这样，那他不应该去找司马相如，而应该叫人按照《子虚赋》所描述的，去安排那样的猎场，进行一次那样的出猎。

去找司马相如，这就表示汉武帝明白《子虚赋》正如同其标题所显示的，是出自司马相如想象的子虚乌有之事。打动汉武帝的，是赋文中的夸夸其谈，即无边无际的想象吹牛。也因此，一见到汉武帝，司马相如的反应就是用更大的想象力，编造一个更夸张的在上林打猎的情形。

02

汉赋彰显时代精神

这里便牵涉理解汉赋的关键——汉赋是汉帝国扩张精神的代表性文学体裁。

汉武帝一朝是汉帝国的关键扩张期。请大家不要忽视汉帝国的“帝国”二字。从历史上看，中国并不是一开始就以帝国的形式存在的。帝国出现之前，几百年的周朝是以封建的形式建构起来的。封建是个相对稳定的制度，即使其从春秋时便开始动摇瓦解，却还是又维持了五百多年的时间，到秦始皇时，它才正式被帝国的新形式取代。

相较于封建，帝国太新了。从秦帝国的快速建立又快速灭亡，又经历楚汉相争的乱局，再到西汉建立后的“七十年”，帝国一直处于摸索的阶段。汉武帝真正掌权后，帝国才算是真正成熟了。成熟了的汉帝国具有两项重要的条件，即一是中央集权的统治系统，二是高度昂扬的对外扩张精神。而这两项条件又彼此相关，彼此加强，有了可以集中人力、物力的系统，才能蓄积实力对外扩张；对外扩张所进行的组织等，又加强了帝国中央集权的统治力度。

针对汉帝国的扩张，我们可以大胆地以十八九世纪欧洲帝国主义的历史来做比较。维持西方帝国主义发展的，从来都不仅是单纯的利益动机而已。其背后必定有更深沉，也更强大的精神层面的原因。用斯宾格勒在《西方的没落》一书中的说法，那就是一股无可扼抑的“浮士德精神”。即一种不断地挑战既有极限，冒险突破极限的激情。这支撑、塑造了西方的帝国主义历史。

在中国历史上，积极对外扩张的情况并不常见。后来的内敛和收束常态，使我们不容易接触到相反的扩张式时代。与西方历史的对照，可以提醒我们暂时摆脱习惯的制约，用不一样的眼光来看这一段历史。

前面，我们介绍了汉帝国和匈奴的关系。不过，汉武帝朝的对外扩张，不仅是在北方将匈奴节节逼退而已，在西域、东北、西南和南方，汉武帝朝都有重要的扩张征服行动，这是巨大的全面扩张的潮流。

从李广、张骞到李陵、苏武等，那个时代的人，随时准备为帝国的扩张献身。他们所信奉的根本价值，绝对不是安土重迁，更不会是清静无为。这背后一定有着超越个人选择的集体精神状态为其支撑。也只有如此，汉帝国才会在汉武帝一朝的五十四年间，发生那么多事，对外开拓那么远。

尽管汉武帝在晚年下了“轮台之诏”，对如此消耗民力去追求的扩张表示了悔意，但帝国扩张所激起的精神状态，不可能随汉武帝一人老了、累了就立即改变。而要探测这种精神的崛起、弘扬与变化等，汉赋无疑是最佳的载体之一。因为汉赋，无论是本身，还是记载的内容，都是具有高度代表性的历史现象。

汉赋是夸张的，而且是刻意追求夸张，这种夸张源自一种与汉帝国对外扩张、挑战极限同样的精神。

汉武帝读到了《子虚赋》，他对一个人竟然可以用文字创造出这样一个虚构的浮夸世界，感到意外。而当他将司马相如召来时，司马相如也没有让他失望，反而立刻告诉他，《子虚赋》不是浮夸虚构的终极，且立即以文字再创造出突破《子虚赋》限度的《上林赋》。这不仅仅是司马相如的个人之功，也是整个时代之功。

汉武帝在位五十四年，很少有皇帝在位的时间比他在位的时间长。然而这样的五十四年，放在汉朝历史的脉络下，从当时人的主观体验来看，却应该是快速、短暂的五十四年。因为在这段时间中，发生了太多、太激烈的变化。

汉武帝继承汉文帝和汉景帝，在个性上，汉文帝节俭，汉景帝孤僻，二人都是属于内敛收束型的。汉武帝即位之初，窦太皇太后还严格恪守两位皇帝建立起的内敛收束风格。窦太皇太后去世后，西汉的氛围像是水坝决堤一般，长期硬生生地被阻挡的活力沛然不可御地冲流而下。

换句话说，西汉虽然建立了一个新局面、新时代，但前面的

“七十年”，它一直小心谨慎地刻意压抑这份集体的新鲜感。到汉武帝真正取得统治权力时，这样的压抑才被解除。于是，大家得到了自由，可以肯定周围发生的种种新鲜的，乃至前所未见的现象。这就相应地产生了要为这些新鲜事物命名的，以及要找到方式描绘并记录这份刺激的新鲜感等的需求。

汉武帝一朝，人们从感官上体验了前所未有的华丽、武勇、辉煌、丰饶、乐观和广大等。在这个意义上，汉赋就是用来表达这种空前感受的主要方式，所以汉赋非铺张、浮夸不可，唯有铺张、浮夸的风格，才能应对汉武帝朝“为新世界命名”等的精神需求。

汉赋是贵族文学，这并不是说写作汉赋的人都具有贵族身份，而是汉赋的内容主要反映了围绕在汉武帝身边的这一群时代的新贵，他们所看到和所体验的汉帝国的新天新地等的感受。汉赋的作用，在于记录新时代的奇观，传递那种人活在奇观中的兴奋等，而要达到这样的目的，汉赋本身也就成了新时代中的一种奇观。

03

想象力和文字的极致

我们今天阅读汉赋，会遇到的一个根本困难，是在其中有许多不认识的字。

看看《上林赋》中的这一段：“左苍梧，右西极。丹水更其南，紫渊径其北。终始灞浐，出入泾渭。酆镐潦潏，纡馀委蛇，经营乎其内。荡荡乎八川分流，相背而异态。东西南北，驰骛往来。出乎椒丘之阙，行乎洲淤之浦。经乎桂林之中，过乎泱漭之野。汩乎混流，顺阿而下，赴隘狭之口。触穹石，激堆埼，沸乎暴怒，汹涌滂湃。滭弗宓汩，偪侧泌瀄。横流逆折，转腾潎洌。滂濞沆溉，穹隆云桡，宛潬胶盭。逾波趋浥，涖涖下濑。批岩冲拥，奔扬滞沛。临坻注壑，瀺灂霣坠。沈沈隐隐，砰磅訇礚。潏潏淈淈，湁潗鼎沸。……”

不妨试着将不认识的字圈出来，两百多个字的文章，应该被圈得密密麻麻，其中至少有三十个不认识的字。

不用怪自己的中文水平低，也不要怪这文章太古老。这不是人的问题，也不是单纯的时代久远所造成的。文章里出现的大量奇字、僻字，是汉赋的作者故意而为的，即使与他们同时代的读者，遇到这样的文章，也无法一眼就看懂或读出每一个字。

司马相如是知名的汉赋作者，他另外著有《凡将篇》，这是一本字书。扬雄也是知名的汉赋作者，他也另外著有《方言》和《训纂》两本字书。班固也是知名的汉赋作者，而他也另外著有一本《续训》，它是扬雄《训纂》的续篇，当然也是一本字书。

这些写赋的人都兼编字书的角色，绝非偶然。他们是那个时代的文字专家，专门收集，有时甚至创造发明文字，他们当然就将自己能掌握的庞大字词运用在汉赋作品里。再退一步问，他们为什么会对收集、创造文字，编字书有这么大的兴趣和热情？

因为一方面，他们自觉活在一个充满着稀奇、新鲜事物的环境里，需要有比一般通行的更多、更丰富的字词。只有这样，才有可能更形象地描绘这些事物。另一方面，他们也受到扩张的时代氛围的深刻影响，自然会想在自己熟悉的领域中进行类似的扩张发展，也就是，把语言文字的范围予以大幅地拓增。

我们在西方的大航海时代看见过类似的历史现象。从海上冒险回来的人，带回了各式各样的事物，其中就有欧洲人之前从未见过的动物、植物和矿物等，当然活的死的都有。这些事物，等待被命名、被诉说。既有的语言文字显然不足以应付这爆发的需求。

于是，新的字词产生了，新的语法出现了，新的表达方式快速地流行了。

而原先欧洲通用的拉丁文缺乏足够的弹性，不能容纳快速增加的新字、新词、新表达，且各地有未被教会控管，变化较自由的方言，方言比拉丁文更能应对这样的新时代变化。所以，方言崛起，拉丁文相对没落，这也使教会权威式微。

同样地，汉帝国在扩张的过程中，看到了戈壁沙漠，看到了南蛮地区的动植物等，这些新事物刺激了人们的想象力，而且必须有新的文字才能记录。《上林赋》形容上林的地理，一开头就说“左苍梧，右西极”。其中的苍梧和西极是今天广西等地的地名，是在汉武帝时代才开始进入汉人意识中的偏荒之处的名字。司马相如刻意将上林投射到极远的西南去，就是为了利用辽阔的距离，打开夸张想象的空间。

和西方大航海探险所得同步发展的，是强大的博物学系统，人们想办法将这些以前没见过的东西，以一种可以理解、可以掌握的秩序进行安排。西汉没有类似的博物学，当然也就没有建立博物学所需要的如制作标本等，保存运送远方对象的技术。而他们能带回来的，是种种传奇的描述与诉说，这当然就需要大量的新字词和新语法，以命名、传达新事物等。

在汉赋的语言文字中，我们很难分清真实和想象。《子虚赋》和《上林赋》都部分来自远方的描述，但更多的是凭借语言文字所打造出的夸张想象。因为有远方真实、新鲜事物的刺激，所以人们也就会倾向于部分相信想象，而不会以“不是真的”为理由，将想象置诸一旁。

此外，如《上林赋》介绍上林的地理时，专注地讲河川，以形容八条河的河水如何动荡、如何变化等，这是想象力的特技表演，它呈现出事物、想象、文字描述的三重极限。其实，突破极限是关键，而没有这个野心，或少了突破极限的能力，就没有资格写赋。

04

华丽还是空洞?

赋是如此特殊的文类，华丽而夸张，且华丽正来自夸张的需要。赋同时在炫耀两样东西：一是对这个新鲜世界近乎无边无际的想象；二是回应这个近乎无边无际的想象世界，炫耀自我竟然有同等的，近乎无边无际的文字能力可以描述它。

这种文类背后有着一股强大的价值精神，那就是相信文字，毫不怀疑文字有办法应对任何新鲜、稀奇的事物与想象的能力，甚至认为文字可以超越新鲜的事实，创造出更丰富、更稀奇的世界等。

赋因而是一个文字上的巨大奇观。这些作者们以他们的天分和才能，在很短的时间内，扩大了汉字的表达范围与能力。更重要的是，他们召唤了、重建了文字的神秘力量。中国的传统本来就很重视文字，商朝人将文字用在人与超自然世界的沟通上，周朝人则崇敬文字可以抵抗时间的流逝，而将事物恒久保留下来的特质。汉赋的作者将文字的神秘力量再向前推进了一步，即示范了文字游移在真实与想象之间，近乎无所不能、无所不在的功能。

汉赋的作者随时带着一份或明示或暗藏的骄傲，他们相信，只要是人的身体能经历的，脑袋能想象的，自己就都能用文字写出来。在创作的选题与表现上，他们也就总是流露出这份自信，并刻意展现那最难、最不可思议的华丽铺陈。

延续过去赋体的传统，汉赋基本上也是命题作文。汉赋先定一个明确的题目，然后用最夸张、最华丽的文字围绕着题目展开、铺排。命题是特技表演的一部分，它故意限制作者的自由，作者不能想写什么就写什么，只有限缩在固定的题目上，才更能展现出作者的铺陈联想能力。比如，王褒的《洞箫赋》，这整篇文章就只讲洞箫。别人讲不了那么多，王褒比别人不仅能讲，还能讲得更多、更丰富，这就是他写赋最重要的能力。

今天，我们之所以会说这样的文章看来空洞，是因为一来，里面缺乏能够引人共鸣的情感，只有不断地延伸、排比、堆砌的描述或形容等；二来，那样外延的性格毫无节制，似乎可以一直不断地铺陈下去。然而，这样的空洞，不是源于作者的无能，而是来自当时赋体所追求的规范。

或许更直接地说，汉赋在主观目的上，本来就不是让我们以文学的标准来阅读的。汉赋追求的不是让读者感动，而是要让读者叹服。而且，汉赋做到了。因此，面对作者运用的庞大字词和灵活语法等，我们自叹不如。面对作者能够将一支小小的洞箫写成那样，或能够将一座大都城转化为一句句连绵漫长却又工整的文句，进而连缀成整篇文章，我们自叹不如。

汉赋真的就是为了夸张而写的。也就是说，西汉有一群人，他们活在一个让他们为之兴奋好奇的变动、扩张的世界里。外在的新鲜事物引发了他们的好奇心，这好奇心又进一步刺激了他们的想象力。于是，他们习惯以一种外放的态度看待生命。无论是对自己，还是对别人，他们不时挑衅地问："就这样吗？你以为只有这样？你只能想到这里、描述到这样？"汉赋就是在这种跃动、不安的精神状态下产生的炫耀文本。如果不能进入他们的精神背景，那么我们就无从领略、体会汉赋的价值。

05

赋比辞更加夸张

从战国流传到汉朝的文类，原本还有更发达、更强大的辞。辞是发源于楚地的文体，所以又称为楚辞。

辞最重要的作者是屈原，屈原的成就让辞有了突破性的发展，却也因为屈原的成就，而使辞有了明确的性格。辞的性格是悲观的，它带有强烈的怀疑态度，对生命，乃至整个宇宙世界都无法充分地信任。辞最适合表达的是“不遇”的痛苦，即因人的现实遭遇与主观理想的严重冲突、格格不入，而产生的对自我，甚至对存在或活着这件事最深沉的沮丧。

楚辞在屈原之后，另有一位杰出的作者宋玉。汉朝形成的《楚辞》中，最主要收入的，就是屈原和宋玉的作品。《楚辞》中有宋玉所作的《九辩》和《招魂》两篇。不过在汉朝，宋玉更有名的，流传更广的作品，是《登徒子好色赋》。对读宋玉的辞和赋，我们就可以清楚地了解，这两种文类的差异，主要不在于形式与语句的排列上，而在于其基本的情调上。赋之所以在汉朝成为最具代表性的文类，是因为赋比辞在精神上更适合彰显扩张、夸张的跃动精神。

汉赋是个非一般的潮流，是汉朝特定阶段的活跃状态下的产物。我们可以试着稍微分析一下前面引用过的那段《上林赋》的内容，具体感受一下那种夸张的字句铺排："左苍梧，右西极。丹水更其南，紫渊径其北。终始灞浐，出入泾渭。酆镐潦潏，悠余委蛇，经营乎其内。"

这样的文字表明，供天子狩猎的这块上林，是司马相如想象虚构出来的。夸张的想象虚构，是汉赋的普遍出发点，然而这种精神在后世中国的文学传统中没落了，以致后来的人读到这样的文字时，不是去领略司马相如的雄奇想象，而是仔细地考究、争论文章里出现的地名，具体指的是哪个地方。

在短短一小段话中，司马相如挤进了十六个地名，这让后来的考证者有好多事情可忙。不过，考证出来的结果当然是荒谬的，因为它在地理上无法自圆其说。前面说了，苍梧和西极是广西等地的地名；但灞、浐、泾、渭、酆、镐、潦、潏都在关中，丹水在陕西，紫渊更远到山西去了。其实，司马相如的用意，一来是炫耀自己对地理的熟悉，即能够一口气说出这么多相关的地名，二来是借这些地名突显上林的不可思议、超越现实的广大。

他动用遥远、陌生的西南地区的地名，是为了给人上林有奇险地形的印象。在高山深谷，快速奔流的河川中，他故意加了丹水和紫渊，这是要让当时的读者具体地感受这座林园的广大，因为他们知道丹水和紫渊离得有多远。还不仅如此，丹水和紫渊的名字都有鲜明的色彩，大红配大紫，这更增添了文章能够引发的感官想象。

司马相如继续描述："荡荡乎八川分流，相背而异态。东西南北，驰骛往来。出乎椒丘之阙，行乎洲淤之浦。经乎桂林之中，过乎泱漭之野。汩乎混流，顺阿而下，赴隘狭之口。触穹石，激堆埼，沸乎暴怒，汹涌澎湃。"

意思是，这座上林大到可以容纳八条河川从其间穿行。而且这八条河川"相背而异态"，也就是它们长的都不一样，因而需要用文字分别描述它们的种种姿态。其中，有从两座高山之间，像是从门里冲出来的；有散开来产生河中沙洲的；有漫漶经过了平野，然后河道又变得狭小，于是河水猛力地冲撞上大石头，扬激起大浪攀越过石堆，发出惊人声响的，等等。

然后，司马相如神奇地以文字模仿河水激荡的声音变化："滭弗宓汩，偪侧泌瀄。横流逆折，转腾潎洌。滂濞沆溉，穹隆云桡，宛潬胶盭。逾波趋浥，涖涖下濑。批岩冲拥，奔扬滞沛。临坻注壑，瀺灂霣坠。沈沈隐隐，砰磅訇礚。潏潏淈淈，湁潗鼎沸。……"

其中，"滭弗宓汩，偪侧泌瀄"都是从唇间迫促发出来的短塞音。然后，随着河水越过了堆，描述的字句在声音上也就越来越宽——"滂濞沆溉，穹隆云桡，宛潬胶盭。逾波趋浥，涖涖下濑。"然后，前面的水一个浪接着一个浪地往上堆，后面的水换了方向，变成一个个小瀑布连环下降。浪和瀑布打在岩石上，发出各种交杂的声音。

06

夸张还是矫饰?

这段先说了河，又说了川，下一段则描述了河川里的各种动物。有水，当然也得有山，所以文章接下来说“于是乎崇山矗矗，巃嵸崔巍”。描述了山之后，再换季节来形容上林之广：“其北则盛夏含冻裂地，涉冰揭河。”意思是，北边夏天都结冰。那南边呢？“其南则隆冬生长，涌水跃波。”这简直像是到了南半球，冬天非但不会有冰封的现象，动植物竟然都还能生长。

文章在自然景观之后，接着形容这广阔区域中的建筑：“于是乎离宫别馆，弥山跨谷。高廊四注，重坐曲阁……”它以此开头，然后堆砌了各种不同的建筑专有名词，描述了既大又豪华且各有特色的宫殿。

之后，文章又回到自然，形容上林中的植物。树、草、花等，既有单独的细致，也有集合的壮美。然后接着形容动物，这一般是先听到或动人或吓人的声音，后看到动物的形影。而这些动物，正是天子打猎的对象。

出猎要先有阵仗，还要有工具。然后随着打猎的行动，文章的节奏相应地也越变越快，它从原本主要是四字一句的形态，逐渐变成三字一句的，这让人能直接感觉到越来越快的动态。

打猎有了很丰硕的收获，那就可以停下来休息，大家可以一起喝个酒！不过，在汉赋夸张的情境中，要喝个酒也没那么简单，酒有酒的描述，边喝酒边听的歌也有相应的形容。酒酣耳热、半醉半醒之际，天子突然有所感慨："于是酒中乐酣，天子芒然而思，似若有亡，曰：'嗟乎，此大奢侈！……'"意思是，这样的享乐太奢侈、太过分了！

"'……恐后叶靡丽，遂往而不返，非所以为继嗣创业垂统也。'于是乎乃解酒罢猎。"意思是，正是因为打猎太享受了，人很容易沉迷于其中，也会导致天子荒废上天托付给他的统治责任，所以天子不能再喝酒，也不能再打猎了。

于是，天子舍弃了这感官的享受园林，改而"游于六艺之囿"，那是由圣人义理所组成的思想之园，如里面有"仁义之涂""《春秋》之林"等。取代打猎的活动，则是音乐与舞蹈。至此，动物性的狩猎欢乐，进化到人文性的、文明的思想秩序与乐舞享受。

用后世看待文章的标准来读汉赋，很容易就能读出其内容意念上的大缺点——虚娇。如从表面上看，《七发》说了一大串的种种享受诱惑，都没有能让太子从病床上起身，最后竟然是“有资略者”之“要言妙道”产生了最大的效果。《上林赋》呢？它以最夸张的文字描述了天子狩猎之乐，最后却朝相反方向一转，说：“这样的享乐太奢侈、太过分了。”如果不对，那它干吗要将狩猎之乐形容得如此诱人？

这样的虚矫，甚至虚伪的态度，成了汉赋的把柄，也使其历来受了许多的批判。在这点上，我们也没什么好为汉赋辩护的，只是从历史的角度，要提醒：虚矫的风格有其更根本的来源，那就是汉帝国在快速扩张中产生的巨大矛盾。

即一方面，汉武帝及其身边的人积极挥霍“汉兴七十年”积累的财富、军力等，豪迈地扩张；另一方面，汉朝找到的新时代的价值认同却是儒家的，儒家的统治规训中，有明确的反对扩张与挥霍的部分。

于是，汉赋在文句的主体上，充分地反映了扩张、挥霍的时代精神，创造发明出各种字句与表达手法等，务求突破原有的限制，以写得更夸张、更华丽；但在总结的道德教训上，又要收束回儒家所提倡的节制、纪律等。如此相反的内容，能不矛盾、不虚伪吗？

07

从汉赋看汉武帝时代的矛盾

同样的矛盾，也出现在汉武帝的生命历程中。在五十四年的皇帝生涯中，大部分时间汉武帝都在追求帝国的扩张，任性地挥霍几十年积累下来的财富等。但在晚年，他出乎众人意外地逆转，且公布了“轮台之诏”。

“轮台之诏”发生在汉武帝征和四年（公元前 89 年），当时的搜粟都尉桑弘羊领衔上奏，建议在轮台这个地方“卒田”。首先，轮台在哪里？它在今天甘肃的西边，是西汉疆域的西极地带。汉武帝一朝多次征伐匈奴，这将匈奴的活动区域向北和向西推挤。以桑弘羊的眼光看，在匈奴西移的持续对峙冲突中，轮台会是下一波的战略据点，所以朝廷应该派人到那里垦田定居。

而且，轮台有很好的地理条件：“地广，饶水草，有溉田五千顷以上。处温和，田美，可益通沟渠，种五谷，与中国同时孰。”意思是，轮台的土地没有问题，气候没有问题，可以让人移民过去，再从张掖、酒泉派官员去训练、管理他们，使之成为防卫、对抗匈奴的最新前哨站。

这样的屯田、卒田的做法，在汉武帝一朝很常见，因而人们移居的地区不断地向北、向西推进。桑弘羊他们不过就是依循前例，提出政策建议而已，却没有想到，这回他们从汉武帝那里得到了很不一样的答案。

汉武帝回复的诏书说：“前有司奏，欲益民赋三十助边用，是重困老弱孤独也。而今又请遣卒田轮台，轮台西于车师千余里……今请远田轮台，欲起亭隧，是扰劳天下，非所以优民也。”

意思是：“为了边境上的防守，朝廷前一段时间才要求普遍加赋，那影响的不仅是少数有能力的年轻人，还让老弱孤独者的生活更加困难。现在你们又请求派人屯戍轮台。轮台在很远的地方，为了这么一个偏远的据点，再加上还要建立沿路的交通和通信系统，这劳费不小，也绝非体恤民众的做法。”

汉武帝不仅明确地拒绝了“轮台卒田”的建议，更重要的是，他在诏书中表达了深切的懊悔之意：“曩者，朕之不明……兴遣贰师将军……贰师败，军士死略离散，悲痛常在朕心……当今务在禁苛暴，止擅赋……修马复令，以补缺，毋乏武备而已。”

意思是，汉武帝说：“我错了，大错特错。我派李广利带兵到那么远的地方去打仗，他们还打了败仗。李广利投降了，他带去的人很多也都没有回来。这件事一直在我的心里折磨着我。从现在开始，我要彻底改变，不能再对人们苛暴，不随便加税加赋等。武备部分，人马都只要维持基本的规模，该补的补上，如此就好了。”

这意味着汉武帝放弃了对外争战的企图，改而采用了防守的态度，所以他也就不再将百姓派到像轮台那样遥远的地方去了。

“轮台之诏”推翻了过去几十年对匈奴的基本策略。发布“轮台之诏”后，汉武帝任命了他在位期间的最后一位丞相田千秋。汉武帝特别将田千秋封为“富民侯”，这表明自己给予他的政治使命，是“富民”，是让人们能富裕起来，能过得更好，而不是让国家强大。

08

汉武帝传位汉昭帝

两年之后，汉武帝去世了。去世之前，他需要做的另一项重要的安排，是将帝位交给谁来继承。他最早立的太子刘据死于巫蛊案中，且死后被赐予带有谴责意味的谥号“戾”。戾太子案发生后，在汉武帝的诸子中，表现得最积极的是刘旦。他向父亲请求要从封国回到京城来保卫父亲。他们如此表态，反而惹得汉武帝不快，汉武帝将他“迁”为燕王，派他到更远的北方。

显然，戾太子案使汉武帝对他的儿子们产生了高度的不信任，他对每一个儿子都看不上眼，也就迟迟没有再立太子。一直到生病了，自知死亡将近，他才将最小的儿子刘弗陵立为太子，刘弗陵就是后来的汉昭帝。那一年，刘弗陵只有八岁。

太子的年纪太小，他不可能承担起皇帝的责任，汉武帝就安排了四个人辅佐幼主。这四个人之中，最重要的是霍光，另外有金日磾、上官桀和桑弘羊。在位五十四年，汉武帝对宫廷权力的现实情况再明确不过。他知道让霍光辅政，最有可能让霍光无法发挥作用的，一定是太子的母亲钩弋夫人。为了避免幼主即位后，太后干预朝政，汉武帝干脆就保证绝对不会有太后这个宫廷角色，他断然地在自己病逝之前，将钩弋夫人赐死。

汉武帝用这种激烈的方式，表现出他对霍光的彻底信任。另外，他象征性地赐给霍光一幅《周公图》，期许霍光忠诚辅政。汉武帝为什么这么信任霍光?

霍光的父亲是霍仲儒，霍仲儒年轻的时候在平阳侯家为吏，他与平阳侯家的侍女私通，而有了一个私生子。后来，霍仲儒正式娶了妻，且有了霍光。霍仲儒的私生子，就是霍去病。霍去病的姨妈卫子夫进了宫，受到汉武帝的宠爱。汉武帝爱屋及乌，也将霍去病召入皇宫，且霍去病成了汉武帝身边的红人。

霍去病得势之后，才有机会找到自己的生父霍仲儒，他将霍仲儒和异母弟弟霍光都接到了长安。且借由霍去病的影响，霍光得到了进宫服务的机会。霍光入宫后没有多久，霍去病就去世了。霍去病之死，对汉武帝是很大的打击，尤其是霍去病不在之后，西汉对匈奴的战争也变得败多胜少，这让汉武帝更加怀念霍去病。

多少出于移情的作用吧，霍光在汉武帝的身边，也就有了越来越高的地位。霍光的个性，和哥哥霍去病的完全不同。他在宫廷二十多年，进出小心谨慎，未曾有“过”。为什么是这样的一个保守谨慎的人来担当辅佐幼主的重任？霍光自己的理解是，汉武帝要他来确保“轮台之诏”所指示的新政策不会被遗忘，不会被逆转。

因此，汉昭帝即位后，政策上的指导原则就是“轻徭薄赋，与民休息”。汉昭帝八岁即位时，一项重要的相关仪式是“籍耕”，也就是皇帝亲自下田耕作，象征朝廷重视农业，要带领人们回到务农的本位上。汉昭帝即位的第三年（公元前 85 年），西汉实施了一次全年免田赋。上一次全年免田赋，已经是远在汉文帝时期，七八十年前的事了。汉昭帝四年朝廷又下了“以律占租”的重要命令。

“租”指的是百姓借用公家的土地应付的钱粮代价。过去，朝廷经常按照自身的需要，任意提高租的额度。当时，朝廷改变规定，将租的额度以律固定下来，且不能任意更改，以降低百姓生活上的不确定压力。

09

四位辅政大臣的路线之争

不过，对汉武帝的辅政遗命，并不是每个人都和霍光有完全一样的理解。四位辅政大臣中，有桑弘羊，桑弘羊是汉武帝一朝最有力，也是最有成就的财政大臣。他担负的主要责任就是想出各种办法搜罗资源，以供如对匈奴战争等之朝廷所需。

在“轮台之诏”中，被汉武帝形容为“苛暴”的许多做法，都出自桑弘羊的手笔。桑弘羊发明、设计了许多财政工具，这才在那段时间中，将过去积累在民间的财富有效地挤榨出来，以应付汉武帝雄才大略的种种作为，以及那个时代的集体的扩张野心等。

桑弘羊对自己为朝廷所做的贡献，深具自信，并引以为傲。霍光“与民休息”的大政方针，相当于否定了他一直以来在朝廷的成就，桑弘羊当然不可能服气，更不可能遵从。

于是很快地，汉武帝遗诏指定的辅政四人，就分成了两派，其中，一派是桑弘羊和上官桀，另一派则是霍光和金日磾。金日磾不是汉人，是匈奴人，他在战争中投降汉军，被带到长安后，负责为朝廷养马。他因将马养得特别好，而被汉武帝注意到，一路拔擢重用。他的身份使他必然不愿意见到西汉和匈奴交恶，而倾向于支持汉武帝晚年的“轮台之诏”的立场。

四人两派，不仅是权力之争，还有更根本的路线差异，甚至信念差异。这样的内在深刻矛盾，到汉昭帝即位后的第七年（公元前 81 年），便在表面上爆发了。在这七年间，虽然霍光路线或“轮台之诏”路线占了上风，但底下一直暗潮汹涌，以桑弘羊为首的反对势力，从来没有停止过抗争与掣肘。

汉昭帝七年，两派先是进行了文斗。前一年（公元前 82 年），霍光和田千秋下令要求各地举贤良文学，即推荐地方上特别出色的人才。各地荐举的六十位贤良文学脱颖而出，且在这一年齐聚长安开会。

这整件事显然是霍光在背后操控的。在长安开会的贤良文学有同样的态度和立场，那就是反对桑弘羊的态度和立场。这场会议，实际上是霍光安排的批斗大会，他找来贤良文学，借讨论朝廷未来大政方针的理由，对桑弘羊发动最猛烈的攻击。

这场会议的经过，被记录下来，这成为中国历史上难得的文献《盐铁论》。我们很难在中国古代的典籍中找到像《盐铁论》这么具有现场感的文献了，这本书将桑弘羊和贤良文学一来一往的问答、讨论、激辩忠实地记录下来，不仅记录了说话的内容，还保留了大量的说话的口气或情绪等。

从桑弘羊在会上所说的话，尤其是他说话的口气或情绪中，我们可以鲜活地感受到，他逐渐弄明白了，这原来是霍光设下的陷阱，即让六十个贤良文学用打群架的方式，否定、推翻他过去所执行的种种政策，否定他的路线，进而否定他这个人。

10

《盐铁论》之争

《盐铁论》所记录的，不仅是“盐铁”，而是更全面的西汉经济政策的总体讨论；还有，《盐铁论》也不是一份纯粹的讨论经济政策的文献，深层地看，它更是汉武帝去世后，朝廷最严峻的政治斗争的现场传真。

它为什么以“盐铁”为名？因为在桑弘羊为汉武帝所规划的国家财政政策中，最重要的就是借垄断的公营事业来聚拢资源。垄断性的事业中，最重要的，与人们生活关系最密切的，就是盐和铁。铁是完全由国家集中烧炼，民间不得私铸；盐则必须取得朝廷给予的许可，才能够在缴纳高额税收的条件下进行生产等。

除了盐、铁之外，其实还有酒，也在朝廷的严格管制之下。准许民间酿酒，但不准私卖。换句话说，私酿出来的酒只能提供给朝廷，然后由朝廷公卖，而朝廷从中得到了最大的利润。

还有被称为“均输”的另一套公卖系统。即朝廷借着庞大的权力与财力，针对因丰收、盛产而变得低价的物品，进行大量的采购。采购后，要么囤积起来，等到供给下降或需求提高，有了好价码时再贩卖出清；要么将物品运送到其他有需要的地方贩卖。如此买贱卖贵，朝廷可以从中赚取巨大的利差。

这些做法，极有效地为中央朝廷创造了大笔的收入，但也必然影响平民百姓的生计与情感。没有盐，人没有办法健康地活着；没有铁，农民无法取得耕种的器具。如此切身的必需品，被全面地控制在朝廷的手中，朝廷还强迫所有人付出比正常的市场价格高得多的代价才能获取。朝廷公然借均输做生意，以其规模和运输之便，吸走了大量的商业利益，民间小规模的商业活动，当然完全无法与其竞争。这必然惹来众多的民怨。

征集而来的贤良文学，在会议中火力全开，他们攻击这套政策的种种弊端。如公营事业的无效率、偷工减料、低质量等，都是他们声讨的重点。因为他们来自民间，有第一手的观察与经验，所以举了许多读来令人心酸的例证，比如铁的垄断专卖，使铁制农具的质量普遍低劣，脆弱易断。因而，农民花高价买后，根本派不上用场，却没有钱再买新的，就只好改以木制器具耕种，以致生产大减，简直养不活家人。等等。

面对贤良文学的质疑攻击，桑弘羊不得不承认，这些制度有弊端，但他坚持一个他认为的以贤良文学的视野无法理解的立场——偌大的帝国能够正常运作，必定需要大量的经费，不能因为个案的问题，就否认这些制度的根本作用。朝廷需要钱，就不能以道德或小民的生计为考虑，而推翻这个前提。钱不从这里来，要从哪里来？按照贤良文学的主张，帝国恐怕早就瓦解了，难道帝国瓦解对小民百姓会更好吗？

贤良文学也不能否认帝国存在的必要性。于是在策略上，他们能有的选择，就是和桑弘羊争议这些帝国的开销有什么是不合理的。其中，最主要能争的，就是和匈奴的战争开销。他们质疑，我们需要一直和匈奴敌对，且为了防范匈奴，随时准备和匈奴的武装冲突，而耗费那么多的国家预算吗？

这项争议，一来牵涉对匈奴的基本看法，二来现实上更牵涉最高辅政集团中的对立态度。霍光和金日磾是主和派，他们认为，汉朝可以和匈奴建立起和平共存的关系；桑弘羊和上官桀却是主战派，他们完全不相信除了武装力量之外，还能用其他的方式对待匈奴，或与匈奴相处。

针对贤良文学提出的对匈奴的主张，桑弘羊带着不屑地提醒他们匈奴“百约百叛”，汉朝怎么可能去跟匈奴讲条件、立约定？过去的经验是，每次跟匈奴有约定，匈奴哪一次遵守了？用这种态度描述匈奴，很明显也透露出了桑弘羊对匈奴人金日磾的敌意。

接着，贤良文学从公营事业的执行做法中，衍生出另外一项关键的争议，那就是中央朝廷能够一直用压迫性的手段，强迫人们接受他们不认同的政策吗？桑弘羊以目的来合理化国家的财政手段，汉帝国需要钱，所以能创造足够收入的政策就是好的，至少是必要的。

贤良文学不接受这样的道理，他们要问一系列的根本问题：国家财政需要就可以被无限地拔高，甚至压过其他所有的政治与道德规范吗？只要有缺钱的理由，就可以允许朝廷用任何方式对待百姓吗？朝廷对百姓，不是应该受更高层次的原则和责任约束的吗？

而且，从比较现实的角度看，经济政策不得民心，要执行就只能靠严刑峻法，以不断地压迫、威胁、处罚百姓，这样的做法自然是无法一直维持下去的。朝廷和百姓之间的这种不正常的关系，不会引来民众的动乱？这样的代价难道就不需要考虑吗？

然后，贤良文学又上升了一个层次，他们逼桑弘羊讨论“仁”与仁政，也就是，国家、朝廷、统治者真的可以不用行仁政而长久维持其统治吗？仅靠严刑峻法，就能够让天下安定，国家无事吗？

了解了这样的背景后再读《盐铁论》，有时会忍不住佩服桑弘羊。会议开始时，他显然吃了一惊。因为他发现现场的情况不是他原本预期的，这实际上竟然是他以寡对众的批判大会。但很快地，他就镇定下来，以充满自信的态度回复，沉着应付每一个问题，还不时表现出对贤良文学的轻蔑。

桑弘羊的头脑再清楚不过。就连被问到仁政的关键问题，他都能胸有成竹地回答。对桑弘羊来说，皇帝要能有效地统治帝国，其近乎绝对的前提，就在于皇帝拥有不被质疑的权力。如果别人可以对皇帝的决策指指点点，说三道四，那么皇帝的权威便会崩溃瓦解，而帝国权力的中心散掉了，帝国的秩序也就无从维系。

他从根本上否定了贤良文学在会议上讨论仁政的资格。他认为，汉帝国的现实统治不是这样的，以他们的地位来批评皇帝有没有行仁政，讨论怎样才是仁政，如此做法首先就破坏了皇帝的权威，伤害了帝国统治的必要的权力基础。他拒绝进入仁政的内容讨论，从形式上更根本地反对了这个议题。

《盐铁论》记录的会议，是由田千秋主持的。作为汉武帝“轮台之诏”后拔擢的丞相，田千秋的立场显然和霍光的一致。会议上，他几乎不做任何评论，当然更不会以朝廷官员的身份，为桑弘羊提供任何的支持和协助。田千秋所表现的，比较接近于在一旁看好戏，他让贤良文学充分地发言，而冷眼地对待桑弘羊：“这么多人反对你，而且从那么多不同的角度反对你，你自己看着办吧！”

11

霍光的胜利

在这场文斗中，桑弘羊倨傲地拒绝退让，坚守立场。于是，不久之后，双方的武斗登场。开完会之后，在同一年里，西汉连续有两次政变，且政变的对象都是霍光。

桑弘羊在政治上的最主要的盟友，是上官桀。上官桀原本和霍光亲近，他的儿子上官安娶了霍光的女儿，两家有密切的姻亲关系。四个辅政大臣中，他们俩联合在一起，就占了一半的势力。基于这样的现实优势，上官桀积极地安排自己的女儿进宫，并想使之成为皇后，以取得更高的地位。不料，他的这个打算，却被霍光明确地拒绝了。

上官桀不死心，他走另外的门道，找了盖长公主身边的丁外人。盖长公主是汉武帝的长女，丁外人和她有不伦的私通关系。

而在盖长公主的背后，还有燕王刘旦。

盖长公主和燕王刘旦，在帝位的继承一事上，有着共同的立场，他们都对汉武帝竟然排除了燕王，选择才八岁的汉昭帝继位不满。上官桀从丁外人下手，联系上盖长公主，然后借盖长公主之力，真的将女儿推为皇后了。反过来，盖长公主也有她的期待，她想让丁外人封侯。

如果没有霍光，那盖长公主的期望或许就实现了。但对丁外人封侯，霍光坚持阻挡，绝不让步。于是，这几个对霍光不满的人，就互相联结在一起，为推翻霍光积极地行动。

他们趁着霍光休假不上朝时，以燕王刘旦的名义写了一封措辞严厉的信给汉昭帝，这封信指责霍光“专权自恣，疑有非常”。所谓“疑有非常”，意思是霍光要对汉昭帝不利，想篡位或换皇帝等。燕王刘旦表示，汉昭帝身处宫中，不知危险，然而外面对霍光的野心早有种种的传言。

这封信的目的，第一是希望汉昭帝夺除霍光的权力，第二更希望汉昭帝同意燕王刘旦带兵卫戍京师。当年十四岁的汉昭帝收到信后的反应是暂不处理，等到第二天再说。第二天，霍光就销假上朝了，汉昭帝直接将收到的信交给霍光，并对霍光说：“我很清楚，你无罪。而且我也不相信燕王会写这样的信，信交给你，你去查，看到底是谁冒用了燕王的名义。”

这真是巧妙的政治运作。这一方面对燕王刘旦等人宣告，你们无法离间皇帝和霍光之间的关系，另一方面却又给了燕王一个台阶，让他随便找个替死鬼，就当是燕王刘旦也是被冒用名义的受害者，进而免除了政变失败而引发的连锁整肃。

不过，燕王刘旦等人并没有因为这次失败就放弃行动。他们改变做法，打算设个酒局，直接在宴席上暗杀霍光。这个计划还没有执行，他们就被告发了。这次，汉昭帝和霍光就不留情了，燕王被迫自杀，桑弘羊、上官桀也都死于案中，反霍光的势力彻底瓦解了。

两个集团、两条路线的争夺，到此有了阶段性的结论。霍光及其所代表的“轮台之诏”的路线取得了胜利，随后分别成为汉帝国政治的中心人物和指导思想。

第 八 讲

经书今古文之争与政治斗争

01

《盐铁论》之争背后的思想角力

汉昭帝八岁登基，在位十四年，二十二岁去世，他没有留下子嗣。因此，汉昭帝去世后，西汉皇位的继承又出现了严重的问题。但这次和汉武帝时不一样，皇帝死了，霍光还在。可以更直接地说，朝廷里并没有真正的权力断层的困扰，最大的权力始终是握在霍光的手里的。

霍光的权力大到可以用皇太后的名义选立新的皇帝，而且他不是立了一个，实际上是立了两个。霍光先是选立了昌邑王刘贺，也就是最近因考古发掘而声名大噪的海昏侯，但昌邑王就位后没多久，就被霍光废掉了。在废昌邑王的过程中，霍光给他罗列了众多的罪名，说他一上任就滥权妄为，同时杀掉了其身边的两百多人等。然后，又是在霍光的主导下，朝廷从民间找到了流落在外的刘氏后裔，也就是后来成为汉宣帝的刘洵，来当皇帝。

立一个，废一个，再立一个，在皇帝废立的过程中，霍光没有遭遇巨大的反对，甚至历史记录上也没有负面的评论，从中可以看出，当时霍光的权力有多大。他怎么能有如此近乎绝对的权力？一部分原因，就是他斗倒了桑弘羊。

回头看，霍光在《盐铁论》记录的那场会议中，用来批斗桑弘羊的重要势力，是所谓贤良文学。贤良文学在那时已经是一个鲜亮的招牌，是一个在各地受到推崇的群体。虽然贤良文学没有正式、固定的成员，却已经有了清楚而强烈的集体的原则和信念。桑弘羊再怎么百般不愿意，还是不得不进入会议里，面对由霍光等征集的贤良文学。

贤良文学的信念，以及贤良文学的集体权威，来自汉武帝朝新确立的国家意识形态。贤良文学用来挑战、质疑桑弘羊的，最主要的就是“德”与“刑”之分，这样的用语背后，是更大的儒家与法家的分野。换句话说，贤良文学明确地以儒家自居，他们批判桑弘羊的做法不符合儒家的标准，而属于可怕的法家阵营。

这种儒家与法家的正当性划分，是在汉武帝朝确立形成的。汉武帝之前，“汉兴七十年”间，主张无为、与民休息的黄老无为，是朝廷施政的指导原则。这样的政治风格，产生了两个现象：第一，既然无为，也就不会积极地改变，所以汉承秦弊，即西汉一朝大致沿用了秦朝建立的制度，也就是说，实际上法家的严刑峻法仍普遍地保留着；第二，因为无为这样的信念只流传在朝廷的少数人中，所以它对广大帝国的人们没有太大的影响。而从社会的角度看，在这段时期中，西汉处于一种缺乏统一价值观的混乱状况。

雄才大略的汉武帝，当然无法接受黄老无为。窦太皇太后死后，他就积极地将朝廷，乃至整个汉帝国从无为转为“大有为”。但正因为他的雄才大略和秦始皇的如此相近，所以他必须更明确地与被认定是历史负面例证的秦始皇划清界限。他选择的做法，就是接受董仲舒的建议，罢黜百家，独尊儒术，即抬高儒家思想的地位，以示自己彻底放弃、推翻了法家的路线。

不过，汉武帝的独尊儒术并未立即落实在统治上。在“轮台之诏”前，不管他在表面上说了多少支持、宣扬儒家思想的话，汉武帝的扩张、挥霍的政治风格毕竟和儒家的仁政、爱民的信念，还是有着相当大的差距的。

儒家的核心精神在“轮台之诏”后，才有机会在现实政治里实现。儒家的政治理念是保守的、内敛的、仁爱的，它强调君王应该爱护人们，不应该使人们因征服战争而送死。霍光代表的，就是一种要将在汉武帝朝拿来当门面的意识形态，予以假戏真做的立场。

从这个角度看，霍光和桑弘羊之间的斗争，是西汉儒法角力的终曲。桑弘羊被杀，这不仅是他个人的失败，更代表了秦朝遗留的法家的观念与做法，至此终于从汉朝的主流政治中退场了。

02

知识的保存者

——博士

儒家思想的地位逐步升高，它先在表面上取代了道家的黄老无为，成为汉朝的政治指导原则，再进一步落实为汉朝的行政规范。在这个过程中，有一个关键的角色，那就是博士。

博士这个称号，直到今天都还在我们的日常语言之中，也被普遍地使用，现实意义的博士很容易让我们对历史上的博士或博士官的想象与理解产生误导。博士制度是汉朝非常重要的一个制度，然而其内容在不同的时代有很大的不同。

博士的起源，和战国时的士及养士的风气密切相关。战国是个处士横议的时代，当时最风光的纵横家就是一群游士。在养士方面，最有名的是战国四公子——春申君、孟尝君、信陵君和平原君。他们私人养士的名声太响亮了，又留下了类似“鸡鸣狗盗”

的有名故事，以致人们往往忽略了其实各国的国君也几乎都养士的事实。

博士制度起源于齐、鲁，当时相当于以国家的力量养士。战国时期，人才竞争激烈，时局变动快速，战争残酷无情，每个国君都在焦虑地寻找退可守国，进可吞并他国的办法，但谁也没有把握自己能找到富国强兵的优势秘诀。在高度不确定的情况下，就连什么样的人才或才能有用，什么样的无用，都没有简单、固定的答案。养士就是要齐聚一堆拥有不同才能的人，以提高自身应付变局，凌驾于对手之上的胜率。

因此，养士不会只养一两个，而且不会聚拢一群有同样的才能或专业的人。只有多元、多样，或说“博”，才是养士的秘诀。也只有求其多才多艺，集体加起来无所不能，才能够在前所未见的变局中发挥作用。

这是博士的原始意义。国家养的“士”，即人才五花八门，他们的主要工作是“不治而议论”，即他们不属于正式的官僚部门，不负担实质的行政工作，就只需要负责出主意，给意见。用今天的概念比拟，他们类似于智库或顾问群体，从不同的知识立场出发提供种种的看法或办法等。

这是齐建立博士制度的原则。鲁、卫的博士制度原则也是如此。不过，他们多了一层来自传统的约束。鲁、卫所建立的博士的学问，没有那么“博”，而有一个基础的范围，那就是作为周的封建古国所传承的王官学，以及从王官学中衍生出来的诸子学。尤其是在鲁国，其博士的工作描述是“掌《诗》、《书》、百家语”，

“《诗》《书》”是王官学六艺的统称，“百家语”指的是战国时新兴的种种学说。

鲁的博士制度另有一项特色，那就是它规定了七十博士的定额。钱穆先生认为，七十这个数字，应该和孔子有关。因为思想家、教育家、儒家学派创始人孔子在鲁国产生了重大的历史影响，所以在成立掌管知识的机构时，鲁王室很自然地就按照孔子七十弟子的前例，将博士的定额设为七十位。

秦在统一之前，就模仿东方诸国，建立起了博士官制度；统一后进行重大事件焚书时，李斯给秦始皇的建议是：“非博士官所职，天下敢有藏《诗》、《书》、百家语者，悉诣守、尉杂烧之。”这明确地显示，在博士官的职掌中，收藏有“《诗》、《书》、百家语”的文献，且它们不在焚书的毁灭范围内。

按照《史记》的记载，秦焚书烧的是民间的书，官方的，即由博士官收藏的还保留着。那后来为什么会彻底找不到《尚书》的原本，而必须依赖老人家伏生的记忆才能恢复传授《尚书》，以致引来复杂的今文与古文《尚书》的争议呢？一个合理的猜测是，秦末大乱，尤其是咸阳几度被攻破，再加上项羽等放火烧掉阿房宫在内的大批宫殿等，使原本秦官方收藏的文献也一并消失不见了。

03

秦始皇的焚书令和以吏为师

“焚书令”明确地规定“有敢偶语《诗》《书》者弃市，以古非今者族”。显然，就算是负责保管“《诗》、《书》、百家语”文献的博士官，和这些传统学问的关系也必定越来越淡薄了。然而，博士官“不治而议论”这个作用，还部分存在，博士官也并未被废除。

汉初为汉高祖制定朝仪的叔孙通，就是秦朝的一位博士官。《史记》记录叔孙通的生平时有这么一段：秦二世皇帝首度知道陈胜、吴广等人起兵时，就将博士官们召来，问他们的看法。有些博士官认为，反逆之兵只是地方上的问题；另有一些博士官就警告说，这是更全面、更高层次的国家危机。其中，表达后面意见的，都被推出去斩杀了；表达前面意见的，也都被流放了。只有一个人全身而退，那就是叔孙通，他对二世皇帝说：“哎呀，这是小事，皇帝根本不必在意。”

叔孙通真的觉得没事吗？当然不是！在秦二世皇帝的面前逃过一劫后，他立即逃出咸阳，逃回东方；先投靠项羽，后来又转而投靠刘邦。他投靠刘邦时，不是孤身一人，还带着百余名儒生弟子。

西汉正式成立后，叔孙通制定朝仪，还负责将一干功臣老将找来反复演练。第一次按照朝仪上朝时，刘邦满意得不得了，说：“吾乃今日知为皇帝之贵也。”对此，叔孙通靠的，就是他在秦朝当博士官时的所见所闻。

既然在制定西汉一朝的宫廷制度上，叔孙通据有关键的职位，那么显然他不会将自己出身的博士官废掉。汉朝的博士就从叔孙通开始，重拾“不治而议论”的作用，却又因为叔孙通的关系，多了另一个作用。前面说了，叔孙通投靠刘邦时，还带了百余位弟子。为了安置他的这些弟子，西汉后来就创立了博士可以当老师带弟子的新制度。

这些人为什么会跟从叔孙通？他们从叔孙通那里学到了什么？首先，秦朝的苛政之一，是取消老师的角色，规定只能“以吏为师”，即要学只能，也只需要向吏学习律令，叔孙通也懂律令。其次，可能更重要的是，他可以教“小学”，“小学”指的就是运用文字的基本技能。

秦朝虽然施行了“书同文”的政策，但毕竟传承下来的战国文字的系统太复杂了，一时之间绝对不可能都统一。那妥协的做法，就是秦朝制定了八种稍有不同的文体，它们都属于“书同文”

的政策可以接受的。于是，在秦朝要做一个吏，就必须熟悉这八种字体。其中，以大篆，即籀文为首。因为它最重要，所以秦朝又规定做吏的必须“讽九千籀文”，即要能认识和运用九千个篆体文字。

因为秦朝要求“以吏为师”，同时将训练吏具备“小学”与律令能力的工作，交给了博士官，所以叔孙通会有一群随他奔波的弟子。经由叔孙通的联结和影响，博士带弟子的做法，也就在汉朝承袭下来，后来经过制度化，其中的弟子也获得了博士弟子员这一正式的官僚身份。

04

五经博士的设立

汉惠帝时，西汉正式废除了“挟书令”。“挟书令”就是秦始皇禁止民家拥有书籍的禁令，这在西汉一朝成立了十几年后才终于被废除，也展现了汉初基本上沿袭秦朝法令的事实。

废除“挟书令”的一项作用，是使人们可以并愿意承认家里有藏书，于是“书稍出”。但即使如此，战国之前的古书，也几乎都在秦朝的焚书过程中消失了。因而，古书的原始文件少之又少，它们必须用当时通用的新体文字重新抄写、记录。不过，至少因为有这些书，所以经学得以重新建立，而朝廷里有了五经博士。

在汉文帝和汉景帝朝，五经博士只是众多博士中的一部分。当时，皇帝觉得有什么知识是重要的，或皇帝对什么样的书籍有兴趣，就可以新立一个博士。如果一个拥有专门知识的人因为各种原因离开了朝廷，那他所掌管的博士项目，很可能就被取消了。博士因项目来来去去，而根本没有办法确认到底有多少员额。

一直到汉武帝朝，博士制度才有了重大的变革。皇帝接受董仲舒的建议，罢黜百家，独尊儒术，下令只设立五经博士，这大幅地缩减了博士的规模，同时提高了博士的地位。

五经是《诗》《书》《礼》《易》《春秋》，但五经博士不是只有五个人，其人数先是从五个增加到七个，因为讲《诗经》的，有三个不同的学派——齐诗、鲁诗和韩诗，且摆不平他们之间的争议，所以干脆三派都各立一个博士。汉宣帝时，五经博士扩张到十二个。因为除了前面提到的之外，《易》有施、孟和梁丘三派，《书》有欧阳、大夏侯和小夏侯三派，《春秋》则有公羊和谷梁两派。

五经博士扩张到十二个，反映了这项制度在汉武帝朝性质的改变。博士原本是智库、顾问性质的，但自从有了博士弟子员之后，它的性质就开始发生了变化。五经博士教出来的弟子员，懂“小学”，又懂一点经学，当儒学被确立为国家政治的指导原则时，很显然，他们就成为最适合从事行政工作的人了。

于是，汉朝规定，经过考试，“能通一艺以上”，“得除吏”，即可以为官。意思是，考试后，博士弟子员如果真掌握了关于一部经书的内容，那就可以呈报上来（“以上”），他们就能担任官吏，为政府机关服务了。

实际上，这使博士一下子获得了巨大的权力。他们可以选择弟子员，可以呈报弟子员的推荐名单。而且这一旦成功，弟子员立即就变身，至少会成为低阶的政府官员。所以，博士弟子员是重要的仕途转化渠道。

因此，博士的地位越来越高，博士的权力也越来越大。他们可以培养弟子，并使之进入官僚体系中，这很自然地就产生了两个连带的作用。第一个作用是，官僚体系中越来越多的人是从五经博士这个系统中产生的，儒家的价值、信念也就随着他们在政治的运作中扩散，逐渐地，汉朝的施政风格，就会越来越依循儒家所提倡的原则。第二个作用则是，为了求取官场的前途，越来越多的人聚拢在博士的门下或身边，而在利益的驱使下，他们必然会产生竞争、倾轧等，进而形成派系。

这两个作用，都有助于博士制度的扩张。而且，它们越循环，博士制度就越扩张，这两个作用就必定发展得越广泛、越深入。

05

今文经学刚开始时是主流

博士学派的延伸，牵涉另外一个条件，那就是今文经学。今文经学在表面上指的是用当时的文字写下来的经书，但实际上，它的背后是焚书带来的一个后遗症，也就是人们找不到古老的、原始的，在秦朝“书同文”之前的文献了。今文经学的问题在于，不同的人抄录下来的经书内容有所出入，在没有更原始的古文经学可供覆案、比对的情况下，对“今文”之间的差异，今文经学就只能各说各话了。

这样的困扰，在汉武帝之后，反而变成了方便。各说各话，有不同的文本，又有不同的解释，相争不下时，怎么办？最容易的做法，就是维持各说各话，每一派都立一个博士，这样就不必判断哪一派比较有权威，应该让哪一派的人当博士了。

《诗》有三种不同的学派，那就把诗经博士从一个增加到三个吧！有了这样的先例，很自然地，《易》也有了无法解决差异的三派后，大家也要求建立三位易经博士。因为多一个博士，同时就多了很多博士弟子员的名额，也就创造了很多可以进入官僚体系的机会。

这样的发展，有其社会、政治上的高度动机。然而，这也彻底地改变了经学的性质。经学最大的特色，是有经书作为终极的依据，因此，关于经书的解释，毕竟还要回到经书的固定文本上，且不能离开文本而独立存在。也就是说，经书的知识系统，应该是相对封闭的、不自由的。

然而，今文经学具有不确定性，即经书的内容本身就不是明确固定的，而且不一样的人记录、传授的经书，竟然可以有所不同。也就是说，连经书的内容都是浮动的，那就更不必说关于经书的解释了。既然经书不是必须从古代就固定下来的，不得增删的，那么汉朝的人也就毫不客气地改动，甚至增添经书的内容了。

因此，原始的五经增加为十二经，然后十二经在唐宋又演变为十三经，唐宋时期多出来的是《孝经》，而不是既有的五经中的任何一经的解释。《孝经》根本就不在五经或六经的范围内，它很明显是战国后期，甚至晚至秦汉时才写成的文本，却也就在类似于汉朝人的开放观念中，被接纳为经了。

汉朝时，更夸张，规模更庞大的增添，是纬书。纬书的名称来自和经书的对应。因为，织布时有纵的经线，有横的纬线，它们互相交错成直角。纬书一名表示它的内容和经书的是同一个等级的，它在地位上比解释经的“传”或“注”都高，甚至隐含着经书要和它互相配合，才能形成完整的真理的意味。

这些纬书不折不扣是汉朝时创造出来的，也反映了那个时代的观念或信仰等，其中的大部分内容和经书的根本南辕北辙。但汉朝人毫不犹豫地，也毫不客气地将纬书抬高到和经书同等重要的位置。

经书是固定的、死的，顶多只能容纳有限的差异解释；相对的，纬书是新的、活的，就在当时的环境中创造出来的。因而，纬书就带有高度的现实性。和纬书经常连在一起的，还有谶书，也就是各式各样谜语般的现实批评或未来预言等。现实、未来，怎么会进入经学里？经学的内容，不是过去产生的历史文本，以及存留在文本中的普遍的、永恒的规律吗？

因为汉朝最早建立的今文经学，其文本系统是开放的，其内在精神是现实的。研究经书，也就是要处理、解决现实问题，如果纬书的内容更有利于达成应对现实的目的，那汉朝人就不会拘泥于古代的文本，而是开放地接受纬书。因而，今文经学的内容必定驳杂混乱，而且不断变动。

有谶书、有纬书，这样的发展，明显是和原本的经书意义有强烈的冲突的。而且自由添加进来的谶书、纬书的内容和经书的内容越来越远，甚至直接和经书的主张相反。这种情况刺激了新的“返本主义”，也就是古文经学的抬头，其主张回归经书的原始内容及意义，以抛弃那些后来附加进来的杂质。

06

古文经学的兴起

什么是古文经学？在本义上，“古文”指的是秦朝“书同文”之前所存在的各种战国文字，这些文字和秦朝以后通行的篆书、隶书，有颇大的差异。用这些文字写成的经书及其衍生的解释，就称为古文经学。

随着“除挟书令”颁布的时间日久，未被秦火彻底烧掉的书籍逐渐重新出现。前面提过的河间献王，他的谥号之所以称为“献”，就是因为朝廷要表彰他的一项重大贡献——他将新发现的古纹经书献给皇帝，送进宫廷。河间献王所献的古文经书，当然就是用“古文”写的。

另外，在汉武帝以后，西汉承平已久，国家也就有余力做些之前没做，或来不及做的事，比如校“秘书”等。所谓秘书，指的是藏在宫廷里的书，其中有些可能是从秦传承下来的，也都是用“古文”写的，当时的人已经很难一眼就看懂这些书了，所以需要重新校阅传抄。

在校“秘书”一事上，最有成就的，是刘向、刘歆父子。他们花了很长的时间在书库里，将失传了的书一本一本地校阅出来，以使之重新在社会上流传。他们校过的书越多，一方面对古代的学术源流的变化就越了解，也就越有能力判定古书的时代和内容等；另一方面当然也就对当时流行的今文经学越不满。

逐渐地，一个与官方博士所掌握的知识很不一样的古文经学就出现了。古文经学成了一个运动、一个知识潮流。古文经学自觉地和官方的今文经学不一样。古文经学强调有所本，即要本于儒术，而儒术就存在于原有的、古老的文本中，不能随便地任由后人改动或增删。

换句话说，古文经学在精神上源自反对今文经学的松散浮滥，因而改用一种严格的、封闭的态度来看待经学。经书的价值就在于它们是古代圣人说过的，一字一句记录在其中的，所以当时如何记录，现在就该如何依从，不能自己乱改或增删。加入后来的谶书、纬书之后，经学根本就相当于被绑架了，任何人都能在经书里填塞任何他想要的意义，这样的经学怎么可能还有知识与智慧上的权威呢？当有不一样想法、主张时，就看哪一个想法、主张在经学上是有依据的；当依据的文本不一样时，就看哪一边的文本比较古老、比较久远。这就是古文经学派所提倡的新标准。

古文经学的潮流兴盛到了一定程度，必定冲击原有的官方制度。浮上台面的，就是博士的设立方式。以刘歆为首的古文经学派，开始了争立古文经学博士的行动。最具有代表性的“古文”，是《古文尚书》《左传》《毛诗》《逸礼》。《毛诗》是诗学中的一派，它比原有的三家都更强调《诗经》的原文，即强调从原文而不是从附加的故事来看待《诗经》。《古文尚书》和《逸礼》则是新发掘出来的文献，它们在内容上和今文经学的通行版本，有颇大的差异。

最有意思的是《左传》，也就是《左氏春秋传》。它的书名表示它是《春秋》的“传”，也就是对《春秋》的解释。然而不同于已经有相应博士的《公羊传》和《谷梁传》，《左传》主要不是解释《春秋》的字句的，而是罗列了丰富的历史事迹来补充《春秋》。《左传》本身是一部历史书，它记录了春秋时期两百多年间诸国所发生的大事，完全是可以独立于《春秋》而存在的。

《左传》的历史性，和古文经学派的诉求贴近，也就是要将经书放回其产生的时代，并还原其在那个时代的原意，而不是如今文经学派所习惯做的——按照现实需要，以当时的想法解释经书的文义。

古文经学派来势汹汹，因为他们有所依据。古文经学派挑战今文经学派的态度，显然就是：“我们掌握了圣人真正说的话，真正要表达的意思，你们宣称要尊重圣人，以圣人的话为真理的依据，那怎么能用随便的方式，自己决定圣人说了什么呢？独尊儒术，当然就要尊重儒家的经典，也就不能不追索这些经典的原意。”

07

古文经学对今文经学的挑战

在短短的几十年间，古文经学的出现带来了汉朝思想的巨大变化。汉武帝独尊儒术的决策，抬高了儒家思想的地位，这自然吸引了许多人才投身于儒家经典的解释与研究中。和汉朝的疆域一样，儒家思想的领域也在这段时间内快速地、激烈地扩张了。但儒家思想的根基是经书，扩张到一定程度后，它的思想就和原有的经书内容对不上了。

开放性的今文经学扩张得太快，一下子掺杂了太多杂七杂八的东西，这就刺激出了相反的节制力量。古文经学成为潮流、成为波涛汹涌的运动，不仅是因为今文经学过头了，还是因为古文经学对历史的重视，更符合儒家经书的本性，也更符合从周朝流传下来的中国社会的基本价值偏向。

了解古文经学对今文经学的挑战，我们才能真正地掌握王莽在西汉末年崛起的经过。王莽凭什么得到那么大的权力？因为他获得了当时儒生的大力支持。那他又怎么能掌握那些儒生？因为他是古文经学运动最重要的代表人物。王莽代表了古文经学对今文经学高度不满的反扑士人的力量，应和了当时对今文经学乱象的普遍反感，因而他取得了越来越大的权力。

王莽是个“食古不化”的人。后人用来批判他的这四个字，却正是他当年能够快速崛起的依据。他的食古不化，也就是坚持一切要回归经书记录的历史原貌的作风，源于对当时今文经学毫无节制的古为今用态度的强烈反对。

王莽的“食古不化”包括了从解释《古文尚书》的《尚书大传》中，找到了“周公摄政”称王的记录，他便引以为依据，按照其中所见的周公先例，先是担任了“摄政”，然后一步一步地取代了刘家的皇帝地位。王莽在“窜汉”的过程中，从来没有发动过政变，也从来没有动用过武力，因为他不需要政变，也不需要武力。他拥有的是那个时代更有效的权力手段——古文经学和历史所给予他的真理依据，他可以宣称自己是按照经书与历史的先例行事的，而且能够取得庞大的支持力量。

王莽获得权力的方式和他后来的失败方式，基本上是一致的。他主张按照经书，将现实的汉朝改造为经书上所记录的那个历史中的理想社会，认为这样就能解决现实中的种种问题和痛苦。这样的主张得到了热烈的响应。而当他取得了权力之后，他真的要将时间倒推，把汉朝改造回周朝。在这个过程中，就产生了荒唐的乱象，他制造出来的新问题，远比他能够解决的问题还多。于是，他的现实政治措施很快就破产了，失望到绝望的民怨如海啸般淹没了他和他的新朝。

古文经学与今文经学的争议，并未随着王莽垮台就平息，还一直延续到东汉，直到郑玄出现后才平息。郑玄真是大儒，他从知识面真正融合了今文经学和古文经学的核心解释，将两派合成一派。知识上的冲突消失了，今文经学和古文经学在政治上的派系斗争失去了根源，也就逐渐消散了。

08

董仲舒的今文经学

要了解汉朝的经学，溯源今文经学与古文经学的种种纷争，一定要从董仲舒开始。

《汉书·董仲舒传》说：“董仲舒，广川人也。”广川在今天河北衡水。交代了他的原籍之后，它的下一句就说：“少治《春秋》，孝景时为博士。”这交代了他的学术渊源，即他从小就专门学《春秋》，汉景帝时已经取得了相当的地位，也就是进入朝廷担任博士。

董仲舒学的，是春秋公羊学，也就是依据公羊高所撰的《春秋公羊传》，也就是《公羊传》而来的学问。公羊高是齐人，他对《春秋》有一套复杂、细腻的说法，这些说法聚集起来，编为《春秋公羊传》，它在汉初非常流行，是当时对《春秋》经文最流行的解释。

《公羊传》的基本态度，是认定《春秋》是用曲笔写成的，也就是里面的绝大部分话，都不是直接叙述的。读《春秋》，不能单纯地看它表面写了什么，而要理解孔子为什么这样写。而用什么方式写，和写了什么一样重要，甚至经常比写了什么还要重要。

为什么要用曲笔写微言大义呢？其中比较简单的理由，是孔子考虑到自己的身份，他不能违理犯上，表达对大夫、诸侯，甚至天子的严厉批评。于是，对大夫、诸侯、天子违背道理或违背礼仪的行为，孔子只能以隐讳的方式写在《春秋》的经文里。此外，还有一个复杂些的理由，即那个时代的许多大事直接讲了，反而说不清楚，或反而没有曲笔叙述或记录的有力量。

"国之大事，在祀与戎。"《春秋》要记的当然是大事，而那个时代的祭典、打仗，绝大部分都是不合乎既有的封建规范的，都是僭礼的。如果只说发生了什么事，如哪个国君嫁了女儿，或哪国和哪国发生了军事冲突等，就表现不出僭礼的状况。于是，《春秋》就用曲笔，也就是故意隐晦地写，提醒读者这里不对劲，而让读者自己去追查其中到底有什么不对劲。

《公羊传》和《谷梁传》认定《春秋》处处都是曲笔，他们就用明确的语言将曲笔的用法，以及曲笔所要提醒的，一一加以标示。

董仲舒的学问基础，是《公羊传》，他留下来的主要著作就是《春秋繁露》。在对《春秋》的研究、理解上，他不单纯是传承了公羊派，还将之进行了重要的改造与扩张。其中最重要的是，"以

《春秋》断狱”。

《春秋》有曲笔，曲笔的关键在于褒贬，而公羊派最擅长的就是发掘《春秋》经文中包含的褒贬道理。那是一套完整的人类行为的评断系统，它表明怎么做是对的，是该在历史中被表扬的；怎样做是错的，是该在历史中被谴责的。董仲舒就把他们认定的保存在《春秋》里的这套评断系统，拿来用在现实的人事上。

09

董仲舒对《春秋》的解释

不过，除了“以《春秋》断狱”之外，在更根本的义理发挥上，董仲舒和《公羊传》也不尽相同。《春秋》在学术上的一个关键点，是“西狩获麟”，董仲舒对这一点的解释，就和《公羊传》的很不一样。

《公羊传》的说法是：“何以书？记异也。”意思是，为什么要将“西狩获麟”这件事记录下来？因为这是难得一见、奇特的事。那“何异尔？非中国之兽也。”意思是，有什么奇怪或不一样的？因为麟不是中国的自然环境中原有的动物，平常不会出现在中国。

“然则孰狩之？薪采者也。薪采者则微者也。”意思是，这样一只罕见的动物，被谁猎到了？是一个地位极其卑下的砍柴樵夫。既然如此，“曷为以狩言之？大之也。曷为大之？为获麟大之也。”

意思是，明明是樵夫碰巧猎到的，为什么《春秋》却用了描述天子、贵族打猎活动专用的“狩”字？这不对啊？用“狩”字，就是为了突显这件事的重要性，希望大家注意到它所代表的重大意义。

它有什么样的重大意义？“曷为获麟大之？麟者仁兽也。有王者则至，无王者则不至。有以告者曰‘有麕而角者。’孔子曰：‘孰为来哉！孰为来哉！’反袂拭面，涕沾袍。”

意思是，因为麟不仅稀有少见，还是具有象征价值的仁兽，一般是领导者行仁政，爱护人民，在政治上获得了“仁”的至高成就，大家和平安居时，麟才会出现的。显然，这个时候的周朝中国，绝对不符合仁的条件，那为什么麟破例出现了？且《春秋》要特别强调这个奇异的破例现象。

这和孔子有关。有人将这件事告诉了孔子，孔子很伤心地哭了，他难过地感叹：“你干吗来呢！你干吗来呢！”麟是为了孔子而来的。虽然孔子的时代不是施行仁政的时代，但圣人孔子感染、刺激了仁兽的出现，也正因为这不是仁政的时代，所以如此神圣重要的仁兽，竟然被一个地位低下的樵夫猎到了。

孔子因而得到了结论：“吾道穷矣！”意思是：“我的路到此为止，再也走不下去了。”

从这一段话，我们一方面可以明了《公羊传》的基本形式与风格，另一方面也可以清楚地读到《公羊传》对“西狩获麟”的解释。《公羊传》基本上就是由一连串的问答组成的，通过一问一答，自问自答，它将《春秋》里的曲笔逐步耐心地揭露。《公羊传》认定就是因为有了“西狩获麟”这一明确的象征性现象，这让孔子对在现实政治中的努力彻底失望，所以他才退而写《春秋》，即放弃了改变现实的理想，而将之转变为为未来保存理想的记录。

董仲舒在《春秋繁露·符瑞》中，却提出了与之不一样的看法。他说："有非力之所能致而自至者，西狩获麟，受命之符是也。"也就是说，他只专注地看重麟的出现这件事，认为麟不是人可以控制的灵兽，麟的出现代表天意。什么样的天意？麟告诉世人，有了新的天命。新的天命当然不会再是给周天子的，而是给孔子的。

因为天命给了孔子，孔子却没有真正的天子身份，所以孔子才退而写《春秋》的，《春秋》可以说是给孔子下一代新天子的教材备忘录。因而，后世谁得到了《春秋》，谁按照《春秋》的道理来当天子，谁就相当于承接了孔子的天命。

10

董仲舒的经学与西汉的政治

董仲舒对“西狩获麟”的新解释，一来，更进一步抬高了孔子的地位。此后，孔子不再是《公羊传》里描述的在现实中受挫的圣人，而是变成了实际承受天命，由神秘的意志天选定的“素王”。二来，西汉也因此而得到了新的合法性基础。也就是说，汉和秦最大的不同，就在于西汉承袭了孔子，承袭了《春秋》，从孔子那里接过了天所认可的正统。当然，它还有第三个作用，董仲舒也借此抬高了自己学习的《春秋》，这使《春秋》被奉为汉朝的存在依据与最高指导原则。

董仲舒用天命的交接，通过孔子让汉直接继承周，将历史上的秦朝取消了。“西狩获麟”的解释，又与西汉一朝越来越流行的五行观念发生关联，五行的相生相克就产生了对应的朝代变化。董仲舒的天，和周人原来的想象相比，更为具体了，天就是阴阳、五行，四时递变、五行相生相克。而且，这套规律管辖自然，也管辖人事，因此“天人感应”就自然而然地产生了。

从董仲舒开始，阴阳五行和儒家结合在一起了，或者应该说，他将儒家巧妙地阴阳家化，完成了新的思想统合。

《汉书·董仲舒传》如此描述董仲舒：“下帷讲诵。弟子传以久次相授业，或莫见其面。盖三年不窥园，其精如此。进退容止，非礼不行，学士皆师尊之。”

意思是，董仲舒是当时的名师，他早有传奇的名声流传，比如说，他有很多学生，自己没办法一一教授，就层层安排，最近的学生他自己，这些学生再教另外一批学生，另外一批再教更后来的学生，有些学生从来没有见过他。再比如说，他专心用功，三年连窗外的园子都不看一眼，全部注意力都在书本上。因此，他的学术水平精湛。而且，他本人的所作所为也都严格按照礼，所以学生士人都以师尊之礼对待他。

因为名气大，所以“武帝即位，举贤良文学之士前后百数，而仲舒以贤良对策焉……对既毕，天子以仲舒为江都相。……仲舒治国，以《春秋》灾异之变推阴阳所以错行”。

意思是，通过荐举，他得以到汉武帝面前提出了著名的《举贤良对策》，这使他受到汉武帝的赏识。他最重要的本事，就是用“非常”的灾异现象来推论解释阴阳五行的运作规则。这本来是阴阳家的思想，但董仲舒以《春秋》作为这套思想的根源，将儒家和阴阳家进行了结合。

不过，他在汉武帝朝并不是一路顺遂的，中间曾遇到过一个重要的挫折，即“中废为中大夫”。这件事发生在汉武帝建元六年（公元前135年），这年四月和六月间连续发生了两场火灾，这先烧掉了“辽东高庙”，接着又烧了“高园便殿”。火灾当然属“非常”，即灾异现象，于是，董仲舒为这两场火提供了解释。

他的解释是，这是祖先在警告汉武帝，提醒他“秦受亡周之敝，而亡以化之。汉受亡秦之敝，又亡以化之。夫继二敝之后，承其下流，兼受其猥，难治甚矣”。意思是，西汉成立的基本条件很差。周朝衰敝的状况，秦没来得及解决，很快就灭亡了。西汉一朝成立之后，相当于继承了周朝和秦朝的衰败状况，所以西汉在治理上困难重重。

先天条件那么差，西汉小心治理都不一定能成功，所以绝对不能再犯错。可是眼前就有明显的错误，“又多兄弟亲戚骨肉之连，骄扬奢侈，恣睢者众，所谓重难之时者也”。也就是说，刘姓宗亲倚仗王朝的权力，骄傲、奢侈、浪费、贪婪等，这让许多人都看不过去，且怀恨在心。如果他们继续这样下去，那么王朝就有倾覆的危险，所以祖先以烧祖庙的灾异给予严重的警告。

既然如此，那西汉一朝该怎么回应呢？董仲舒不客气地建议“视亲戚贵属在诸侯远正最甚者”，以及“视近臣在国中处旁仄及贵而不正者”，“忍而诛之”。意思是，从宗室贵族中找出最不像话的，从他们身边的宠臣中找出为非作歹的，立即杀了，以示接收到了祖先的警告，愿意有所挽救，有所作为。

可以想见，董仲舒的意见对“亲戚贵属”和“国中近臣”产生了多大的威胁！他们当然不能坐视汉武帝接受董仲舒的看法来伤害他们。于是，他们就联络主父偃出面反扑，控告董仲舒“大不敬”。他们认为，连续两座祖庙起火，如果按照董仲舒的解释，这不是意外，而是祖先传达的信息，那么他的意思是这两场大火烧得有道理，烧得好，而且其烧起来的原因竟然是汉武帝纵容“亲戚贵属”，这不是在指责皇帝吗？

于是，汉武帝将董仲舒的意见交付大家讨论。参与讨论的有董仲舒的学生吕步舒，他是靠董仲舒的提拔才来到长安进入朝廷的。但他不知道这个意见是老师董仲舒的，讨论时痛斥这个意见为“大愚”！连自己的弟子都反对，董仲舒的罪名也就成立了。他被判为死罪，差点为此送命，还好汉武帝下令赦免，“废为中大夫”。

11

董仲舒构建的意识形态

《春秋》用简要的方式记录大事。如旱灾、水灾、蝗灾、火灾……这些理所当然都是大事。同时，它会记录人事上的重大变化。自然灾异与人事变化，原本只是因为在同一段时间内发生，所以在《春秋》的经文里是并列出现的。然而，一旦相信《春秋》的曲笔，并积极地在经文中寻找微言大义，很容易就会认为这些并列的条文之间，有着因果关系。

董仲舒研读《春秋》后，建立了一个严格的世界观，他基本上不相信世界上有真正的偶然或意外。通过阴阳、五行的运作，所有的事物都彼此互相联结。也是通过阴阳、五行的运作，自然现象和人事行为也都彼此互相连动，人能影响自然，所以也就能从自然的现象反推人的作用。

比如某一年的夏天不热，在阴阳运作的逻辑中，这是阳气受到了侵害，阴气过盛所致的；对应在人事上，男人属阳，女人属阴，这就一定是有女人侵夺了男人权力或地位的现象。于是，现实中比较强势的女性，就会在这样的信念中被指责为使自然阴阳运行变乱的祸根。

对董仲舒来说，祖庙不可能意外地烧起来，更不可能是偶然造成了两座祖庙的先后失火。从严格的因果世界观来看，祖庙失火必然是感应于相应的人事变化才会发生的。祖庙失火是客观的事实，因此，从“天人感应”的因果原理推测其人事上的意义必然不会有客观的答案。所以，就连董仲舒亲近的学生吕步舒，都没法和老师董仲舒有一致的看法，甚至猜不出来老师董仲舒会如何解释这项因果。

《汉书·董仲舒传》这样说：“自武帝初立，魏其、武安侯为相而隆儒矣。……推明孔氏，抑黜百家。立学校之官，州郡举茂才孝廉，皆自仲舒发之。”因此，看起来，董仲舒有很大的影响力，他是汉武帝朝种种“隆儒”，即抬高儒术地位制度的发动者。不过，只要看看在祖庙失火事件中董仲舒差点被杀，再加上他到胶西王的身边为相后，仓皇称病去职，我们就会明了，与其说董仲舒的影响力很大，不如说他的思想与文章刚好符合汉武帝朝之需。

前面已提过，汉武帝即位时，整体的政治氛围已经在改变，围绕着汉武帝的，一群反对黄老道家无为原则的少壮派人士，他们想要有所作为，首先就要寻找到能够取代黄老无为的新思想。儒家思想的积极有为吸引了他们，而董仲舒为他们提供了从道家思想过渡到儒家思想的桥梁。

那就是保留了天，维持了对自然运作规律的推崇，建立了起自然和人事间不同的新关系。在董仲舒的新解释中，政治上的“德”等同于自然的“阳”，“刑”则等同于“阴”。自然运行是阴阳配合，而且阳上阴下，所以在政治上，相应也该“德”上“刑”下，且彼此按比例平衡。现实中有很多秦朝留下来的法家规定，使“刑戮妄加，民愁无聊”，也就是说人们时时受到种种刑罚的威胁或迫害，所以他们只能“亡逃山林”。

从董仲舒的“天人感应”理论来看，“刑”高于“德”，“任刑不任德”的人事行为，会对自然产生相应的失衡破坏。刑杀过度，阴气太重，压过了阳气，这就会使气候失调，如阴气重的冬天变长了；适合农作生产的春、夏，则因为阳气不足而变短了等。

如此一来，这就不是简单的民众逃亡问题了，而是变成了全面的四时不节，进而给农业生产带来了全面的破坏。继续保持无为，不改变重刑的现况，不积极推行“德政”，那么社会的根基——农业生产将会瓦解。这样的理论，给汉武帝朝政治由被动转为主动提供了强大的基础。

董仲舒的“天人感应”成了汉武帝朝的代表性新意识形态，它呼应了当时的时代精神，并将这样的时代精神往前推进。这个思想体系套用了阴阳五行对自然运作的复杂分析，并和复杂的人事变化相对应。所有的自然现象都能有人事变化的解释，反过来，也几乎所有的人事变化，都能找到相应的自然现象。这是董仲舒的最大贡献。

12

“天人感应”学说的后遗症

董仲舒写过一篇《士不遇赋》，其原文保存至今。在这篇文章里，他强调之所以“不遇”，是因为自己生在一个不好的时代。这使他来不及见到三代的隆盛，却目睹了种种堕落败德的现实。生活在这种衰世的最大考验，就是没有固定可遵守的共同标准。遇到任何事，都必须自己反复检讨选择，但即便如此，也还不见得能做出正确的决定。

因而，真正的关键在于改变这种是非标准混淆不明的状态，重新建立标准。那标准在哪儿？第一，在由儒家所代表的三代理想中；第二，在天或自然提供给我们的恒常规范中。而且董仲舒主张，这两项标准是二合一的，即理想的人事规则和天互相应和。这就形成了绝对的标准，而不是战国纵横家、法家所鼓吹的那种，为了解决一时的问题所采取的相对的标准。

阴阳变化、四时流转是绝对的，如春天就该像春天，夏天就该像夏天等。人不能质疑天，不能违背天。如果有着绝对标准的天出现了偏离的现象，那就一定不对，也无法用别的什么相对的标准来衡量。以天的绝对标准为依据，相信天和人有着密切的感应关系，这样能重建一套绝对而非相对的人事标准。

董仲舒自己表明得很清楚，他要追求的，是超越从战国延续到西汉的，那种纵横家、法家的雄辩引领的混乱标准，建立一套绝对的、统一的人事原理。这里有着一股强烈的大一统精神，它和汉武帝本身的野心，还有那个时代的氛围密切吻合。

主观上，董仲舒认为自己成功地改变了过去纵横家、法家带来的原则混乱，不过从历史上客观地看，其实董仲舒建立的这套思想系统，却成了另外一种相对主义的乱源。“天人感应”系统乍看很细致、很复杂，然而内在的感应推论，却绝对不可能有固定的客观的答案，因为每个人都会有不同的看法，就像吕步舒的看法显然就不同于董仲舒的一样。

更严重的是，董仲舒对待儒家经典的态度，实际上摧毁了原本经典所具有的权威地位，开启了后来今文经学各种补充、改写经书的乱象。

第九讲

董仲舒的新儒学与谶纬文化

01

董仲舒主张抬高圣人，却抬高了解经者

董仲舒的学问根基来自《公羊传》，但他大幅地改造了《公羊传》对经典的基本主张。

《公羊传》认定《春秋》是以曲笔写成的，这也就意味着《公羊传》认为，《春秋》表面的文字与其要呈现的道理之间是有差距的，所以《春秋》才需要《公羊传》来进行解释。《春秋》背后的语言观是复杂的，语言与事实、语言与道理，不是直接、简单的呈示的。其中，真正重要的事实、道理，不能以语言直接地表达，必须迂回曲折地表达；还有，它的语言中始终包含值得进一步探究的奥秘，我们不该等闲听过、看过即止。

《公羊传》的一段有名的文字，将这种态度表现得很清楚。这段文字针对的是《春秋·僖公十六年》的记载："春。王正月戊申

朔，陨石于宋五。是月，六鹢退飞，过宋都。”《春秋》的原文说的是在同一个月内，在宋国出现的两个异象，它们被记录了下来，但《公羊传》特别强调《春秋》记录的方式是有特别道理的。

比如，《春秋》记录“陨石”的情况时，先“陨”后“石”，这是因为人先看到天上有东西掉下来，这个过程是“陨”；后来察看了，才知道掉下来的是“石”；然后数一数，掉下来的陨石总共有五颗。《春秋》用这种方式记录“陨石”的情况，却又以不一样的顺序记录“六鹢”的情况。它先说“六”再说“鹢”，这是因为人抬头先看到有六只鸟在天上飞；仔细看后，才知道那是“鹢”；再仔细看才发现，哇，不得了，这六只鸟不寻常，它们竟然是倒着飞的！

《公羊传》想要说的是，要用语言来对应现实没那么容易，必须以小心考究的态度为之。而《春秋》的巨大贡献，就在于它示范了这样的态度，以尽量达到精确，避免语言混乱，并符合自然现象，更重要的是还要符合当时的封建礼仪规范。这就是孔子所说的“正名”。

董仲舒却不是这样理解“正名”的。他的说法是“名者，圣人之所以真万物也”。其中，主语是“圣人”，谓语是“真”，宾语是“万物”。意思是，“名”是圣人用来使万物变得真切的工具或手段。如此更加抬高了圣人的地位，也改变了圣人和语言间的关系。

《公羊传》只是主张圣人最懂得如何运用语言来贴近真实，董仲舒却主张圣人借由语言赋予万物真实。换句话说，圣人怎么说，万物就随着圣人的说法而具有怎样的性质，不仅圣人具有掌握、赋予万物真性的神秘力量，连圣人使用的语言，也变成了一种超越现实的神秘工具。

如此一来，圣人所说的语言，就不再是准确反映万物了，而是可以让万物成真的权威。圣人之言在真理的权威地位上高于现实的经验，相应地，解释圣人之言的人与行为，也被抬高到一个不一样的层次上。

《公羊传》的“传者”角色，表示它是诠释者，它将圣人之言中种种复杂的考虑揭露出来，这让我们明了，并得以更了解圣人之意，也更能准确地掌握圣人所要传达的经验或道理等。但董仲舒就不再是这样的诠释者，而是真理语言的控制者，他了解圣人在说什么，也就相当于他知道这世界万物怎样才是真的。

董仲舒的态度当然是崇经，然而他推崇儒家经典的方式，实际上更抬高了解释经书的人，且给予“解经者”更大的权威与自由，他们可以借圣人之名、经典之名塑造他们相信的真理。

02

谶纬是今文经学发展的必然结果

董仲舒对“西狩获麟”的解释，实际上将孔子转化为一个预言家。天命借由孔子从周天子的手中交给西汉的皇帝，于是，孔子的所作所为都成了为新王做准备，他成了一个有预示与预言能力的神人。

这是对孔子的人格与历史角色的巨大扭曲。经过这样的改造，孔子失去了活生生的人的情感与思想，被改写成一个不断地制造真理预言的神。经书和孔子之言，也不再是记录、反映过去的经验，而成了不可以被挑战，地位甚至高于现实的真理。孔子是真理的制造者、代言人，而负责解释经书、解释孔子之言的人，比如董仲舒等，又是孔子的代言人。

就是在董仲舒创造出来的这种知识系统中，谶纬有了很大的发展空间。谶书记录的是真的预言，也是藏在隐晦文字中的预言。纬书则是比传书更高一级的经书的解释，在地位上可以和经书平起平坐的。

经书是有明确的来历的，而且有固定的范围的。那纬书呢？纬书是从哪里来的，又凭什么能和古代流传下来的经书平分真理的版图？纬书是解释经书之人的自由创作，他们凭借的，不过就是董仲舒所开启的那种解释经书的流行风气。

这也就是古文经学崛起后，谶纬乃至整个今文经学便快速没落了的原因。古文经学建立在坚实的文献基础上，挑战、质疑今文经学，尤其是其中的纬书天马行空的自由想象。纬书的背后，除了一时流行的风潮之外，别无其他知识或历史基础，它根本无从应对古文经学的挑战。

今文经学有一部分文本、一部分解释，到东汉时借由郑玄等人“融会古今”的努力，流传了下来。但谶纬就在东汉之后，便彻底没落，变得无人问津了，长久以来在中国的传统知识体系中也消失了。一直要到清代考据学兴起时，学者才跨越一千多年的空白，试着以“集逸”的方式，还原部分谶纬的内容。

如果以原始儒家思想和历史上的孔子为标准，那么这些汉朝的谶纬就是一堆胡说八道，它们绝对不是对经书和孔子之言的正确解释。不过，换另一个角度，从汉朝思想的角度看，谶纬是重要的史料，它们清楚地呈现出那个时代的特性，我们可以从中看出它们是如何建构自己独特的世界观的。那样的世界观就是因为太独特了，所以后来的人都觉得难以接受，以致它被封存、被遗忘了千余年。

通过谶纬，我们得以补上对西汉的认识，尤其是可以认识到董仲舒在汉武帝时创建出的庞大思想体系，再加上他和朝廷的密切关系，产生了多大的影响或冲击等。

从残留的谶纬内容，很容易看出它们和董仲舒的联系。董仲舒写了一本《春秋繁露》，它共七十三章十七卷，其中有几篇的篇名和中文的传统用法不一样，我们今天乍一看是看不懂的，比如“离合根”“立元神”“保位权”“天道施”等。但类似这样的篇名，在纬书中很常见。光是解释《古文尚书》的《尚书纬》就有“考灵曜”“帝命验”“运期授”等。这些篇名，我们虽无法看穿它们究竟在讲什么，但一看就知道它们和董仲舒的那些篇名是同一类的。

而且，纬书中有不少明确引用董仲舒文句的。解释《诗经》的《诗纬》，即《诗纬推度灾》说：“王者受命，必先祭天，乃行王事。”接着引了《诗经》“济济辟王，左右奉璋”一句。这与《春秋繁露·郊祭》的说法“文王受命则王天下，先郊乃敢行事，而兴师伐崇”完全一致。

我们甚至可以用《春秋繁露》的文句，去校对纬书中残留的错误。《乐纬》中有“凡求雨，男女欲和而乐。又致雨必开神山神渊”的字句，但对照《春秋繁露·求雨》，我们发现这中间少了几个字，将这几个字补上，文句才更符合常理。意思是，求雨时，“丈夫欲藏匿，女子欲和而乐”，也就是说，男人不要出现，要靠女人来讨好山神才能求得降雨。

03

谶纬对孔子的离奇解释

很明显，纬书的作者至少是熟读董仲舒著作的。董仲舒的思想系统，过去被放入儒家的谱系中，但以儒家儒术的脉络察看其影响与继承，其实走错了路。真正继承董仲舒的，是谶纬。

董仲舒主张孔子受了天命，为新王“创制”，谶纬就接着夸大孔子的神性。残留下来的纬书一共有七类，传统的六经都有相应的纬书，还有与《孝经》相应的纬书。《孝经》在这个时代被特别标举出来，就是因为今文经学宣称，孔子受命之后，写了《春秋》和《孝经》，这两部书是孔子特别写给后世新王的指导。

《孝经》的纬书发明了这样一段孔子写《孝经》的神话。对此，南朝梁沈约在《宋书·符瑞》中综合记载：“孔子作《春秋》，制《孝经》，既成，使七十二弟子向北辰星罄折而立。使曾子抱

《河（图）》、《洛（书）》事北向。孔子斋戒，向北辰而拜，备告于天曰：‘《孝经》四卷，《春秋》《河》《洛》，凡八十一卷，谨已备。’天乃洪郁起白雾摩地，赤虹自上而下，化为黄玉，长三尺，上有刻文。孔子跪受而读之曰：‘宝文出，刘季握。卯金刀，在轸北。字禾子，天下服。’”

这真是一段奇文！意思是，孔子写完《春秋》和《孝经》之后，率领七十二个弟子进行祭拜。这个作者显然不知道，孔子的“七十二弟子”是后来的人整理统计的，这些弟子分散在不同的时期、不同的地方，后来的入门时，有些之前的已经死了或散了，绝对不可能有七十二个弟子聚在一起的事。

因为曾子以孝闻名，所以《孝经》很可能是在曾子这个支系中出现的。因此，在描述中，是曾子带的头，他捧着神秘的《河图》《洛书》，而孔子打扮得像后来的道士般，即《孝经授神契》中说的“簪缥笔，衣绛单衣”，对天祭拜。然后，天立即有了反应，产生了白雾、赤虹，还送下一块长三尺（约合七十厘米），上面写了字的黄玉。黄玉上写的，就是谶（书），即对孔子彰示的预言。

预言说的是什么呢？很简单：这些宝文是要交给刘季（刘家的小儿子刘邦）的。这里都已明确地说出刘季的名字了，后面却还要故弄玄虚，像谜语般将“刘”字拆成“卯金刀”，“季”字拆成“禾子”，然后说如此天下就会服从。

谶纬以孔子为主角，创造了很多关于他的神话。《论语撰考谶》《春秋演孔图》《孝经钩命决》等写出了一个不像人，或者说几乎不是人的孔子。神话里的孔子因母亲“感黑帝而生”，这是为了让他在五行中有个明确的位置，担任受命却未登基的“素王”。因而，他的母亲颜征在就要和夏、商、周的帝王母亲一样，在梦中与黑帝交而受孕。

孔子名“丘”，他为什么叫这个名字呢？因为他的额头长得很怪，是“反丘”，意思是像个盆子一样凹了下去。反丘最特别之处，就是它会积水，能将德泽留住，即“德泽所兴，藏元通流”。而且，孔子长得比一般人高壮得多，“长十尺（约合两百厘米），大九围”，且“坐如蹲龙，立如牵牛”。意思是，孔子坐下来像条龙，站起来像头牛。

此外，他自己还会发光，这使他近看像昂星，望之如北斗星。他的嘴唇也跟一般人的不一样，“仲尼斗唇”，即他的嘴唇又厚又重，因为它要包纳一个跟一般人大不相同的舌头。而他的舌头足足有七层，这样的舌头讲出来的话就格外有分量，格外有权威。另外，“仲尼虎掌”“仲尼龟脊”，也就是，他的手掌、他的背脊，通通呈现异相。

天啊，这样的孔子，活生生就是个怪物！谁会愿意见到他，还把他当老师？

但是，这还没完，就连孔子的弟子都不是正常人。子张、子夏的眼睛很大，而且他们和老师一样，脸上有凹下去会积水的地方，只是他们的凹不是长在额头上，而是长在嘴边，也就是超级大酒窝。所以，他们随时看起来都笑得很开心。颜回、子贡和曾子则是头上长角的。

因为孔子不是正常人，所以他写了《春秋》和《孝经》之后，上天会垂下黄玉跟他说未来的刘季会让“天下服”。因为孔子不是正常人，所以他也不是用我们一般认定的正常方式写《春秋》和《孝经》的。

《孝经右契》说，孔子夜里做梦，他在梦中见到一个孩子，便问孩子是谁，在这里做什么。孩子就说自己看见了一只奇怪的动物，它有羊头，头上有角，角末有肉，这显然指的是麟。孩子说完了就向西边走。孔子意识到麟出现了，这代表天下已经有主，他跟随孩子到了一个神秘的地方，真的就见到麟了。麟见到孔子，把孔子的耳朵捂起来，从嘴里吐出三卷书给他……

搞了半天，原来书也不是孔子自己写的，而是麟从嘴巴里吐出来送给他的。这也太容易了吧！其实，在谶纬中，一切都是命中注定的。按照《论语撰考谶》的说法，孔子是个水精，是五行中水的化身，按照五行的理论，制度属于水，所以孔子会长于制定制度，可以为后世的汉朝制法。

所以，孔子成为“素王”是命中注定的。连带地，他的弟子们成为“素臣”也都是命中注定的。他们都是上天送下来的，都是异于常人的，都不是人生父母养的。

04

董仲舒将阴阳学说引入儒学

由今文经学发展而来的谶纬发展到这种荒谬的程度，难怪它会引发古文经学的强烈反对，且使之坚决地主张还原历史文献上的字句和事实。但值得探究的是，为什么从汉武帝到西汉灭亡前，有这么一段时间，从今文经学中会发展出这么荒唐的谶纬，而且它还在社会上如此流行，甚至一度蔚为主流?

从谶纬的渊源看，其根底来自东方，尤其是原来的齐地，也就是战国时期盛产方士之处。这样我们也就能理解，其实谶纬不是什么新鲜的东西，就是方士之术的脱胎换骨，借尸还魂而已。

方士之术之所以能变形复活，凭借的是董仲舒主导的思想转变。后世留下的记录说这是罢黜百家，独尊儒术，但回到汉武帝朝的历史现场，罢黜百家和独尊儒术并不是一回事。独尊儒术是一项政治政策，这是事实，然而这样的政策并没有产生罢黜百家的效果。

真正的情况是，在独尊儒术的原则下，原来的百家思想等，通通都挤在儒术的大招牌下，且因成为儒术的一部分而被保留了下来。汉武帝独尊儒术的政治用意，是排除之前黄老道家无为的原则对他的限制。因而，他只对黄老道家特别区分，其他包括法家、阴阳家等内容，他并没有严格的阻挡。于是，这些学派的表面名号被隐藏了，但其实质内容都被纳进儒术里了。

明确地说，独尊儒术之后的儒家和儒术，变成了一个大杂烩，它们和原始的儒家及其所传承的王官学已经很不一样了。而谶纬依附在经学上，将方士的数术、迷信等大量灌入儒家体系，这改变、扭曲了儒家。

这个时期的儒家之所以会被这样大幅地改变、扭曲，其中一个关键也就在于经书内容从原来封闭性的被改造为开放性的。经书的任何字句都是早已写好并定型了的，不能被随意改动的，它原本当然是封闭性的文本。然而，董仲舒等，一步步地抬高了解经者的重要性，扩张了诠释的空间。渐渐地，诠释可以不按照本文，可以自创内容进行补充，甚至改变本文，这便经书的终极权威实际上已经沦丧了。于是，群魔乱舞，且在很短的时间内，各种光怪陆离的东西都被任意加在儒术的大招牌下。

当时，天下重要的学问只剩儒术，从这个角度看，独尊儒术的说法没错；但儒术到底是什么，几乎没有了标准。几乎什么内容都可以偷偷塞进来，都挂起儒术的名号。从这个角度看，百家都变形为儒家的一部分，并没有被真正地罢黜。

那么，董仲舒为什么要将谶纬的源头，即阴阳五行理论引入儒术，以创造出明明原来不在儒家思想体系中的“天人感应”思想?

其中一个根本的理由是要应对前所未有的，过去的儒家没有遭遇过的帝国和皇帝权力。当时的皇帝不是天子，尤其不是周天子那样的封建共主，皇帝是大一统帝国中唯一的至高统治者，几乎没有其他的政治力量可以牵制或约束皇帝。

董仲舒摸索着找出了一个高于皇帝的权威，那就是天；也找出了一种利用天来给皇帝施加压力的形式，那就是“天人感应”。“天人感应”使天和皇帝之间，一直存在着紧张关系。天用灾异和祥瑞来评断皇帝的行事作为。

“天人感应”取消了偶然和意外，主张所有的自然现象都是感应的结果，也就是将自然现象彻底人文化，认为其后面一定有人的因素。如此就提供了一个能够不断地检视皇帝施政的机会和手段。大自然不可能没有变异，只要出现了“非常”，按照“天人感应”理论，人间就应该探求相应的人事异常，也就可以追究人的责任，因为总要有人负责。

正因为帝国制度将所有的权力逐渐都集中在皇帝一人的身上，所以要追究施政的人为问题，不管怎么追，最后都会追到权力的终极源头——皇帝。当然，没有人敢直接要求皇帝负责，皇帝可以将责任推给丞相，由丞相付出代价。所以，明明位高权重的丞相一职，在汉武帝时及之后的西汉一朝变成了危险的职位。因为当丞相的人永远不知道什么时候会灾难临头。发生地震了，丞相要负责；山崩了，丞相也要负责；天不下雨或下太多雨，丞相还要负责；甚至一头牛在路上喘息走不动了，都会有人叫丞相负责。

虽然现实中倒霉的是丞相或其他的官员，但自然变化与政治作为的联结必然给皇帝带来压力。于是，在这段时间里，我们看到了汉帝国政治权力的吊诡发展。一方面，原本分散给地方王国的权力不断地收束集中，原本外朝丞相及群臣拥有的行政权力也不断地被减弱，或被中朝侵夺，皇帝的权力越来越大；但另一方面，又有一个高于皇帝的权威同步在发展，那就是借自然给予皇帝压力的天，这约束了皇帝，使之没有变成绝对主观的独裁者。

05

谶纬的流变

今文经学及谶纬有其现实政治上的作用，它们本来就不是单纯的解经学问。而在现实政治上，借以约束皇帝绝对权力的，是其假托神圣，将经书讲成天上直接送下来的，再用上天主宰一切的神秘力量来节制皇帝的说法。也就是说，和“天人感应”有关的这些说法，有着具体政治上的运用。

千万别小看，更不能遗忘谶纬在现实政治上的影响。王莽在取代刘家成立新朝的过程中运用了许多谶纬；刘秀在从反对王莽的众多势力中脱颖而出当上皇帝的过程中，谶纬也发挥了关键的作用。

东汉成立后，随着古文经学的壮大，今文经学及谶纬快速地没落了。这样的变化也不难理解。谶纬既然可以复兴汉朝，也就具有足够的威胁力量再度灭亡汉朝。站在保护现实权力的立场上，聪明的皇帝都会想办法压抑谶纬的任意出现、流传等，正好古文经学从文献基础上瓦解了今文经学的知识合法性，顺带也削弱甚至取消了谶纬的作用。

然而，谶纬并没有真正地就此从中国历史上消失，只是从短暂的大传统显学隐伏到小传统杂学里去了。比如，南朝梁有一个著名的道士陶弘景，他写了一本书《真诰》，书里的篇名有“运题象”“甄命授”“协昌期”等。这几个篇名看起来是不是很眼熟？它们明显和谶纬的篇名有相似之处。

今文经学及谶纬没落的同时，民间道教的势力兴起。东汉末年，道教成了重要的动乱因素，这样的发展，不是偶然。虽然今天已经无法完整地还原其变化过程，但我们有充分的理由相信，谶纬和原来的方士传统，进入了道教。

道教有符箓系统，那就是将既有的文字加以小幅的改造，使之与大传统的士人使用的有所区别，并增添其神秘性，这种做法和谶纬的是一致的。谶纬主要是在字句的联结上创造出少见、独特的说法，道教后来进一步改造字形，转化出像字又与之不完全一样的“符”，以显示其非人间或超越人间的性质。

重新认识谶纬，在历史中将谶纬补回来，这一方面，让我们更精确地了解汉帝国的政治权力运作；另一方面，可以将其历史——从战国时齐地兴盛发展的阴阳五行和方士，到西汉的“天人感应”与谶纬，再到东汉以后的道教接起来。也就是说，它是如此一脉相承的。

道教源远流长，从时长上看，它并不比儒家的短多少。如果要衡量它对社会的影响，按人口数量算的话，那么道教的范围甚至应该比儒家的更广。这是历史的一部分，重要的一部分，我们不应该因为它留下来的文字材料较少、较偏僻，就忽略、遗忘它。

06

一切都是为了集权

容我从历史上再提醒一次，在西汉的初期环境中，帝国是件新鲜事，是还在摸索发展中的东西，如何让帝国运作，帝国各个不同的部门如何彼此配合等，这都还在不断地磨合中。皇帝的角色，皇帝运用权力的合理方式，乃至皇帝应该担负的责任，及其与群臣之间的分工等，这也都是帝国初创时必须反复磨合，以寻找答案的艰难问题。

帝国和皇帝制度不是一套准备好了的，或是从天上掉下来的、立即可用的完整模式。周公创设的封建制度，因具有高度的稳定性，而存在并运作了几百年。后来，它虽然经过许多变化、调整，甚至维持不住，产生了战国的长期动乱，却仍延续了很久，在当时也并没有被彻底地取代。正是因为取代封建的新政体千头万绪，所以帝国和皇权制度才没那么容易被建立起来。

也就是在帝国摸索试验的阶段，才会有今文经学、“天人感应”、谶纬一类的现象，才会有那么大的自由度去扭曲经典，改造皇帝形象，运用自然变化等。

几经拉锯，汉武帝朝确立了一项权力原则——集中权力。因此，皇帝是中心，而且是唯一的中心，在皇帝之外，帝国里不得再有其他的中心。原来的郡国并行制至此名存实亡，当时虽然有封国，但封国的国君没有实际的统治权力，他只是象征性地拥有该地，也仅得到该地的部分收入。其实，封国真正的统治管理，和其他郡县的没有两样了。

在中央朝廷，在权力位阶上，皇帝和丞相也不再是行政上的分工合作关系，而是隔出了绝对的距离。这不仅仅是中朝侵夺了丞相带领的外朝权力，而是通过汉武帝多次无情地诛杀丞相，戏剧性地表明了皇帝的压倒性优势。

和政治权力的集中同步进行的，还有经济资源的集中。地方的经济资源输送到中央，这和货币的发展关系密切，货币成了汉帝国联结的枢纽。

货币有两个基本功能。其中，第一个是价值尺度的功能。一张桌子和一个时钟如何进行交易？可以用原始的以物易物的方式交换，这时候交换的，是这两样东西的使用价值。但即使手上有时钟却需要桌子的人，正好去找手上有桌子却需要时钟的人进行交换，也有麻烦。其中最麻烦的是，第一，每个人对物品的价值认定是主观的、相对的、流动的；第二，物与物之间的价值不一定形成倍数关系，应该说，正常情况下都形不成倍数关系，这就增加了以物交易物的困难。

货币解决了，至少是大幅地减少了交易的困难。有了货币中介，每样东西就都有了一个以货币来计算的价格，价格和价值分不开，价格却比价值易懂、方便。而且，价格与货币存在倍数关系。这样不同的物品就可以靠货币而在彼此之间形成价格的倍数关系。

货币还有储存价值的功能。在以物易物的情况下，价值包含在东西里。因为物的价值通常是由其使用价值来决定的，然而在使用价值上的铁律，是边际递减效应。即拥有越多同样的东西，这样东西的使用价值对这个人来说就越低。比如米粮对饿肚子的人来说，再重要不过，但对已经吃饱的人来说就没那么重要了。同样的东西积累得越多，其使用价值就越低，这让使用价值很难被储存。

货币自身没有使用价值，却可以用来交换各种具有不同使用价值的东西。因为货币可以被拿去交换不同时候所需要的不同东西，而人的欲望无穷，所以货币的积累价值就不会变低或失效。而且，没有货币，人们就不会有强烈意愿积累许多自己用不完，也用不上的东西；有了货币，可以将抽象的交换价值储存在货币中，人们当然就会愿意追求货币和储存货币了。如此，货币就不受边际递减效应的规律约束了。

秦汉帝国的重要变化之一，就是统一的货币不断普及，进而广泛运用。秦始皇统一后发行半两钱，汉武帝在位时发行五铢钱，两个雄才大略的皇帝都注意到货币的作用。没有货币，尤其是没有统一的货币，偌大的帝国的资源要如何由中央朝廷集中利用？

只是用实物及人力征集的方式，多麻烦！修宫殿，造园林，提供军事行动所需，有货币和没有货币有很大的差别！货币让一般人得以积累财富，也就能以更大的规模帮助朝廷积累财富。

在成熟的货币环境中，货币会产生积极的循环效果。也就是，货币使万物可易，这刺激了交易行为的活跃，而活跃的交易又反过来刺激人们愿意使用货币，及积累货币去换各种东西。如此，货币就会加速经济发展。即它使人们有更强烈的意愿多生产，因为自己用不完、用不掉的东西，可以通过货币有效地卖掉，再用货币换取自己缺乏的、需要的东西。

《盐铁论》一书中的讨论，充分地反映了西汉货币经济的发展及其限制。被贤良文学拿来声讨的朝廷经济政策，比如均输，很明显是货币经济下才会有的产物。均输的做法，就是贱买贵卖，它用这种方式平衡供需，同时由朝廷赚取其中的差价。而贱和贵，依据的不是东西的使用价值，而是其用货币来计算的客观价格，也就是价值。况且，没有货币，人们基本上买不了也卖不了东西。

桑弘羊主导的这套政策，并没有在"轮台之诏"后就立即停止，甚至也没有在汉武帝去世后的霍光辅政时就结束。朝廷继续用这种方式聚敛财富，而原本朝廷所需的最大开销——对匈奴的战事开销，因为政策的改变而省下来了。这产生的实际效果就是朝廷突然比以前富有了，财政上也有了越来越多的盈余。因此，霍光才能频频减赋，与民休息。

但这种运用货币差价的做法，在《盐铁论》记录的会议中，遭到了贤良文学的猛烈抨击。他们显然抱持着原始朴素的价值观，认定只有靠劳力从土地上生产出来的，才有正当的价值。同样的东西，今天卖的和明天卖的、这里卖的和那里卖的，竟然会有不一样的价格，这对他们来说是完全无法理解的，他们也就自然地将交易产生的差价都视为朝廷对人们的剥削。

换句话说，从秦到汉的一百多年里，货币经济的高度发展实现了，却并未出现相应的货币理论，即解释货币的作用和价格变动的原因等的理论。这导致在主流的思想中，一直存在着对货币的不信任态度，甚至敌意。信奉无为的黄老道家不喜欢货币，他们认为货币刺激人的欲望。强调以农为本的儒家也不喜欢货币，他们认为货币夺走了农业的利益，伤害了农民的生活。

货币产生了很大的作用，然而在缺乏货币理论的情况下，货币经济发展到一定程度后，也就必然会遭遇突破不了的限制，甚至出现明显倒退的情况。

07

货币经济的发达和土地买卖

货币经济在西汉产生的效果，最明显的是促进了生产的专业化，以及刺激了交通运输条件的长足进步。《史记·货殖列传》总结道："汉兴，海内为一，开关梁，弛山泽之禁，是以富商大贾周流天下，交易之物莫不通，得其所欲。"这种"富商大贾周流天下"的情况，在汉武帝朝之后，更加普遍，程度更甚。

《汉书·食货志》说："至昭帝时，流民稍还，田野益辟，颇有蓄积。宣帝即位，用吏多选贤良，百姓安土，岁数丰穰，谷至石五钱，农民少利。"意思是，朝廷重视农业，这使农业生产增加，却导致谷价下跌，"农民少利"。

这样的矛盾一直存在。货币带来的交易方便使商业发达，货币发挥的储存价值功能使商业资本的积累成为可能。然而，重农抑商的基本观念，无从动摇。西汉不时便有限制商业活动的政策实行，反过来还要求致力于农业生产的提升。结果，农业丰收了，却因缺乏商业交易机制，而“谷贱伤农”，这实际上对真正从事生产的农民没有好处。

而且，朝廷从上而下鼓吹重农抑商，这使商业始终无法在社会上取得合法的地位，且随时被怀疑是否正当，商人的身份也就随之一直被轻视。如此必然带来的反应，就是在商业上得到利益的人，积累了一点财富后，就会想办法摆脱商人的身份，将商业资本转成土地资本，让自己从商人变成地主。商业交易在社会价值的阶层上属于“末”，与土地和农业相关联的则是“本”，商人变成地主后，其社会地位就明显提高了。

《史记》描述的“交易之物莫不通，得其所欲”，土地当然也包括在内。货币经济发达后，万物皆可交易，就不可能将土地排除在外。越原始的农业生产，越依赖天气，也就越难摆脱气候变化带来的荒歉影响。作为农民，最可怜之处就在于农业的生产条件其实非常不稳定。多下一点或少下一点雨，天气热一点或冷一点，甚至只是早一点冷或晚一点热，这都会给生产带来破坏性的影响。老天爷给的条件那么差，却还完全没有商量，而且不得不依赖。

因此，相对原始的小农经济严重缺乏保障。虽然丰年能储蓄，但如果是用实物的形式储存，因为所有的农作物都有保存期限，所以时间一到，那么储存下来的蔬果、谷物就相当于没有了。如果要转换成货币的形式储存，虽然可以在丰年时将农作物卖掉，但因为丰收，所以农作物反而卖不到好价钱，甚至会卖不出去。

再加上小农经济的零散规模，能够省下来储存以备荒歉的，十分有限。这也就意味着一旦发生歉收状况，就有农民活不下去，他们不会坐以待毙，就只能流离逃难到其他地方。而能否顺利地在其他地方就食，也还是没有任何保证的。

货币经济发达带来的影响，使农民处于荒歉困境时，多了一个选择——他们可以出卖土地，利用土地换来的钱渡过难关。西汉后期就出现了这样的情况，农业的不确定性依旧，但货币经济发达，这使遇到荒歉时，农民有了动机出卖土地，以避免流离失所。因此，一方面土地供给产生了。同时另外一面，靠着商业末利积累财富的人，也有动机收买土地，以将自己转型为地主，提升自己的社会身份。

一边要卖，一边想买，自然而然就产生了越来越活跃的土地交易。

08

西汉后期的土地兼并

土地交易活跃，然后呢?

既然刺激土地供给的最重要的因素是荒歉，那么这也就表示土地交易市场是个买方市场。卖方有迫切出卖土地，以换取生计的高度压力，买方则相对没有非买不可的必要。这种交易中的价格，也就必然对买方有利，而对卖方不利。也就是说，买方在荒歉时收购的土地，在荒歉后，平均能为他带来的收益，一定高于他购买土地所付出的代价。这对他绝对是有利的投资。

因而，西汉后期会出现土地兼并的现象，就一点也不令人意外了。手上有点钱的人，遇到荒歉在有利的条件下购买土地，成为小地主；土地投资又为他带来长期的收益，积累这些收益又能使他在荒歉时购买更多的土地，成为中地主；拥有的土地越多，他的承受损失的能力就越大，和一般小农的经济保障差距也就越大，于是，他很容易再收购更多的土地，成为大地主。

一旦货币经济进入农业体系中，人们开始用货币进行土地买卖，就很难防止这种土地逐渐集中在少数人的手里，地主的财产规模越来越大的趋势。在土地集中的过程中，西汉许多农民都变成了贫民、流佣或徒附等。这几个名词其实描述的是同一种人，那就是还依附在土地上，以农业生产劳动为生，但失去了土地所有权，耕种的是别人所拥有的土地的人。

兼并现象越普遍，就表示越来越多的人沦为佃，他们必须租用别人的土地耕种，因而劳力所带来的收获，就不可能都为他们所得。佃一般是以收成的比例来偿付土地代价的，佃的条件各地各时都不同，也有很大的差异，从收成的三成到七成都有。总的来说，租佃条件下，平均大约有一半的收成缴给了地主，实际劳动的佃只能保留一半左右的收成。如此一来，仅靠土地所有权就能每年坐收将近一半生产收益的地主，当然就又能购买更多的土地了。

而在这种土地买卖后形成的生产结构中，佃还不是最低下的。在佃之下，还有奴。西汉后期，在农业生产上就形成了这样的四层结构——地主、自耕农、佃和奴。原本自耕农是核心，然而货币进入土地交易之后，原先的自耕农这一层就开始瓦解。

卖掉土地维持不了自耕农身份的人，一般先选择成为佃，也就是仍然在原来的土地上继续他熟悉的生产活动，但是现在要把差不多一半的收成缴给买了土地的地主。不过，从西汉当时的价值观念看，佃仍然从事农业生产，仍然属于比较像样的“本”，比佃更低下的，还有奴。

现代经济学分第一产业、第二产业和第三产业。第一产业是依附土地的农业，第二产业是依附机器的工业，第三产业则是服务业，一层一层，越在后的产业越是进步的。然而，中国的重农思想价值观刚好与之相反，它认为，第二、第三产业在地位上远远不及第一产业重要，尤其是今天所说的服务业，在当时基本上是由奴来承担的。

有部分工业，特别是朝廷专属的冶铁业，其劳动力也是由奴来提供的。他们是官奴。另外，在私人大户家里，也逐渐有了私奴，而且随着时间日久，其数量在不断地增加。

奴主要也是从土地上分离出来的农民。自耕农下降为佃后，付出同样的劳力，却在缴完租之后，得到的收入比原来的少了将近一半。很显然，佃户能够养活的人口减少了，那些不再由佃户养活的人，就被迫离开，变成了奴。

汉武帝一朝大幅地扩张，处处都需要用钱，朝廷开销的规模以倍数的速度增长。这些钱有一大部分来自赋和算，赋是土地生产税，算则是人头税。收赋和算需要庞大的官僚组织，还需要复杂的管理程序。在一个低度发展的社会中，要进行并维持这样的组织运作，有其根本的难处。其中最简单、最根本的是，连可以有效掌握如此庞大资源的数学模式都尚未形成，不同的物品以不同的单位记数，这些不同的单位的数字如何加总都没有人会，就更不用提类似总体的财政规划与追踪了。

在这种情况下，土地兼并反而给朝廷带来了方便。赋和算都是由地主负责支付的，一个人拥有的土地越大，他的土地上所有的生产税及佃的人头税也就越多。朝廷现在只要找他一个人，就解决了这些税收问题，而不必像从前一样，一一找到每一家农户，按照每一个农民来收税。

换句话说，朝廷乐于见到土地兼并，因为这有助于朝廷简化税收行政，对不断扩张中的国家财政，也大有帮助。因而，无论从务本的意识形态上如何强调以农为本，朝廷都不会真正积极地维护小农，抑制地主。实际上，朝廷和新兴地主阶层有着隐性的共生互利关系。

而且，自耕农下降为佃后，至少在短期内对他有好处，那就是他只需要向地主缴租，而不必应对朝廷的税收了。扩张之中的朝廷，为了增加财政收入，显然必须不断地调高原有的税赋，或巧立名目新设项目，自耕农不堪其扰，而变成佃之后，他至少可以省掉这方面的麻烦。

当然，朝廷的需求增加到一定程度后，地主还是会将负担转嫁到佃的身上，收走其更大比例的农业收成，这使佃户的经济情况变差，也使更多的人从佃的身份上继续向下滑落为奴。

不过，在面对朝廷时，地主和自耕农还是有着根本的不同的。自耕农没有任何与朝廷讨价还价的条件，只能逆来顺受，任朝廷予取予求。地主，尤其是后来不断坐大的大地主，他们在地方上拥有越来越大的影响力，也就有了对抗朝廷的筹码。所以，他们很容易就转变为让朝廷头痛的豪强，他们也就不再乖乖地向朝廷纳税了。这是由前面提过的朝廷和地主的隐性合作关系，以及朝廷放任地主的态度所产生的棘手问题。

09

重农并非重视农民

西汉的基本价值观是重本抑末，即重视农业，强调农业的核心地位。但回到历史的事实上，我们要小心，不能将这样的价值观混淆为重视农民。重农和重视农民不是同一回事。

西汉朝廷的重农政策，是重视农业生产，抬高农业生产的地位，强调耕地的重要性。因为重农，所以以非农业形式所取得的财富，都倾向于回到土地上，商人以末业赚了钱，都要想办法让自己转型为地主。但在土地上真正负责生产的是什么人呢？他们得到的是什么样的待遇呢？

吊诡地，正因为农业生产重要，朝廷财政以农业为根基，所以朝廷就顾不到农民的情况。对朝廷来说，确保能够稳定地、有效地收取农业收益，这是命脉所在，地主的出现及扩大，在这方面对朝廷有利。重农的价值观在这个阶段，使朝廷站在地主的一边，就算没有实质鼓励，朝廷至少也被动地纵容了地主势力的兴起。

然而，地主一时和朝廷利益一致，没过多久，这样的关系就变质了。

原因是，一方面，地主升级为大地主，大地主升级为超级大地主，他们掌控地方的资源后，就开始和朝廷有冲突了。豪强逐渐成为地方上最麻烦的动乱失序因子。另一方面，更根本地，土地越集中，自耕农越少，因为真正付出劳动力的农民得不到合理的待遇或照顾，这到一定程度后，基本的农业劳动力维持都会出问题。不重视农民的重农政策，纵然可以得到一时的发展，终究还是会带来农业残破的危机。

传统历史上有“昭宣中兴”的说法。从表面上看，汉昭帝、汉宣帝两朝的确很不错。汉昭帝朝由霍光支撑住了，汉宣帝来自民间，更是明确地停止了之前许多好大喜功的政策，两朝都有相对厚道的统治者。不过，昭宣两朝的繁荣富裕，其实也就是建立在这种重农政策的因果时间的落差基础上，只能是一时的、短期的现象。

“昭宣中兴”的基础，就是“轮台之诏”后停止了扩边战争，大幅地降低了开支。这让朝廷的财政逆转了过去几十年的方向，而能够与民休息，且朝廷不断地下诏减少、减免税赋，以使人们保留较多的生产所得。不过，这是和土地兼并同时发生的，于是，地主享受到了大部分的减免，作为佃的实际生产者就不见得真正能得到多少好处了。

换句话说，在这个过程中，地主又变富了，他们从中得以获取了更多的生产收益且不用上缴给朝廷，于是更增添了收购土地的动机和资本。这也就解释了，为何虽然霍光他们斗倒了桑弘羊，实践了“轮台之诏”的新路线，也得到“昭宣中兴”的社会复苏与繁荣效果，但在接下来的汉元帝、汉成帝（公元前33—前7年在位）、汉哀帝、汉平帝（公元前1—公元6年在位）诸朝，经济生产秩序仍不可避免地瓦解了，进而带来社会动荡，最终瓦解了西汉原有的政治结构。

其中的关键就在于无节制的土地兼并。汉昭帝、汉宣帝两朝基本上没有拿出任何试图减缓土地兼并现象的政策。于是，本意是要嘉惠农民的减赋做法，实际上却肥了地主，而且是越大的地主得到的越多。这进一步拉大了贫富差距。大地主越来越大，越来越富，自耕农却越来越少，且不断地滑落为佃，又再下降为奴。这样的社会结构，很难维持和平运作，不乱也难啊！

第十讲

帝国宿命
与王莽改制

01

权力集中于皇帝一人产生的恶果

秦统一六国后，终结了封建制，并以郡县制取而代之。西汉成立后，一度恢复了封国，并改行混合折中的郡国并行制。然后，从汉高祖到汉武帝，地方王国逐步消失了，西汉一朝又变成纯粹中央集权的统治制度。

在这个过程中，许多地方的王国都遭到了整肃。先是异姓的封国被一一消灭，之后地方王国全由刘姓子弟掌控，还制定了“非刘氏而王者，天下共击之”的原则。但刘姓子弟当王，也没维持多久，相较于中央朝廷，地方王国的地位越来越低，势力越来越小。在汉武帝朝，基本上没有独立的地方王国存在了，地方王国与王只剩下了虚名。

在将放出去的权力收回中央的过程中，汉景帝时发生了刘姓亲戚直接兵戎相见的七国之乱。汉武帝朝，皇帝采用了更多无情的对付刘姓诸王的手段。如此一来，皇帝实际上破坏了中国传统政治中的“亲亲”原则。也就是说，原本在政治上，亲戚关系被特别看待，君王特别相信亲戚，因而会将权力优先和亲戚分享，即越近的亲戚，得到的权力越大。

汉武帝朝之后，这套“亲亲”逻辑基本上不适用了。亲戚非但得不到特别的信任，往往还遭到特别严格的怀疑和监管。尤其是经历了戾太子案，即理论上应该最亲近的太子和父亲反目成仇后，汉武帝就更不可能将权力交付给亲戚了。权力和资源不仅集中到中央朝廷，而且集中于皇帝一人的身上，没有人可以具有和皇帝同等的地位，甚至没有人能够拥有接近皇帝的地位，皇帝和其他人包括宗亲之间的距离越来越大。

如此产生了严重的后遗症。皇帝如此重要，他和其他人之间是绝对的而非相对的差距，连带地，谁有资格来继承皇帝，就变成越来越严重，也越来越麻烦的事。因此，皇帝的“生殖垄断权”就受到了空前的重视。要确保皇帝能够充分地控制继承者的血统，也就必须保证在皇宫中进出的人，不会威胁到皇帝的生殖专擅权力。如何做到这一点？很显然，最彻底的办法就是让皇宫中除了皇帝之外，没有其他的男人。

原先在“亲亲”的原则下，可以接近皇帝的亲戚们，现在他们都成了权力上的可疑分子，而被刻意地排除在皇宫之外。帮皇帝处理政事的外朝官员，也因为他们的男性身份，被视为对皇帝的生殖垄断有威胁之人，也必须被挡在皇宫之外。那还有谁能进入皇宫服务于皇帝？宫妃之外，就只剩下不是男人的男人——宦官了。

02

皇权集中让宦官钻了空子

司马迁在《报任安书》中，如此真情激动地为任安对他的误会辩解，他沉痛地指出，自己之所以看起来和皇帝很亲近，那是因为自己受了腐刑，丧失了男性的生殖能力啊！经常在皇帝左右，这绝对不是什么值得骄傲、值得被羡慕的事。因为他实际上变成了一个宦官，变成了残缺不全的人，而这样的人虽能接近皇帝，但必然得不到皇帝的基本尊重。

司马迁写这么悲愤的信，就是要表达："如果能有一点点的其他选择，我怎么会接受这样的事？而你竟然还因此对我产生了误会，认为我得到了很大的影响力！不接受最屈辱的腐刑，我就只能死，而死了就无法完成毕生的志业——将《史记》写出来。于是，我才忍非常之辱，留着这样的余生。如果用这种方式接近皇帝，那有何价值？"

在皇帝的身边，有很多宦官，他们都是接受了非人的待遇才得以进入宫中的，以不完整的人的身份活着的。从司马迁的反应，我们很能同情地理解，这样的人，怎么可能正常？而皇帝的身边，也就是最接近皇帝的，正是这些不正常的人。

司马迁所经历的，也就是当时所有的宦官都经历过的“卜蚕室”。什么是蚕室？那是像养蚕一样的地方，它窄小而且密不通风。被“去势”，即被割除了生殖器之后，他要被关在在这样的蚕室里过很长一段时间。以现代的医学知识来解释，这是为了尽量和外界隔离，以免造成伤口感染。在那个时代的原始条件下，割除生殖器是大伤，不仅割的时候痛，而且割完了受到感染，伤口无法复原的概率很大。

这真是恐怖、极度残酷的经历。其中很高比例的人，就因为各种并发症死去了；勉强活下来的，也必然在精神上留着永远无法磨灭的伤痕，他们的人生被彻底地改变了。

为了保证皇帝的生殖垄断权不受威胁，皇帝就只好置身在这样一群精神扭曲的“非人”之中，由这群人在四周服侍皇帝，这是帝国权力集中所付出的代价。这些受过彻底伤害的人，一般内在会有强烈的残缺意识，连带产生高度的自卑感，并且会时时受到不安全的恐慌打击。更糟的是，进入皇宫，他们失去了和原来家庭的联结；成为宦官，他们又被剥夺了生养子嗣的机会。他们的人生如此悬宕空虚，他们怎能正常？

但这个问题贯穿整个中国古代史，皇帝的身边都是这些注定有严重心理问题的人。因为自卑，所以如果有人尊重他们，奉承他们，那他们能得到的满足远远超过正常人的；换另一个方向看，因为自卑，所以他们也会从对看不起他们的人的报复上，得到异常的愉悦。

西汉从汉武帝之后，宦官就在政治中扮演了越来越重要的角色。皇帝和宗亲疏远了，也和外朝大臣疏远了，权力和资源越是集中，吊诡地，皇帝就越是孤独、自闭。刚开始还有一些正常的男人得到特权进入中朝服务，但逐渐地，在皇位继承斗争越来越严重后，这种人越来越少。而能在宫中走动的，绝大部分都是宦官了。

宦官的集体心态与集体利益，使他们必然倾向于割离外朝，并尽量垄断皇帝。当他们成功地将外朝隔绝时，实际上就形同绑架了皇帝，他们就可以借由皇帝的权力来发泄他们精神上的种种扭曲。这就是元、成、哀、平诸朝的普遍现象。

宦官围绕着皇帝，其他人就只能通过宦官才能接近皇帝。在这样的环境条件下，其中少有的例外，是外戚。皇太后或皇后的亲属，从伦常的道理上看，他们进宫来见皇太后或皇后，保证不会影响皇帝的生殖权，他们是难得的缺口。于是，皇帝越是被宦官绑架，越是与外界隔绝，外戚这个仅有的缺口就越发难得与重要，外戚在宫廷中能发挥的作用也就相对提高。

昭宣之后，西汉王朝陷入了内外困境。在外面，土地兼并越来越严重；在里面，宦官对皇帝的控制越来越严密。

03

皇帝掌控不了中朝

汉宣帝之后是汉元帝，汉元帝在历史上有一个明确的形象，是“仁柔”。汉宣帝在世时就对作为太子的他的“仁柔”感到不安，但考虑到原配许皇后，就没有换掉他。因为汉昭帝去世时无子，所以在霍光的主导下，朝廷从民间将汉宣帝找来继位，当时汉宣帝就已经娶妻生子了。许皇后相当于汉宣帝未即位时共过患难的妻子，两人感情深厚，太子是许皇后亲生的，汉宣帝不忍废换。

太子曾经因劝汉宣帝多用儒生，而被汉宣帝训了一顿。汉宣帝告诉他：“我们王朝的传统，是儒法并用，不能独任儒术。”训过之后，汉宣帝忧心忡忡地预言：“乱我汉家者，太子也。”

汉宣帝去世时，这位太子二十七岁，以任何标准看，他都不是小孩子了。但显然出于对太子过于“仁柔”的担忧，汉宣帝死前竟然比照汉武帝故事，任命了三个人辅政。但和汉武帝的任命很不一样的是，奉命辅政的人包括宦官石显。这清楚地展现了中朝崛起，掌握实权的情形。

汉元帝即位没多久，石显就对外朝辅政大臣萧望之发动攻击。他用的方式，和当年桑弘羊和上官桀等斗霍光时用的一模一样，但两者的结果截然不同。趁着萧望之休假时，石显上奏汉元帝，揭发萧望之图谋不轨，建议汉元帝将萧望之“召致廷尉”。汉元帝同意了，于是萧望之被捕下狱。过了一段时间，汉元帝问起来，才发现原来“召致廷尉”是这个意思，他吓了一大跳，难过得痛哭流涕。

通过这件事，我们更深入地明白了汉宣帝所担心的到底是什么。“仁柔”其实是掩饰之词，真正的问题是汉元帝的智力恐怕不及一般人。他当了那么久的太子，却始终无法搞清楚朝廷的运作，这才会惹得汉宣帝训他，要他去弄清楚政治运作的现实。汉宣帝死前，一定知道儿子虽然二十七岁了，却并未具有正常的成年人的行为能力，所以才会忧心地指定辅政人员。

“仁柔”的汉元帝对外朝很陌生，才会连什么是“召致廷尉”都不懂。绝大部分时间里，他都将自己关在宫中，和大批的女人在一起。汉元帝一朝大幅地增加了宫闱中的侍女人数，他们甚至多到汉元帝无法一一认识，必须请画工为每一个人画像，以供汉元帝指认的程度。于是，想要得到亲近皇帝机会的侍女，就去贿赂画工，请画工把她们画得漂亮、迷人些。如此而有了后来流传的王昭君故事，据说她就是因为没有贿赂画工，而被画工刻意画丑了，所以才沦落到被送出塞和亲的。

史书上明确记载，汉元帝朝宫内的开销大幅地增加。因为侍女多了，连带被服、用具、金银饰器，乃至车马等都要跟着增加。所以，仅是养马就养了近万匹，仅是进贡被服就动用几千个工人长期工作。朝廷对外的支出减少了，汉武帝朝建立起来的聚敛机制却依旧运作，所以朝廷就能有余力将宫中弄得豪华奢侈。

汉元帝将自己关在这豪华的宫闱之内，与外朝越来越疏远，于是朝廷权力就落在了领导中朝的石显手中。汉元帝去世后，当时二十岁的汉成帝刘骜即位。新即位的汉成帝无法忍受石显掌有大权的状况，但他要如何对待占领了中朝的宦官呢？只能依靠他的母亲王太后的亲戚，这是他在宫中少数熟悉，并能联系运用的力量。石显被外戚王家的力量打败后，权力并没有回到汉成帝的手中，而落到了王家的身上。

石显的势力被消灭后，朝廷中最有权力的人，是汉成帝的舅舅王凤。王家的五个儿子竟然在同一天一起封侯，号称“五侯”，这使外戚王家不可一世。

04

帝国政治的宿命结构

汉元帝将大部分力气和时间花在经营宫闱上，他的儿子汉成帝却有不一样的嗜好，即修建自己的陵墓。一个二十岁的年轻人，着迷于规划兴建自己死后埋葬的地方，这很不正常，甚至是病态的。

他是如何修延陵的呢？他要求堆土要从远处运来，这样的土在成本上简直和等量的米一样贵。这样的土可以保证死后尸体不腐烂或灵魂能够安居吗？显然不是！况且除了讲究堆土之外，朝廷还征调了几万徒众，且经常点着火把在夜里赶工。皇帝才二十岁，干吗急着要将陵墓建起来？

建陵墓，不是为了死人或死后状态，而是为了当下的活人能从中得到好处。有建陵墓这样的超大型的公共工程，也就有了朝廷资源聚集的焦点，很多人，特别是围绕着皇帝的外戚和宦官，就可以从参与工程中将大笔的公共资源纳为已有。

换句话说，建陵墓是为了挤榨国家资源，而这些资源从何而来？从百姓的身上来。百姓是谁？直接承担动员冲击的，虽然变成了地主，但地主必然将压力往下转嫁到佃户身上。佃户受不了了，就有一部分更往下滑落，成为奴。于是，奴的人口数增加了，这刚好提供了大型公共工程所需的人力。

汉成帝和汉元帝一样，养了庞大的后宫，但到他四十四岁去世时，都没有生出子嗣来。朝廷找来他的弟弟的儿子立为太子，这就是后来继位的汉哀帝刘欣。

汉哀帝留下了一个有名的故事和流传至今的成语，即“断袖之癖”。汉哀帝迷恋男色，特别宠爱董贤，连睡觉都和董贤同榻。汉哀帝醒来后要走，董贤还在睡，汉哀帝的衣袖被董贤压在身下，为了不吵醒董贤，汉哀帝干脆将衣袖砍断了。

得到皇帝这样的宠信，所以董贤二十二岁就当上了大司马，又随时进出宫闱，但好景不长。

史书上说，汉哀帝走路时无法“跨足”，即无法左右脚交错跨步前进，一次只能伸半步，左脚向前，右脚跟上，左脚再向前，右脚再跟上，这样迟缓前进。显然，他的身体状况很差。他在位七年，二十五岁就去世了，当时九岁的汉平帝继其位。

看一下这几位皇帝即位时的年龄，汉元帝是二十七岁，汉成帝是二十岁，汉哀帝是十八岁，汉平帝是九岁。再看一下他们在位的时间，汉元帝是十六年，汉成帝是二十七年，汉哀帝是六年多，汉平帝则不到五年。趋势很明显，皇帝即位的年纪越来越小，在位的时间也越来越短。同样明显的是，年纪那么轻，在位时间又不长的皇帝，很难在国政上进行强力的改革作为。

但这时候，西汉政治积累的问题，没有强力的改革是解决不了的。桑弘羊时代建立起的朝廷财政聚敛机制仍在，它持续地将民间的资源挤榨出来，并将之集中到中央；同时土地兼并状况越来越严重，贫者越贫，富者越富，贫富差距不断拉大。两项因素又彼此连环互动，而朝廷聚敛越多，自耕农就越顶不住压力，就越是必须出售土地给地主，而下降为佃，再沦为奴。

此时迫切需要的，是具有坚定意识的朝廷，将资源聚敛机制暂停下来，并且找到更有效的方式阻止土地兼并的情况继续恶化。但接连几位在身体上或意志上都极为孱弱的皇帝，不可能提供这种改革所需要的领导魄力。

按照当时已经形成的趋势，土地兼并越来越严重，朝廷聚敛机制又持续地挤榨，第一线上承担农业生产的劳动骨干迟早会被压弯压断，只有阻止、逆转这样的趋势，才能挽救帝国，而使之不没落，不灭亡。然而，汉武帝所确立的皇帝权力集中制，又使居于禁中的皇帝和外界越来越隔绝，这不仅使皇帝无从掌握国家的真实困境，也让有自觉、有能力的皇帝难以出现。

皇帝长期和外朝关系疏远，又被宦官包围，只靠外戚来取得外面的信息，如何察觉帝国的问题，又如何找到有效的解决办法？而且，这样的皇帝手上仍然握有庞大的资源聚敛机制，他就很容易倾向于将收拢来的财富，花费在无意义的事情上。西汉就是在这样的结构性缺失的情况下走向终结的。

西汉实际上亡于帝国的结构性因素。越来越大的压力终于压垮了农业生产。农业瓦解了，人们沦为佃，沦为奴。活不下去的奴便铤而走险发动叛乱。

西汉末年的乱局，是由“铁奴”率先启动的，这些人中很多都是在一代、两代之间快速地由自耕农到佃再到奴的，他们积累了高度的被剥夺感。奴的骚动进而引发佃的骚动，这扩大了动乱的范围与规模，同时给农业生产带来了更严重的破坏。生产中断了，饥民变成了流民，他们又构成了一股一股到处就食取食的盗匪。

这是帝国政治的宿命结构。宿命，意味着不仅西汉会遭遇这样的情况，后世历史上我们会一而再再而三地在许多王朝的末年看到极为类似，简直像是拷贝般的现象。也就是说，中国各朝几乎都是以同样的方式没落、灭亡的，难怪长期以来朝代循环论会如此盛行。

不过应该分析说明的是，朝代循环不是什么自然铁律，更不是什么神秘的超越现实的力量所规定的，中国的朝代循环是可以解释的历史现象。其中的关键就在于帝国政治的结构，尤其是中央集权产生的因果连动。

在各种客观工具、手段不成熟，基础建设低度发展的条件下，要管理这么大的帝国，非要将权力和资源都集中到中央朝廷不可。帝国开销大，却只能主要依赖田赋收入，一旦支出显著增加，就必然促成了土地兼并的发达。

因为底层的农民不得不卖地求生，而地主获得了土地，一来能不劳而获地积累财富，二来能帮助朝廷减小收税的程序和费用等，所以土地一旦开始买卖，就会越卖越多，越卖越集中，这会一直持续到朝廷和地主的双重压力，最终将土地上的农业生产压垮为止。

05

王莽崛起的背景

西汉是第一个被这种宿命结构搞垮的王朝，不过，这毕竟还是要借由王莽之手，让西汉的刘家皇帝退位。

讨论王莽时，我们必须特别小心。王莽的新朝夹在西汉和东汉之间，东汉的建立者自觉地接续西汉，以此作为其政权合法性的主要来源。因而，东汉的政治意识中必然带着对王莽的强烈敌意，将之视为可怕又可恶的僭越者。而我们今天能看到的关于王莽的历史资料，都是经过东汉的人整理、改写过的。如果期待在里面看到一个真实客观的图景，那基本上是不可能的。

谨慎地对待王莽的相关史料，从东汉人的立场来理解，我们可以有大致的判断标准。关于王莽执政之后的种种改革作为，东汉的记录应该可信，因为这些记录是用来解释王莽为什么失败的。

对王莽的失败，他们能够坦然以对。但关于王莽崛起的记录，那就是另外一回事了。东汉人很难诚实地面对王莽的成功，他们肯定会刻意剪裁，以不让王莽的身上沾染太多的光彩。

在后世通行的史料中，关于王莽的崛起，有一个基本的论调，那就是他的虚伪与狡猾，也就是说，他是靠欺骗和诈术才取得至高权力的，因为唯有如此，才能让他的成功没有光彩，他才不值得我们佩服、肯定。然而，在历史的理解和研究上，我们实在不能就简单地接受这种说法，至少要追问一声："如果他做的是假的，那为什么他能让这么多人相信？"

再怎么高明的骗术都需要有其基础，甚至可以说，越高明的骗术，越是需要依靠特殊的集体心理背景才能成形。即便王莽的权力是骗来的，那他究竟是在怎样的集体心理背景中，运用他的高明骗术的呢？当时的人在他身上错看到了什么，从而投射给他那么大的信任和期待？这是不能不问的重大问题。

要回答这个问题，我们必须将王莽放回那个具体的历史时空中。

王莽崛起的第一项条件是他的身份，他出身于汉元帝、汉成帝朝的大外戚王家。王莽的祖父王禁一共生了八男四女，其中，第二个女儿王政君进宫成了汉元帝的皇后，汉元帝死后，她就升级成了皇太后。她当皇后时没有太大的权力，成为皇太后就不一样了。虽然汉成帝不是她亲生的，但受不了宦官控制的汉成帝，只能依靠外戚皇太后家提供对抗宦官的势力。于是，王家在政治上的地位扶摇直上。

前面提过，王家鼎盛之时，一天当中就有五位兄弟同时被封侯。这“五侯”分别是王谭、王商、王立、王根和王逢时。所以王家有五个封侯的兄弟？错了，不仅五个。在这五个人封侯之前，王政君的两个哥哥，老大王凤和老四王崇，已经被先封侯了。别被“五侯”的名称误导了，他们一家兄弟其实是“七侯”啊！

刚刚才说的，王禁生了八个儿子，其中七个封侯，那还有一个呢？唯一的一个没被封侯的，是老二王曼，因为他死得早，没等到王家发达的时候。王莽是王家人，但他不是“七侯”中任何一个的儿子，而是那个例外没有被封侯的王曼的儿子。

王莽的父亲死得早，他的上面有一个哥哥，哥哥娶妻后不久也死了。所以，他们家的这一支既得不到政治上的好处，又人丁不旺，特别可怜。正因为这样，皇太后，也就是王莽的姑姑，可怜王莽的遭遇，就收留了他，让他在宫中长大。王莽没有享受到他们王家的荣华，却有了不一样的成长过程。在这个过程中，最重要的一项是受业明儒，他需要读书，也要靠读书为自己建立在社会上行走的基础，而不能靠家世。

06

理想主义的儒者王莽

长大之后，王莽自然有了很明显的形象。他是显赫的王家中，最不像王家人的。

他孑然一身，还要奉养母亲及支持寡嫂孤侄。他不可能像王家其他人那样有华丽的排场，相反，他“散舆马衣裘，振施宾客，家无所余”，也就是说，他以不贪财而闻名。那个时代应该有很多不贪财的人吧，但贵为仅次于皇帝刘家的大外戚王家，竟然有不贪财的成员，他当然就格外地受到关注。

另外，他还以孝闻名。当时流传很广的一个故事，就是他自己的儿子和哥哥的儿子，也是由他照顾的侄子，两人同一天娶妻成婚。这是件大事，一门两件亲事，尤其展现了王莽将孤侄和儿子同等对待的态度。然而，在这场联合大婚宴上，王莽坐不住，并没有享受到当双重主人的风光。为什么？因为母亲生病了，王莽无法安心，所以他频频起身入内服侍母亲。

回到当时的社会背景中，这件事还突显了王莽的另一个特别之处。他要亲自为母亲服侍汤药，这除了孝亲之外，还因为他们家不养奴婢，不能将照顾母亲的工作交给奴婢。这又是一件稀奇的事，当时一般豪族之家都流行买奴婢，也就是家奴，只有王莽家始终不蓄奴。

一度长安传言，王莽家新买奴婢了！许多人用一副“他到底还是跟大家一样的嘛！”的态度对待这个消息。然而，他们更进一步了解事实后，发现王莽没有将买来的奴婢留在自家工作，而是将之送给了将军朱博，因为朱博无子，老了乏人照顾，所以王莽买奴婢送给他。

关于奴婢还有一个故事。在那个时代，奴婢是家中财产，其连生命权都不受保护。王莽的儿子王获在家中养奴婢，却杀了其中一个奴婢。王莽知道这件事后大怒，竟逼得王获自杀。

王莽任安汉公时，将女儿嫁给汉平帝当皇后，他成了皇帝的岳父，汉平帝下令赐地两万五千六百顷，王莽坚持不受。因此，国中大骚动，竟有四十多万人上书要求汉平帝“加赏安汉公”。

王莽的这些做法，以及由这些做法所获得的名声，在东汉整理过的史料中，都被看作假的、装的，是他用来诈骗社会支持所行的诡术。然而重点在于，为什么王莽这样做，就能够在当时的社会上得到热烈的响应，并抬高了他的地位与知名度呢？

拨开东汉史书对王莽及新朝必然会有的偏见攻击，我们其实可以清楚地了解王莽从崛起到取西汉而代之的真正原因。

西汉后期，儒学大兴，儒家观念与儒家价值深入人心，然而同一时期，外戚、宦官轮流得志，豪族大家聚敛成风，换句话说，社会上有权有势的人的所行所为却都违背了儒家的价值观。这使思想和现实之间形成了巨大落差。

因为在西汉，儒家经学不是以纯粹学术的性质流行的。所以，虽然今文经学、古文经学的差异大，但儒家的根本精神是极为清楚的。儒家讲究礼，礼的重点在于节，即依循一套共同的、绝对的秩序规范，来节制自己的欲望与冲动，才能提升为真正的人，也才能组织起像样的社会。

这样的想法引申到政治上，就必然要强调亲民、爱民，也就是要求统治者，及各级领导者带头示范节制的行为，照顾百姓，让百姓都能安居乐业。政治上的理念如此，然而在现实上，西汉末年社会上地位很高、权力很大的人，他们嚣张地展现着夸张奢华的生活，丝毫不节制，这是和儒家理想完全相反的面貌。

收买奴婢与大量土地，过豪奢生活，这是有地位的人公开且张扬地做的事。他们这样做，当然也就表示有许多人被卖为奴婢，许多人失去了赖以为生的土地，更多人连基本的温饱都得不到。

王莽具有外戚身份，他大可以跟这些人过一样的生活，但他不。他选择简朴、孝亲、普施，而且反对苛待奴婢，反对兼并土地。接受、相信并实践儒家价值，这损害了王莽自己的利益，他却义无反顾。如此感动了许多人，他们在他的身上看到了真诚，他真诚地相信儒家价值，而且忠于自己所相信的。

他是外戚，也是儒者。或者应该这样说，他的身份是外戚，但他的行事风格是儒者的。身为外戚，活得像个富豪外戚，这很正常；身为儒者，活得像个儒者，这也不稀奇。身为外戚，却自我约束，活得像个儒者，这就很不寻常了。

07

王莽同时掌握了中朝和外朝

汉哀帝即位时，王莽担任大司马，他给新皇帝的第一个建议就是朝廷要限田、限奴婢。后来，他和当时的丞相孔光还真的拟出了一套限田、限奴婢的办法。这套办法，当时虚弱的朝廷体制是无法落实的，它徒具虚文，却让王莽的名气更大了。

汉哀帝不是汉成帝的亲生儿子，当上了皇帝后，他就带来了他的母亲丁姬和他的祖母傅太后。于是，丁家和傅家就变成了新的外戚，他们也就必然和原本不可一世的旧外戚王家产生了矛盾。汉哀帝即位后的第一件事，是要把丁姬升格为丁太后，把傅太后升格为傅太皇太后，要改她们的尊号。但这件事遇到了大麻烦，那就是原来的王太后，也就是王莽的姑姑王政君，也理所当然要被尊奉为王太皇太后。

一朝可以有两个太皇太后吗？王莽立即上书反对，以保护自己姑姑的地位与权力，他的意见当然得罪了新皇帝与新外戚，于是在斗争中，他被从中央朝廷赶了出来，到地方上去了。

这段经验，对王莽来说，真是因祸得福。首先，他脱离了原来的外戚权贵身份。社会上的眼光，现在看的不再是他们王家，而是丁家和傅家。再加上汉哀帝宠爱董贤，于是董家也在这日益混乱破败的王朝政治中参了一角。朝廷被丁、傅、董等新外戚搞得乌烟瘴气，这就让大家相对怀念起原来的旧外戚王家了。新旧对照，大家难免觉得以前王家当权时，朝廷还没那么糟，更重要的是，王家当权时，还有个行为格外不一样且值得尊敬的王莽。

其次，对王莽来说，更幸运的是，汉哀帝在位的时间，总共只有短短的六年多。汉哀帝死了，没有留下子嗣，于是丁太后、傅太皇太后连带失去了身份。于是，政局的决定权就回归到在皇族伦理中地位最高的人——汉元帝的皇后、汉成帝的皇太后王政君的身上。

王政君和王莽商量后，立了汉元帝的一个孙子刘衎为皇帝，他就是汉平帝。汉平帝被找来继位时，只有九岁，而且他的身体很不好。以今天的医学来推断，汉平帝可能患有严重的先天性贫血症，病发时四肢和脸孔会发黑。

有鉴于汉哀帝朝所发生的事，汉平帝继位有个前提条件，那就是汉平帝的亲生母亲不能入宫，以防止再发生如丁家、傅家等多重外戚斗争的状况。这样的做法，对才九岁的汉平帝来说当然很残忍，当然也是出于保障王家权力的私心，不过在那样的时代氛围下，这是受到肯定的、欢迎的。

经历了汉哀帝朝之后，没有人想要再看到一个新的外戚进来。王家相对最好，也最值得信赖。而且阻却新的皇太后，意味着掌权的王家意识到外戚的问题，也试图缓解外戚所带来的政治破坏。

汉平帝即位后，由孔光担任丞相。王莽尊重孔光，和孔光共同执政，和外朝维持良好的关系。王莽的形象，使他在儒者之间得到很高的支持。他离开中央朝廷期间，汉哀帝元寿二年（公元前 2 年）发生了日食后，便有贤良文学共同上书，表示天象显示朝廷应该广为用人，而他们明确推荐的人才，排名在最前面的就是王莽。

这意味着原本外戚出身的王莽，已经成功转型为儒者的领袖了。他不是单纯靠外戚干政将西汉消灭的。在汉平帝朝，王莽和孔光合作达成了一件从汉武帝朝之后就没见过的事——将中朝和外朝结合在一起。和外朝的紧密合作也就更突显了王莽尊经的态度，以及年轻时“勤身博学”“折节为恭俭”的背景。别忘了，在西汉，经学是非常重要的政治资本。

董仲舒的“天人感应”理论成功地将天置放在皇帝的权威之上，它使皇帝都不得不接受各种灾异现象的节制。今文经学，尤其是谶纬的发展，又塑造出另外一个高于皇帝的权威，那就是神化了的孔子。王莽懂得尊经、敬孔，顺应着这样的社会信仰，他分沾了经学与孔子的权威，因而得以逐渐凌驾于日益贬值的皇帝之上。

08

古文经学对王莽的支持

一个外戚却不跋扈，不嚣张，还努力学习经学，崇敬孔子，这样的名声为王莽积累了重要的政治资本。在这个过程中，王莽身边的一位学者发挥了很大的作用。这个人就是刘歆。

刘歆是世家子，他的父亲刘向是个有名的学者。刘向早早就进入宫廷，长期担任整理宫中庞大藏书的工作。借由这项工作提供的条件，刘向得以找出了许多失传了很久的古本、秘本。继承父亲的学术道路，刘歆很自然地就在态度上倾向于古文经学，且不断积极地要求朝廷设立古文博士。

和刘歆亲近，让王莽又得到了另一个知识与政治的资本。他除了得以拉拢原有的学问之士外，又通过刘歆成功地将自己塑造为新兴的古文经学的支持者。而古文经学也支持了王莽。其中一方面，怪力乱神的谶纬为他制造了神秘的氛围；另一方面，具有坚实历史基础的古文经学，为他提供了与孔子之间更有效的联结。

孔子是“素王”，承受了天命来为汉朝立法，那么要治理西汉，最好的方法当然就是认真地了解孔子所立之法，并严格遵守。孔子所立之法在哪里？都记录在经书里。西汉为什么出了问题？是因为人们遗忘了天与孔子所立之法，也因为人们没有用正确的方式践行天和孔子所立之法。古文经学有效地还原了历史上孔子所创作修订的文献，这比原有的今文经学更纯粹，也就相当于开出了一条能够更有效传地递天与“素王”信息的渠道。

在古文经学新兴的阶段，王莽就因刘歆的关系而表示了明确的支持。于是，他既能借由孔光和儒学的旧势力联结上，又取得了古文经学的新权威，如此左右逢源。另外，古文经学所遵奉的文本，还为他规划出一条通往政权的明确道路。

古文经学中有《古文尚书》，还有《周礼》，它们都是原本不在今文经学之列的文本。在解释《古文尚书》的《尚书大传》中，对王莽最有帮助的是“周公摄政”称王的记录。按照《今文尚书》的说法，周武王死后，周公就辅佐年幼的周成王，但《尚书大传》记载，周公曾经一度摄政称王，也就是自己登基当了天子，等到周成王长大后，才将天子之位交还给周成王。

放在当时的现实政治状态下，这项记录再重要不过。周公是孔子最崇奉的人物，在儒家传统中享有几乎和孔子同等的尊位，而西汉目前的政局也是前一个皇帝死得早，后一个新皇帝年幼，处于无法自己执政的状况。如果将汉平帝比拟为周成王，那么周公的相应角色，当然非王莽莫属。而按照《尚书大传》的权威文本显示，周公所选择的方式，是自己登基践位，建立稳固的政权基础后，再将政权还给已经成年的周成王。

另外被列入古文经学中的《周礼》，也提供了非常明确、有系统的政府组织制度。《周礼》比过去大家熟悉的任何一本经书，都更清楚、更直接地制定了政治制度。其他经书记录的是历史，人们只能从历史中提炼出抽象的原理或原则，《周礼》却是明文列出整套政治制度，如该设什么部门，什么职位负责什么事，甚至每个职位该有几个人等，都罗列得明明白白。这是最明确的为后世立法啊！

《尚书大传》提供给王莽由辅佐角色往上跳跃且自任皇帝的依据，《周礼》又提供给他明确的改制指导，怎么成为皇帝以及怎么当皇帝，这两大问题都有了答案，王莽眼前的道路也就越来越明朗了。

09

王莽做事都要有经书的根据

汉平帝即位的第四年（公元3年），王莽将女儿嫁给了汉平帝，他成了皇帝的岳父。皇帝的母亲先被屏除在外，现在皇后人选又确定了，也是外戚王家的。这样，汉平帝朝确定不会有新的外戚了。

立皇后当然是大事，而这个时候国之大事一定要有经书上的依据。于是，就有大臣从《春秋》中找到了特殊的典故，说如果回归到周朝的礼仪，那么天子的岳父应该是个百里侯。如果认真计算一百里的话，那么王莽目前所得到的封地面积还有一些不足，皇帝应该多赐两万五千六百顷地给他，这才能符合一百里之数，也才算遵循经书所规范的古礼。

东汉留下来的史书，将这前前后后都视为王莽的"伪诈"，说他先公开表示自己不愿接受加封为百里侯的土地，再私底下鼓动人来要求皇帝加赏他，整件事在社会上引发大风潮。最后约有四十六万人联名向皇帝请命加赏。王莽不要土地，于是皇帝就给钱，他又将皇帝给他的钱都散了出去。

其中的重点在于：第一，这样的做法符合王莽一贯的形象，他从年轻时就是“散舆马衣裘，振施宾客，家无所余”；第二，这样的做法的确有理由引发社会的强烈反应，因为土地兼并已经是非常严重的涉及公平正义的大问题了。

王莽平常是个言必称经书的人，大家从《春秋》中找到依据，说天子的岳父应该有土地一百里，他却选择不遵从这样的经书先例，这突显了其背后有更强烈的关怀。他在汉哀帝朝被逐出朝廷之前，就已经和孔光一起制定了限田、限奴婢的政策，现在，处理自己的切身事务，他依然将限田、压抑集中的财富放在前面考虑。难怪他会得到社会上近乎疯狂程度的支持。

而《周礼》就是他这些反对现实、规划理想的依据。实际上，应该是成书于战国时代的《周礼》，将当时已经没落瓦解的周朝封建制度予以抽象理想化，尤其是突出了封建制度下的根本土地信念，即土地不属于私人，它是由国家分配的，而且土地和身份以及人的生活是密切结合在一起的。

王莽拒绝接受赐田，更强调地显示了他相信《周礼》及其所代表的复古土地观念。他是外戚，属于拥有庞大田产的豪族集团，又拥有实际的政治权力，却不同于一般人，反而和失去土地，生活温饱都受到威胁的多数人站在同样的立场上，他怎么可能不受欢迎呢？无论这里面有没有什么“伪诈”的做法，少了这些根本的社会因素，王莽再会演，再会骗，都不可能在那么短的时间内，升到那么高的地位，拥有那么大的影响力。

10

谶纬提供给王莽登基的政治合法性

王莽展现了一种新的领导风格，他关心庶民生活，在意社会公平，这给予了大家新的社会想象和帝国愿景，因而在大众心中灌注了希望和期待。

在这个基础上，再结合当时流行的谶纬思想，也就是“再受命说”就可以看出谶纬对王莽崛起的支持。这简单地解释，就是汉帝国应该在一个崭新的起点重新来过。

“再受命说”之所以为事件，是有一个齐人，即在专门出方术之士的齐地有一个叫甘忠可的人，他按照谶纬通例，造了一本《包元太平经》。它说：“汉家逢天地之大终，当更受命于天。”意思是，原来的时间已经走到尽头了，走不下去了，西汉一朝必须开始另一段时间，所以上天，一个有意志、有想法的天就派了赤精子，也就是甘忠可自己，在世间传播这个近乎以赛亚再临式的信息。

甘忠可的说法质疑了汉帝国的存在合法性，因而他被捕杀了，但再受命说已经在社会上广为流传了。它喧嚣一时，这弄得朝廷没办法，只好让本来就已经是皇帝的汉哀帝，正式进行再受命的仪式。同样一个皇帝，经过一个典礼后，就宣布自己再受命变成“陈圣刘太平皇帝”了。他的新名字里有太平二字，这是当时最流行，也最受期待的词语。因为越是乱世，人们越期待太平，或者也可以反过来看，太平二字越流行，越体现出那是乱世。

比如，《包元太平经》里有“太平”，东汉时出现了“太平道”、《太平清领经》，一直到清朝时，还有震惊全中国的“太平天国”运动，这是中小学教育里一脉相承的用语及观念。

汉哀帝再受命为“陈圣刘太平皇帝”，非但没有平息社会骚动，反而让再受命的说法更加喧嚣。其中一个影响是，显然皇帝自己都承认西汉一朝有“天地之大终”的危机，且通过朝廷仪式，这个危机更加广为散布；另一个更糟糕的影响是，再受命成为“陈圣刘太平皇帝”之后的第二年，汉哀帝就死了。

看起来，再受命没有用，别说给帝国带来新希望，根本都没有办法让皇帝正常活下去。于是，再受命说很自然地蜕变为新受命说，因为旧的彻底没用了，上天显然没有继续将天命投注在刘家人的身上，要解决危机，不能新瓶装旧酒，必须真正重新来过。

汉哀帝去世后，汉平帝九岁继位，没过多久，汉平帝也生病了，而且病得很重。颜师古在《汉书》注中引东汉人的说法，认为汉平帝是被王莽下毒而生病的，整件事是王莽“伪诈”夺取政权的一部分。他们提供的证据就是借由汉平帝重病，王莽上演了一场“请以身代”的戏码。

“请以身代”源自《尚书·周书·金縢》，它讲的是灭商后二年，周武王患了重病，周公向先王在天之灵祈祷，请求让自己代替周武王去死。祝告的文件收藏在金縢，也就是金丝绑着的木匣里。周武王死后，周公代理政事，管叔、蔡叔流言惑众，使周成王怀疑周公。于是，上天送下大风大雷来警告，周成王打开了金縢，发现原来的记录，才明白周公不恤自己生命的忠诚之心，而疑虑尽消。

汉平帝生病时，王莽也祝祷“请以身代”，即愿意代替汉平帝而死。这件事传出去后，成了当时的新闻。从阴谋论的角度看，王莽的企图太明显了，借由这件事，王莽要将自己比为周公，他就是当代的周公。又按照他所相信、所提倡的古文经学，周公先是摄政，后来就自己践位当了天子。王莽就是要借着这个历史先例，准备取汉平帝而代之。那怎么会刚好汉平帝就生了重病，给王莽可以按照《尚书》典故“请以身代”的机会？显然这病也是王莽安排的！

汉哀帝没有被王莽“请以身代”的祈祷救回来，很快就病死了，于是朝廷又立了一个年纪更小的，才两岁的孺子婴，来当皇帝。在这过程中，有个叫哀章的人，听说“请以身代”的故事里牵涉金縢，这在当时被理解为金匮（金属质的小盒）。他觉得有机可乘，就打造了一个金匮呈送王莽。金匮里面藏有符命，它说王莽是真天子。于是，以此符命为依据，王莽从原来的“摄皇帝”正式变身为真皇帝。

11

新朝的复古

王莽即位，改国号为“新”。新立之初，他所下的诏书说：“予以不德，托于皇初祖考黄帝之后，皇始祖考虞帝之苗裔，而太皇太后之末属。皇天上帝隆显大佑，成命统序，符契图文，金匮策书，神明诏告，属予以天下兆民。……以戊辰直定，御王冠，即真天子位，定有天下之号曰‘新’。”

这段文字先叙述了他的家世系谱，并强调两大重点，即一是远溯至黄帝和舜，二是源自王太皇太后；然后，特别提到了皇天上帝通过符契图文、金匮策书所赐予的诏命，将天下的百姓交给他，他是直接受命而登上“真天子位”的。“真天子”三个字有双重意义，从现实上看，他本来是“摄皇帝”，相当于是代理皇帝，现在是真的了；更重要的是，“真天子”指的是他由上天明确地选择，是受命，而不是依靠血统继承皇帝大位的。

诏书上继续说："其改正朔，易服色，变牺牲，殊徽帜，异器制。以十二月朔癸酉为建国元年正月之朔，以鸡鸣为时。服色配德上黄，牺牲应正用白，使节之旄幡皆纯黄，其署曰'新使王威节'，以承皇天上帝威命也。"

建立新的朝代，当然要易服改制，有意思的是怎么改。朝代的代表性颜色的选择，是按照五德终始说所主张的五行相生相克的道理来的。原本秦朝建立时，秦始皇选择的是黑色，定秦为水德。刘邦建国后，为了展现不承认秦的合法性地位，强调自己传承周朝，所以他也选了黑色。但汉武帝有不同的想法，他改而强调西汉一朝成功地推翻了秦，秦是水，土克水，所以西汉一朝应该属于土德，所属的颜色是黄色。

这意味着王莽没有选择新的颜色。其理由是他不是克了西汉一朝才成立新朝的，新朝是由西汉一朝主动禅让而来的，不适用相克的五行道理。但如果是这样，新朝和西汉一朝不就分不出来了吗？王莽的做法，是在后来动手脚，他从王朝的记录上有系统地将西汉一朝改为火德，火生土，因而从其顺利地延续，产生了土德的新朝就理所当然了。

虽然说"定有天下之号曰'新'"，但是这个新朝最根本的意识形态、指导原则其实是"古"，即以古为新。王莽的崛起靠的是经学，尤其是经学中主张的孔子权威，所以他的政权就积极地革除"与古不符者"，掀起了全面的复古运动。

以政治论政治，王莽新朝最严重的错误，非但不是王莽"伪诈”，刚好相反，而是王莽太过于相信、执着于自己宣称的复古原则了。他真正相信借由全面复古，建立经书上所描述的古代制度，能够解决西汉遗留的社会问题。

复古的第一项措施，是土地改革，即将土地全都改为国有，并称之为“王田”，就是落实经书中所记录的“普天之下，莫非王土”。国家再将“王田”分配给百姓，“古者，设庐井八家，一夫一妇田百亩，什一而税，则国强民富而颂声作。此唐虞之道，三代所遵行也。”也就是，恢复三代所行的井田制度，每家都有一小块土地，每八家组成一个单位，用最彻底、最激烈的方式解决土地兼并的现状。

然后，他又将奴婢改为私属，可以拥有但不准买卖。另外，他进行了大幅且持续的货币改革。他首先废除原本通用的五铢钱，然后代之以非常复杂的“五物二十八品”，也就是说有钱、银、龟、贝、布五种不同材料制成的货币和二十八个不同的品项。钱指的是铜；银实际上包含金和银，有两种；龟、贝、布这些都是古书上记载的，过去曾经用来当作货币的材料。在复古的精神下，它们被重新拿了出来。

货币有六种材质，分成五个系统，加起来一共有二十八项。原本的钱就分大钱和小钱，一个大钱值五十个小钱，改革之后，钱分六种，小钱值一铢，么钱值三铢，幼钱值五铢，中钱值七铢，壮钱值九铢，大钱值十二铢。

布则包括小布值十五铢，么布值十六铢，幼布值十七铢，序布值十八铢，差布值十九铢，中布值二十铢，壮布值二十一铢，第布值二十二铢，次布值二十三铢，大布值二十四铢，共分为更繁复的十种。

钱的价值排列是一、三、五、七、九、十二，布是十五、十六、十七、十八、十九、二十、二十一、二十二、二十三、二十四，看起来像是有一定的次序，但这样的安排在货币的应用上完全没有道理，因为其价值之间都不是倍数关系，没有倍数关系，要如何换算？谁算得出来一个中钱相当于几个么钱或几个幼钱呢？还有，一个差布相当于几个小布或几个幼布？

这还不是最复杂的。另外有贝，贝自成一个系统，不用铢为单位来计算其价值，大贝相当于二百一十六朋，壮贝相当于五十朋，么贝相当于三十朋，小贝相当于十朋，贝相当于二朋。另外还有龟，龟可以和贝互通，元龟相当于大贝加十朋，公龟相当于十个壮贝，侯龟相当于十个么贝，子龟相当于十个小贝。

还没说到银，仅是上面这四种货币，你会换算、使用吗？你是不是流了一身冷汗，发现自己的算术水平不够高，已经迷失在这套货币制度里了？还是你怀疑当时的人算术能力有问题，要不然怎么会设计出这种应该知道是行不通的货币呢？

在王莽下一波的改革后，你就知道算术水平再好，都不可能有办法使用这套货币。小钱和大钱被废除了，新发行货布和货泉。货泉价值是五铢，货布价值是二十五铢，那么，一个货布可以兑换几个货泉，五个吗？错了，朝廷规定一个货布相当于二十五个货泉！

太荒唐了！这样谁会愿意用二十五个货泉去换只值五个货泉的货布呢？到头来，根本就不会有人愿意用、敢用货布和货泉了，不是吗？

12

王莽改制，后患无穷

或许，土地问题才是重点？王莽的货币改革到底要干吗？和限田、限奴婢一样，他的改革都是针对当时的社会风气而来的。

西汉产生越来越严重的土地兼并和越来越大的贫富差距，很大一部分原因是发达的货币经济。汉武帝朝强力推动的五铢钱，成为统一而有效的货币工具，这让大家都能够运用这简单而有保障的货币进行交易，几十年间商业贸易大幅成长，万物可易。于是，连土地也变成了买卖对象，而且财富可以用钱算，用钱储存起来，有钱和没钱的差距就表现得越来越明显了。

王莽真正的目的是取消货币，回归三代的纯朴状态。他采取的方式，是遵古，即人为地将时间退回货币混乱的时代，让本来方便好用的货币变得复杂难用，更进一步，用荒唐的定价法让大家感觉货币不可靠，因而减少，甚至彻底放弃货币的使用。

后世指责王莽货币政策带来大乱，这弄错重点了。并不是他本来就想让货币变好，却因无能而搞砸了。他的本意就是要让货币变得不好用，在这点上他其实成功地达到目的了。他的错在于他不了解货币在经济与民生上的关键作用，看不到人们已经离不开货币，取消货币只会带来痛苦灾难的现实。

王莽在经济上的另一项重要措施，是设“五均”，即在长安、洛阳、邯郸、临淄、宛、成都，这六个当时最热闹、商业贸易最发达的城市设立五均官。“五均”的“均”用大白话说就是规定物价，管控物价。所以，五均和货币改革是彼此联系的，都是为了破坏商业，阻缓交易而存在的。

五均官负责设定城市里的公定价，市价低于公定价，官方就收购；市价高于公定价，官方就卖出。表面上看，其运作机制和桑弘羊设置的均输类似，然而它们背后的价值精神截然不同。

桑弘羊主持的做法，是朝廷介入买卖，借由朝廷的权力以及庞大的资源来做生意，与民争利，并从中得到比一般生意更优厚的利润，以此充实国库。王莽念兹在兹的，却是以朝廷的力量，确保商人无利可图，将物价牢牢管控，要做到任何东西买进和卖出等价，保证没有人能从交易中获利，从而逐渐就没有人要做生意了。

王莽反对土地兼并，反对大量买奴蓄奴，反对商业贸易，他主张复古返本，就是重农轻商。他自己是外戚豪族出身，却提出这样违背自身阶级利益的主张，大家因此信任他，热情支持他。而他认真推出的各种政策，都朝着实现这激烈的理想而努力。

但问题来了，王莽太相信改革梦想，也太相信皇帝的权力，他以为下几道命令就可以一夕之间让天下改头换面。他严重缺乏现实感，活在原理或原则的幻想中，他的不顾现实的做法，使整个国家瘫痪了。

有可能皇帝一声令下，地主们就乖乖地将手上的土地都奉给国家作为王田吗？地主不会以他们的资源和力量，对抗朝廷？货币混乱，五均介入，使商业贸易无法正常进行，这影响到的不仅是从中得到利润的商人，而是使绝大部分人的生活都变得不方便了。短短几年内，社会骚动，对王莽的复古改革，大家未蒙其利先受其害，原有的政治秩序也瓦解了。

13

成也复古，败也复古

王莽信古且积极改革，这带来了大灾祸。以经书，尤其是《周礼》的内容为依据，他什么样的琐碎细节都要改。仅是改名字就耗费了惊人的时间和资源。长乐宫的名字要改作常乐宫，原本叫作的“宫”的，按照古书古礼，有的要改为“堂”，有的要改为“室”。官职名称要改，官僚上下级关系要改，更进一步，全国各地许多不合古法和看了不顺眼的地名，通通要改。

改名不仅是影响称呼而已，比如改官名，改名必然会同时改变官职及职掌。官制改来改去，改到后来连王莽自己都搞不清楚什么官应该管什么事了，也就不知道什么事究竟应该交给什么官来负责了。皇帝这样，那些被改来改去的官员，当然更是一头雾水，他们弄不懂自己该做什么，不该做什么了。总体的效果，是实际上官僚体系停摆，且濒临瓦解。

重新整理王莽的相关史料，我们会得到和东汉的人刚好相反的认识。王莽当皇帝之后的作为，和当皇帝之前的，其实是连贯的。他并不是前面所说的“伪诈”地装出一副面容，骗取支持，得到了大权后就露出马脚，胡作非为。

不，王莽之所以兴起，是因为他抱持的强烈的复古信念；而王莽之所以快速垮台，也是因为他抱持的强烈的复古信念。兴起过程中取得的热情支持，使他对复古深信不疑，所以等到他当上了皇帝，他就不顾现实地推动复古措施。短短两三年间，不顾现实的激烈改革，就将这个帝国能够继续运作的重要条件都破坏了。

他破坏了庞大的官僚体系，使这个系统失去了根本的制度。官名换了，官职及职掌换了，没有官员弄得清楚应该做什么事，负什么责任，又该如何做事。

他也破坏了帝国的经济机制，货币失效，使帝国一下子倒退回前货币的原始生产与交易状态。人们给予高度期待的，是他愿意且有能力面对严重的社会问题，主持解决这些社会问题。然而，他在进行社会改革的同时，一并将政治体制和经济结构都损毁了。在这种状况下，帝国能不乱，皇帝能不被推翻吗？